比较

总第110辑

2020年第5辑

COMPARATIVE STUDIES

吴敬琏 主编

中信出版集团 · 北京

比较

COMPARATIVE STUDIES

主管 中信集团

主办 中信出版集团股份有限公司

出版 中信出版集团股份有限公司

主编 吴敬琏

副主编 肖梦 吴素萍

编辑部主任 孟凡玲

编辑 包敏丹　马媛媛

封面设计 李晓军 / **美编** 杨爱华

经营部

总经理 张立晖

副总经理 傅继红

发行总监 周广宇

品牌传播部高级总监 马玲

独家代理：财新传媒有限公司

电话：（8610） 85905000 **传真：**（8610） 85905288

广告热线：（8610） 85905088 85905099 **传真：**（8610） 85905101

电邮： ad@ caixin. com

订阅及客服热线： 400-696-0110 （8610） 56592288 **传真：**（8610） 85905190

订阅电邮： circ@ caixin. com **客服电邮：** service@ caixin. com

地址：北京市朝阳区工体北路 8 号院三里屯 SOHO 6 号楼 5 层（**邮编：**100027）

目 录

Contents

第110辑

追寻完美拍卖

诺贝尔经济学奖评委会

每天，都有天文数额的价值通过拍卖在买家和卖家之间分配。2020 年的获奖人保罗·米尔格罗姆（Paul Milgrom）与罗伯特·威尔逊（Robert Wilson）改进了拍卖理论，并发明了新的拍卖机制，令全球的卖家、买家与纳税人从中受益。

拍卖有漫长的历史。在古罗马，贷款人借助拍卖出售从无力偿还债务的借款人那里没收的财产。世界上最古老的拍卖行——斯德哥尔摩拍卖行——创立于 1674 年，同样是为了出售罚没的财产。

如今在听到“拍卖”一词时，我们或许会想到传统的农场拍卖或高端艺术品拍卖，但也可能是在互联网上出售物品，或者通过房产代理人购置房屋。拍卖的结果对作为纳税人或公民的我们同样极其重要。很多时候，负责收集我们生活垃圾的公司依靠最低报价赢得公共采购合同。每天通过地方电力拍卖决定的浮动电价影响着我们的家庭取暖成本。我们的移动电话信号范围取决于电信运营商在频段拍卖中获得了哪些波段的无线电频率。现在所有国家都通过政府债券拍卖获取贷款，欧盟则利用排放许可证拍卖缓解全球变暖。

---

* 本文为瑞典皇家科学院诺贝尔经济学奖评委会对2020 年获奖人学术贡献的大众版介绍。本文发表获得评委会授权©Royal Swedish Academy of Sciences。感谢程卓女士在翻译和授权过程中提供的鼎力支持！

因此，拍卖在各个层面影响着我们每个人，而且正变得越来越普遍和复杂。这正是2020年诺贝尔经济学奖获奖人做出主要贡献的地方。他们不仅阐明了拍卖如何运转以及竞标人为何表现出特定行为模式，而且利用其理论发现为出售产品和服务创造了全新的拍卖机制。此类新型拍卖已在全球广泛推广。

拍卖无处不在，并影响我们的日常生活——决定着电力、排放许可、金融资产和各类大宗商品的价格

拍卖理论

为理解获奖人的贡献，我们需要更多了解拍卖理论。拍卖（或采购）的结果取决于三个因素。第一个因素是拍卖的规则或机制：是公开报价还是秘密报价？参与者能在拍卖中报价多少次？优胜者按何种价格支付，是他们自己的报价，还是次高报价？第二个因素关系到拍卖对象：对每个竞标人是否有不同价值，还是被等同视之？第三个因素涉及不确定性，不同竞标人对拍卖对象的价值各自掌握怎样的信息？

借助拍卖理论，我们可以解释上述三个因素如何影响竞标人的策略行为以及拍卖的结果。理论还可以显示，拍卖的设计会如何尽可能多地创造价值。而当多个相关对象同时举行拍卖时，这两个任务将变得尤其困难。2020年的经济学奖得主正是通过创造新的定制化拍卖机制，拓展了拍卖理论的实用性。

不同类型的拍卖

世界各地的拍卖行通常采用英国式拍卖出售单件物品。拍卖商从较低的价格起步，然后逐渐提高报价。拍卖参与者可以看到所有报价，并选择是否报出更高的价格。报价最高者将赢得拍卖，并按自己的报价支付。另一种拍卖规则完全相反，荷兰式拍卖是从较高的价格起步，逐渐降低，直至拍卖对象被售出。

英国式拍卖与荷兰式拍卖都采用公开报价，所有参与者都能看到别人的报价。但在其他类型的拍卖中，报价采用秘密形式。例如在公共采购中，竞标人往往采用秘密报价，采购方选择承诺以最低价格提供服务的供应商——当然要满足特定的质量要求。在某些拍卖中，最终价格就是最高报价（最高价拍卖），而在另一些拍卖机制下，获胜者是按第二高的价格支付（次高价拍卖）。

哪种拍卖机制最好？这个问题不仅取决于结果，而且与我们所说的“最好”的含义有关。私人拍卖方通常最关心得到尽可能高的价格，而公共拍卖方可能追求更广泛的目标，例如把物品卖给最有利于整个社会长远利益的竞标人。对于最优拍卖的追寻，长期以来一直是困扰经济学家的棘手问题。

拍卖研究的困难在于，竞标人的最优策略取决于他对其他竞标人的报价策略的判断。相比其他人，某些竞标人是否认为拍卖对象更有价值或更没有价值？这些不同的价值判断是否意味着某些竞标人掌握了关于拍卖对象的品质或价值的更多信息？竞标人能否通过串谋操纵拍卖，以压低最终价格？

私人价值

1996 年的诺贝尔经济学奖得主威廉·维克里（William Vickrey）于 20 世纪 60 年代早期开创了拍卖理论。他分析了一种特殊情形，竞标人对于拍卖的产品和服务仅拥有私人价值。其含义是，竞标人的价值判断完全独立于彼此。例如，有一场与一位名人（如诺奖得主）共赴晚宴的慈善拍卖，你愿意为参加晚宴支付多少钱是个主观判断，不受其他竞标者对晚宴价值判断的影响。那么你应该如何为此类拍卖报价呢？你的报价不应该高于晚宴对自己的价值，但你是否应该报更低的价格，尝试以更便宜的价格获得晚宴资格？

维克里的研究表明，如果所有竞标人都保持理性和风险中性，那么像英国式拍卖与荷兰式拍卖等最常见的拍卖机制会给拍卖方带来同样的预期收入。

共同价值

完全的私人价值属于极端情形。大多数拍卖对象——例如证券、房产和开采权等——都有相当大的共同价值，其含义是，对所有潜在竞标人而言，有部分价值是相同的。在现实中，竞标人对于拍卖对象的属性还掌握着不同的私人信息。

我们可以看一个具体案例。设想你是位钻石商人，你和其他一些钻石商考虑竞拍一颗原钻，买到后可以对其切割加工，继而出售。你的支付意愿只取决于切割加工后的钻石的转售价格，这又取决于加工出来的钻石数量和品质。不同钻石商对这一共同价值有不同看法，根据各人的专业眼光、经验以及验货时间长短而存在差异。假如你能获知其他所有竞标人的估价，你将可以更好地做出价值判断，当然每个竞标人都愿意保守自己的秘密。

有共同价值的拍卖的竞标人面临一个风险：其他参与人可能对拍卖品的真实价值掌握了更多信息。这会导致现实拍卖中众所周知的低报价现象，也被称为“赢家诅咒”。例如你赢得了那颗原钻的拍卖，这意味着其他竞标人对钻石的估价都低于你，因此你很有可能做了笔亏本买卖。

赢家诅咒：最乐观的竞标人经常高估拍卖对象的共同价值，使“赢得”拍卖等于遭受损失

罗伯特·威尔逊首先创立了分析有共同价值的拍卖的理论框架，并描述了竞标人在此类情形下会如何行动。在20世纪60—70年代的三篇经典论文中，他阐述了当真实价值不确定时，参与最高价拍卖的最优竞价策略。竞标人的报价应该低于自己的最优估价，以避免遭受赢家诅咒，做亏本生意。他的研究还表明，随着不确定性增大，竞标人将更加谨慎，最终价格也会更低。最后，威尔逊还指出当某些竞标人比其他人拥有更多信息时，赢家诅咒带来的问题会愈发严重。处于信息劣势的人的报价会更低，甚至完全放弃参与拍卖。

兼有私人价值和共同价值

在大多数拍卖中，竞标人既有私人价值，也有共同价值。假设你正在考虑参与一套公寓或住宅的拍卖，你的出价意愿将取决于私人价值（你如何评价该房屋的状况、格局和位置），并加上对共同价值的评估（在未来出售该房屋可能收回多少钱）。参与天然气开采权竞标的能源公司既要考虑储量规模（共同价值），也要分析开采成本（属于私人价值，因为成本取决于各公司掌握的技术）。参与政府债券竞标的银行则要考虑未来的市场利率水平（共同价值），以及愿意购买该债券的自己顾客的数量（私人价值）。对于兼有私人价值和共同价值的拍卖竞价的分析，要比维克里和威尔逊研究的特殊情形更为复杂。最终是保罗·米尔格罗姆于 1980 年前后发表的几篇论文突破了这一难题。

米尔格罗姆的研究——部分同罗伯特·韦伯（Robert Weber）合作——包含有关拍卖的某些关键的新发现。其中之一涉及不同拍卖机制对于赢家诅咒问题的应对效果。在英国式拍卖中，拍卖方从低价起步，逐步抬价。竞标人观察到其他人在何种价格上放弃，从而获得了对方的价值评估信息；剩下的竞标人比拍卖开始时掌握了更多信息，所以最终报价更加不容易低于自己的预估价值。相反，在荷兰式拍卖中，拍卖方从高价起步，逐渐降价，直至有人愿意买下，此过程不会产生任何新的信息。所以，赢家诅咒的问题在荷兰式拍卖比在英国式拍卖中更严重，会导致更低的最终成交价格。

上述特定案例反映了一个普遍原则：报价与竞标人的私人信息之间的联系越是紧密，拍卖机制产生的收入就越高。因此，在竞价开始前给所有参与方提供尽可能多的有关拍卖对象的信息，符合卖家的利益。例如，如果住房出售者在事前让所有竞标人了解（独立的）专业评估意见，预期的最终成交价会更高。

现实中的拍卖改进

米尔格罗姆与威尔逊不仅致力于基础拍卖理论研究，还为不能适用现有拍卖机制的复杂场景发明了更好的新拍卖方式。他们最著名的贡献是为美国政府部门首次向电信运营商出售无线电频段设计的拍卖机制。

支持无线通信——手机、互联网支付及视频会议等——的电波频段对消费者、企业和社会来说是有巨大价值的稀缺资源。这些频段归政府所有，但由私人机构利用往往更有效率。因此，政府需要把频段用某种办法分配出去，最初是采取一种类似选美比赛的程序，要求各家公司提供论证，表明自己为什么应该得到运营许可证。这一程序意味着，电信和传媒公司需要为游说花费巨额资金。可是，由此带来的政府收入却很有限。

到 20 世纪 90 年代，随着移动电信市场扩大，美国的相关政府机构——联邦通信委员会（Federal Communications Commission，FCC）——认识到选美比赛的方式已不合时宜。移动电信公司的数量快速增加，联邦通信委员会疲于应付无线电频段使用许可证的申请。于是在该委员会的压力下，美国国会允许采用抽签的方式分配频段，选美比赛被完全随机的许可证分配方式取代，但同样不能给政府带来更多收入。

移动电信运营商也对此安排感到不满。许可证抽签在地方层面举行，导致全国性移动电信运营商的网络往往缺乏连续性，包含不同地区的不同频段。因此，运营商试图在内部买卖频段，催生出一个巨大的二手许可证市场。与此同时，美国日益增长的债务负担使得继续近乎免费地发放许可证在政治上日益受到质疑。许可证的市场价值高达数十亿美元量级，这些钱却落到频段投机商手里，而非美国财政部，也就是说，损失最终要由纳税人承担。到 1993 年，美国终于决定以拍卖方式分配无线电频段。

新的拍卖机制

接下来遇到了新的问题：如何设计一个拍卖，既能使无线电频段得到有效分配，又能让纳税人得到最大幅度的利益？解决这一问题原来非常困难，因为一个频段兼有私人价值和共同价值，而且特定频段在特定地区的价值还与特定运营商拥有的其他频段相关。

以某个计划建立全国性移动网络的运营商为例，假如瑞典的监管部门逐一拍卖频段，从北部的拉普兰地区开始，逐步推进，直至南部的斯坎纳地区。这样拉普兰地区的许可证的价值将取决于：该运营商在后续拍卖回合中能否成功买下直至斯坎纳地区的所有许可证，以及购买的价格高低。该运营商并不知道将来拍卖的结果，因此几乎不可能知道它们应该为许可证支付多高的价格。此外，投机性买家可能会试图买下该运营商所需的斯坎纳地区的频段，以便在二手市场上高价售出。由于存在巨大的不确定性，该运营商将保持低报价，或完全从拍卖中撤出，以等待可能的二手市场的出现。

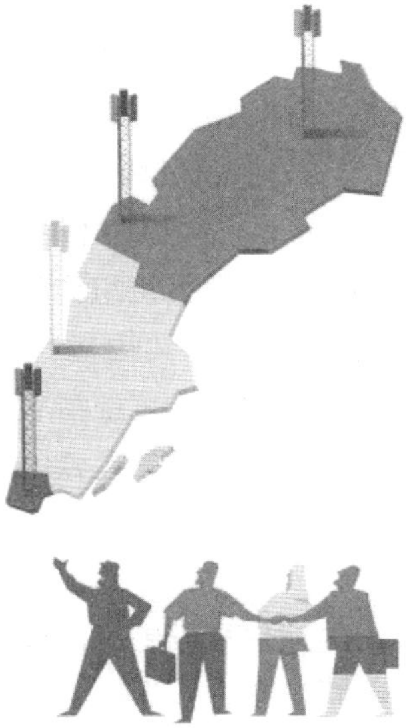

多个相互关联的物品——如某个国家不同区域的无线电频段——的拍卖参与者往往希望对拍卖品“打包”报价。这让拍卖的设计更复杂，尤其是当卖家希望防止竞标人通过串谋压低价格的时候

上述典型化瑞典案例暴露出一个普遍问题。为克服此问题，美国的首次拍卖不得不对所有地区的无线电频段做一揽子拍卖，同时还需要应对多家竞标人。面对难题，米尔格罗姆与威尔逊——并同普雷斯顿·麦卡菲（Preston McAfee）部分合作——发明了全新的拍卖机制：同时多回合拍卖（Simultaneous Multiple Round Auction，SMRA）。这种拍卖机制把所有拍卖对象（不同地区的无线电频段）同时推出，通过从低价起步并允许反复报价，减轻了不确定性和赢家诅咒造成的影响。当美国联邦通信委员会于 1994 年 7 月首次采用同时多回合拍卖时，通过 47 轮竞价售出了 10 个许可证，总价值达到 6.17 亿美元，而这些资质在过去是由美国政府近乎免费地分配出去的。

利用同时多回合拍卖机制开展的首次频段拍卖被普遍视为巨大成功。许多国家在随后的无线电频段拍卖中也采用了同一机制，如芬兰、印度、加拿大、挪威、波兰、西班牙、英国、瑞典和德国等。仅美国联邦通信委员会在 20 年里（1994—2014 年）就利用这一机制获得了超过 1200 亿美元的拍卖收入。从全球看，该机制为无线电频段拍卖创造的收入超过 2000 亿美元。同时，多回合拍卖机制还被应用于其他场景中，如电力和天然气销售等。

随后，拍卖理论研究者——经常同计算机专家、数学家和行为科学家合作——进一步完善了新的拍卖机制。他们利用拍卖机制来减少竞标人搞操纵和串谋的机会。米尔格罗姆是一种改进型拍卖机制——组合价格时钟拍卖（Combinatorial Clock Auction）——的设计者之一，让运营商可以对频段“打包”出价，而非只针对单个许可证。这种类型的拍卖要求高超的计算能力，因为随着拍卖的频段数量增加，可能的打包组合数量将急速提高。米尔格罗姆还是一种新型两回合拍卖机制——激励性拍卖（Incentive Auction）——的主要开发者之一。在首回合中，你从现有许可证持有人手里购买无线电频段。而在次回合中，你把放弃的频段卖给能更高效运营的其他参与人。

基础研究推动新发明

米尔格罗姆与威尔逊最初的开创性成果应该被视为基础研究，他们希望借助和拓展博弈论，以分析有不同信息的行为人会如何开展策略行动。有明确规则来约束这些策略行动的拍卖，给他们的研究提供了天然舞台。不过，拍卖还具有巨大的实用价值，自 20 世纪 90 年代中期起，被越来越多地用于复杂公共资产的分配，例如无线电频段、电力和自然资源等。拍卖理论得出的基本发现，为设计出新的拍卖机制以克服前所未有的挑战奠定了基础。

新型拍卖机制是个绝佳案例，表明基础研究如何推动有益于社会的发明。这一案例的不寻常之处则在于，开创理论和推动实际应用的是同一批人。2020 年的获奖人关于拍卖的开创性研究，为买家、卖家和全社会都带来了巨大的收益。

瑞典皇家科学院由此决定，将 2020 年瑞典中央银行纪念阿尔弗雷德·诺贝尔经济学奖授予：

保罗·米尔格罗姆（Paul R. Milgrom），1948 年生于美国底特律，1979 年获斯坦福大学博士学位，现任斯坦福大学 Leonard Ely，Jr. 讲席教授。

罗伯特·威尔逊（Robert B. Wilson），1937 年生于美国日内瓦，1963 年获哈佛大学博士学位，现任斯坦福大学 Adams 荣休讲席教授。

获奖理由：对改进拍卖理论和发明新拍卖机制的贡献。

（余江　译）

改革论坛

Reform Forum

Comparative

结构性改革和法治

实现双循环新发展格局的关键

楼继伟

1. 以国内大循环为主的双循环是大型开放经济体的内在逻辑

一个经济体对国内国际循环依赖程度可以有不同的度量，这里用贸易依存度度量。小型开放经济体，如新加坡、中国香港可以达到200%以上。美国长期以来，国内储蓄率极低、巨额贸易逆差、贸易依存度在20%左右，得益于发钞国优势，不具可比性。欧洲大型经济体贸易依存度较高，比如德国在60%以上，这是因为欧洲统一市场的效用，可比价值也不大。俄罗斯、巴西等大宗商品为主的国家同我国经济属性不同。还有一些大型经济体开放度很低。

相较而言，最有可比性的是日本。在1990年以前，日本的贸易依存度长期不足20%，在此之后逐步上升，现在约为30%。日本的变化很有启示意义。日本1955年加入《关税与贸易总协定》（GATT），这是向自由贸易过渡的国际协定，允许签约国保留贸易保护，同时承诺解除保护的过渡期。日本加入GATT时，对制成品贸易保护度很高，而美国出于扶植，对其削减保护十分宽容，日本一段时间大力引进技术，并且通过“引进、消化、吸收、再创新”，

* 本文根据作者2020年9月15日在“中国经济50人论坛研讨会”上的发言修改而成。

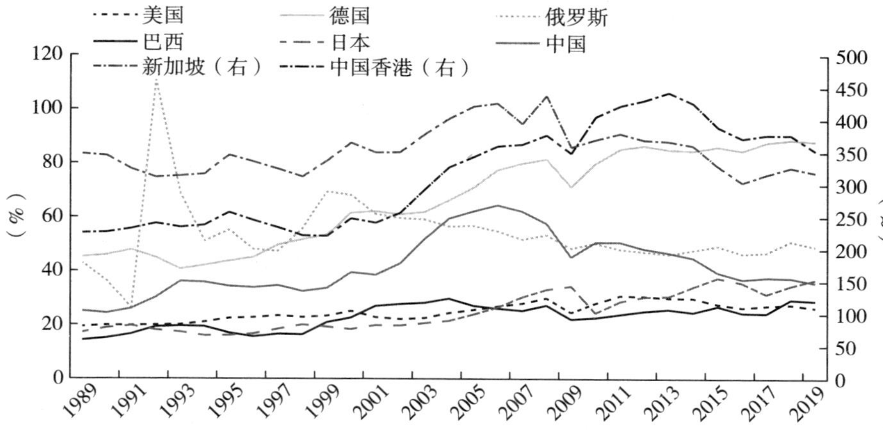

图 1　主要国家和地区的贸易依存度

资料来源：Wind 终端。

发展本国高水平制造业，同时外资企业很少。以九大商社为中心的贸易、银行、制造综合体，在全球投资采购大宗商品，在银行支持下加工制造成从汽车到家电等各类制成品，满足国内需要的同时，销向全世界，形成巨额贸易顺差。由此导致日本的单位贸易额产生的 GDP 高或者说贸易依存度极低，一直小于 20%；产业链高度分布于国内。巨额贸易顺差，特别是对美巨额顺差，终于被西方大国所不容，于 1985 年签订《广场协议》，要求日元升值，解除贸易保护，更为尊重知识产权。

在此时点后，日本的确削弱了产业政策，快速减少了制成品贸易保护和加强知识产权保护，并加快对外投资。产业链、供应链从以国内为基础更多地延伸到全球，贸易依存度由此逐步抬升，目前在 30% 左右，成为全球化条件下大型开放经济体的常规形态。我国贸易依存度近几年在 35% 左右波动，因中国经济体量和国际形势的影响，估计今后还会略有下降。

2. 我国贸易依存度变动的过程和原因

1978 年以前，我国贸易依存度不足 10%，是典型的封闭型经济体。改革开放之后，早期通过补偿贸易和吸引外资，贸易依存度抬升，到 1985 年达到了 23%。这一年《广场协议》签订，日本企业一改不重视对我国投资，转为从重化、冶金、汽车、家电等各行业，全面到中国寻找投资机会，带动韩国也来扩大投资。国务院办公厅调研室观察到这一现象，分析认为我国整体改革还

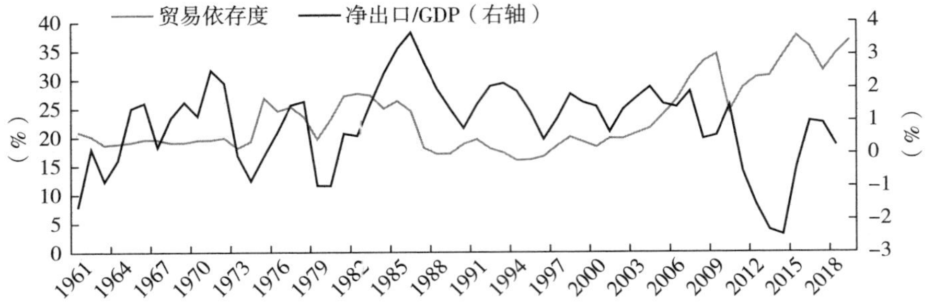

图 2　日本贸易情况

资料来源：Wind 终端。

没有开始，基础设施也不完备，但应当抓住这一波以日本为主的对外产业转移机会，可利用沿海地区机制相对灵活、基础设施相对完善的条件，扩大开放，大力吸引外资，并在当年形成报告。赵紫阳总理批示“我们应当实行沿海地区国际大循环战略”，对比加以肯定。这是一个重要节点，贸易依存度逐步提升到 1993 年的 32%，这一时期多数年份处于贸易逆差。

1994 年是另一个重要节点。这一年推行全面综合配套改革，其中外汇、外贸体制改革是重要内容。从这一年开始贸易依存度在波动中抬升。2001 年底经过一系列解除贸易和投资保护的改革，加入 WTO。进一步融入全球化，使贸易依存度逐年抬升，到 2006 年达到顶点 67%。而且每年都是顺差，最高的年份，贸易顺差在 GDP 中的占比达到了 9% 以上，其间贸易摩擦加剧。

2007 年全球金融危机爆发，海外需求萎缩，其后基础设施投资带动国内投资大增，消费需求增长，再加上其他因素，贸易依存度逐年下降，到 2019 年为 35%。贸易顺差在 GDP 中的占比多年不足 2%。我国已初步成为国内大循环为主、国际国内双循环相互促进的大型开放经济体。

从几个重大节点可以看出改革和重大政策的关键作用，当然还有其他方面的原因，总结起来：

第一，改革开放是最大的推动力。1985 年推出的沿海地区国际大循环战略，尽管完全必要，也是因全面改革还未展开的无奈之举。1994 年的全面配套改革和加入 WTO 前后的解除保护措施，都说明改革开放是大型经济体提质增效的关键。

第二，我国和日本的变化过程说明，大型开放经济体应以内循环为主体，过高的贸易依存度很难持续，过度的贸易顺差会对全球带来太大的冲击，还需

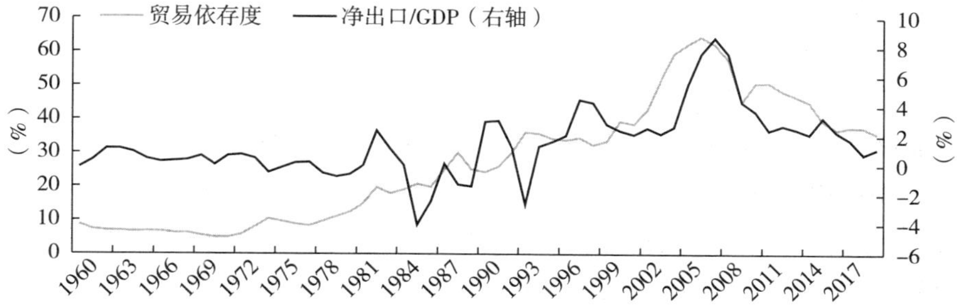

图 3　中国贸易情况

资料来源：Wind 终端。

恢复常态。同时，只要坚持扩大开放，企业绝不会放弃国际市场，会做出相应的调整，满足境外需求，谋求自身在产业链中的位置。从国民经济角度看，积极参与国际大循环，会增加国民收入，也会增加国内需求。

第三，我国一度过高依赖外需也是国内资源配置扭曲的结果。特别是城乡二元体制结构造成城市化水平过低，国内需求释放不足。直到 2019 年，我国常住人口城市化率虽为 61%，但户籍人口城市化率仅为 44%，而人均 1 万美元 GDP 的其他大型经济体城市化率平均超过 65%。过低的户籍人口城市化率使得大量农业人口不能够真正转移，消费和居住需求被压抑，也是初次收入分配差距过大的主要原因。

第四，2007 年以后贸易依存度急剧下滑，还因刘易斯拐点提前到来，农业劳动力转向其他部门趋势性放缓，劳动力成本快速上升，“农民工红利”逐步消失。“两头在外”等更适用于小型经济体的国际大循环方式受到制约，劳动密集型产业加速向外转移。近 10 年来，快速老龄化和低人口生育率进一步推动了上述进程。

第五，1998 年后，大力投资基础设施，以及近 10 年来具有准公共设施性质的互联网平台快速发展，改善和创新了国内循环的渠道，国内需求得以释放。

3. 结构性改革和法治是关键

刘易斯拐点提前出现，人口快速老龄化，都是客观因素，逆全球化潮流也是我们必须面对的现实。回到 20 世纪 90 年代中期开始 10 余年的国际大循环模式，国内环境不支持，也不被国际所接受。加大改革开放，以及良好的基础设施，完全可以支撑国内大循环为主体、国内国际双循环相互促进的新发展格局。重要的是解决好制约双循环的堵点。

第一，坚定地推进供给侧结构性改革。供给侧是生产要素一侧，结构性改革是制度性变革。但常常看到的是，将下指标“去产能、去库存”，“关停并转升”调结构等行政手段调整称为供给侧结构性改革。2020 年 4 月 9 日，党中央国务院发布《关于构建更加完善的要素市场化配置体制机制的意见》（以下简称《意见》）。《意见》实际是供给侧结构性改革的纲领性文件。《意见》中有些措施还属于探索性的，要加速落实、加速探索，这对于动员国内需求是最为根本的。

第二，坚定地推进依法治国。我国一度过多依赖国外需求的原因之一，是国内法治环境不佳，对产权保护不足，信用社会还未建立起来。“补偿贸易”或面向海外市场的企业在经营中往往还款信用高，知识产权侵权少。本次疫情期间，一些面向外需的企业不得不转向内销，就感到货款回收难，产品仿冒维权难。又如，为了完成某项任务，基层政府先拆、先关，不谈如何补偿，法不溯及既往观念淡漠，等等。当然，基层也有其难处，任务刚刚下达，检查、巡查就来了，一些要求并不是实事求是的，而是形式主义的。基层不顾法治落实任务也是不得已。没有良好的法治环境、信用环境，国内大循环就会受到堵塞。十八届四中全会的主题是依法治国，大量的任务应当真正加以落实。

第三，要降低基础设施和准公共设施的用户成本。基础设施适度超前是必要的，但有些方面过度超前，抬高了用户成本或不可持续的公共部门债务。互联网平台虽是私人部门运作，但有准公共性，垄断带来高用户成本甚至市场进入障碍，这两个方面都要有所控制。目前大家热议的“新基建”，其中包括发展 5G。但现有 5G 技术很不成熟，数千亿级的投资已经布下，而且运营成本极高，找不到应用场景，今后消化成本是难题。这些成本要逐步降下来，不然会是国内大循环的堵塞点。

第四，要坚定地维护和改进国际规则。自由放任的全球化时代已经过去了，今后全球产业链分布不会只由利益驱动，公共安全风险、节点集中度风险等会被充分考虑，会成为效率和风险之间平衡的新形态，甚至会被政治意愿扭曲，产业链、供应链会收缩，但基于通行规则的对外开放应坚定不移。下一步的规则会被政治化，在规则制定上应主动作为，争取共识，形成新的国际经贸规则。要坚持发展中国家的定位，这符合实际，但也要准备应对差别化地位的挑战和更难应对的结构性议题的挑战。

第五，也是作为总结，学习贯彻好 2020 年 9 月 1 日中央深改委第十五次会议精神。在这次会议上，习近平总书记强调，“加快形成以国内大循环为主体、国内国际双循环相互促进的新发展格局，是根据我国发展阶段、环境、条件变化作出的战略决策，是事关全局的系统性深层次变革”。他还强调，“要继续用足用好改革这个关键一招……推动更深层次改革，实行更高水平开放，为构建新发展格局提供强大动力”。前文所述就是表明，这一战略决策，基于历史、现实和内外环境，是符合客观规律的。真正的供给侧结构性改革，基于规则的对外开放和依法治国，应当是要点。特别要提醒，既然是客观规律，政府有意按双循环优化产业链布局是做不到的，竞相动用公共资金抢占技术新高地是做不好的，得不偿失，还会引起国内外的误解，需要的是真正学习理解新发展格局的要义和改革开放措施的落地。

试论双循环

刘遵义

1. 引言

2020 年 8 月 24 日，习近平总书记主持召开经济社会领域专家座谈会强调“要加快形成以国内大循环为主体、国内国际双循环相互促进的新发展格局”。

借此机会，笔者尝试探讨“双循环”的概念。双循环分别是“国内循环”和“国际循环”。循环是指供给和需求的相互满足。从 1950 年到 1978 年改革开放，中国基本上只有“单一循环”，即“国内循环”。在 20 世纪 50 年代，与苏联和东欧前社会主义国家间的易货贸易也十分有限。这一部分是由于朝鲜战争后以美国为首的西方国家对中国实施贸易禁运，一部分是由于从 20 世纪 50 年代后期开始，中国与苏联之间产生争端。

在 1978 年改革开放后，中国重新开始了第二种循环，即“国际循环”。这可以看作是中国“双循环”的恢复。但是，改革开放初期的主要重点仍然是国内循环。此外，也有意分离了两个循环。例如，外国直接投资（FDI）企业在中国经营的“加工和组装”制造业务必须进口其所有设备和其他投入，

---

* 作者为香港中文大学蓝饶富暨蓝凯丽经济学讲席教授，斯坦福大学李国鼎经济发展荣休讲席教授。本文根据作者 2020 年 9 月 12 日在清华大学产业发展与环境治理中心（CIDEG）的演讲修改而成。作者感谢麦嘉轩女士和熊艳艳教授的宝贵意见和建议。本文的所有观点均为作者个人观点，不代表作者所在机构的观点，作者文责自负。

有时还需要自己发电，以免在国内层面产生任何投入上的需求；同时，出口其所有产出，以免在国内层面增加任何供给。这种分离使中央经济计划能够像以前一样继续发挥作用。

因此，在20世纪80年代及90年代初期，双循环是完全独立、彼此互无联系的。在一个循环中生产的商品和服务不能用于供应另一个循环，反之亦然，“两者永远不会相遇”。① 唯一的共同联系是“加工和组装”业务雇用的劳动力以及经济特区政府提供的土地。但是，由于中国劳动力供大于求，外国直接投资企业雇用劳动力不会影响国内劳动力市场或工资率。② 当时，土地也处于过剩状态，而外国直接投资承租人在任何情况下都不能将土地用于其他任何目的，因此也不会影响国内经济。这些安排的目的是让国内经济完全不受任何可能的国际动荡的影响。

改革开放初期的双循环可以描述为两个不相交的圆圈，一个代表国内循环，另一个代表国际循环，彼此之间几乎没有任何重叠。主导的循环仍然是国内循环。

2. 双循环的演变

图1显示了1960年至2019年中国商品和服务进出口占中国GDP的百分比。③ 显然，在1978年改革开放之前，中国国际贸易在GDP中所占比重仅有一年超过10%，在1960年至1978年平均占比仅7.1%。1978年至1994年，人民币汇率经历了一系列调整，最终使人民币成为经常账户可兑换货币，并于1994年1月1日起大幅贬值（参见图2）。其结果是，出口开始增长，外国直接投资开始流入中国（参见图3），使中国成为出口的生产基地，利用了其低成本（特别是以美元计算）的劳动力优势。1993年，外商对华直接投资在中国国内投资总额中所占比重达到15%的峰值，但此后一直下降，到2019年降至仅3%。这反映了在国内投资总额中，来自国内的投资有所增加（参见图4，国内投资总额在GDP中所占比重随时间增长）。

---

① From Rudyard Kipling, “The Ballad of East and West”, 1889.

② 此外，这些工人不是由“加工和组装”企业直接支付工资，而是由特殊的劳务服务公司支付工资，这些劳务公司实际上掠取了工人所有可能从加工和组装企业那里赚取的奖金。

③ 由于找不到1960年之前的服务贸易数据，所以图1从1960年开始。商品贸易的数据可以追溯到1952年。

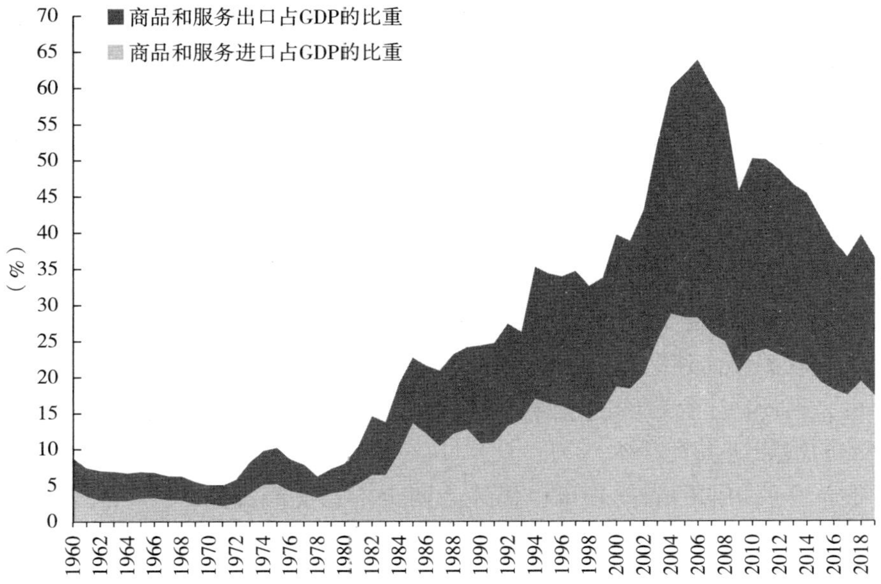

图 1　中国商品和服务的进出口占 GDP 的比重

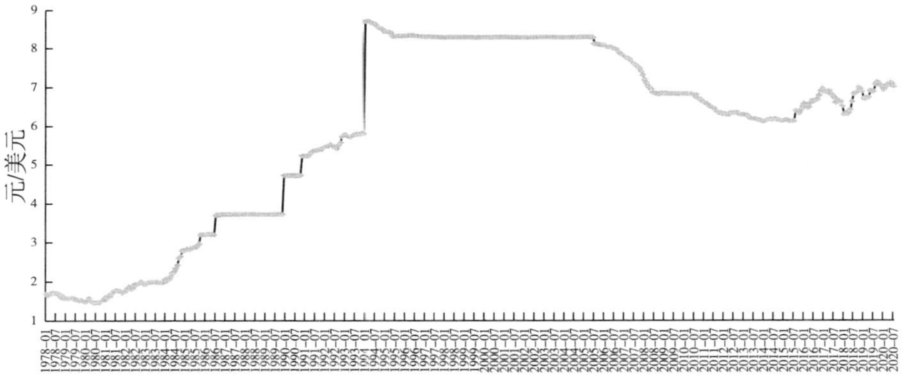

图 2　1978 年至今人民币名义汇率

在图 4 中，笔者列出了国内最终总需求的各个组成部分：居民消费（C），国内投资总额（I）和政府经常性支出（G）。如图 4 所示，居民消费占 GDP 的比重从 1952 年的 65.6% 下降至 2019 年的 38.8%，降幅明显，这部分地反映了 20 世纪 50 年代初期人均 GDP 较低，也部分地反映了中国政府多年来保持低人力成本政策。中国是世界范围内居民消费在 GDP 中所占份额最低的国

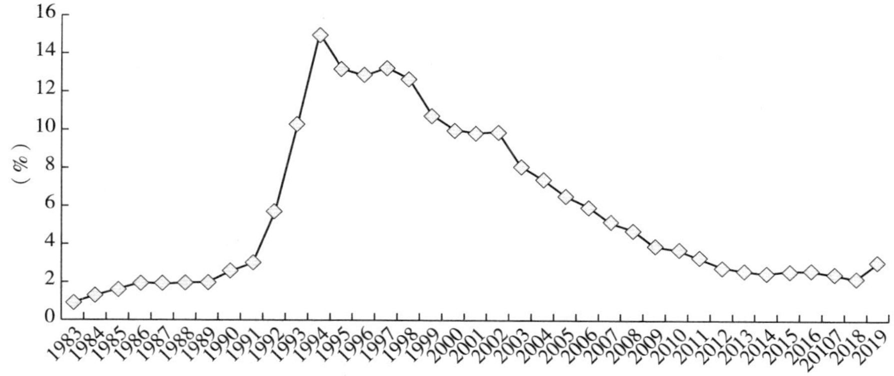

图 3　外国直接投资占国内投资总额的百分比

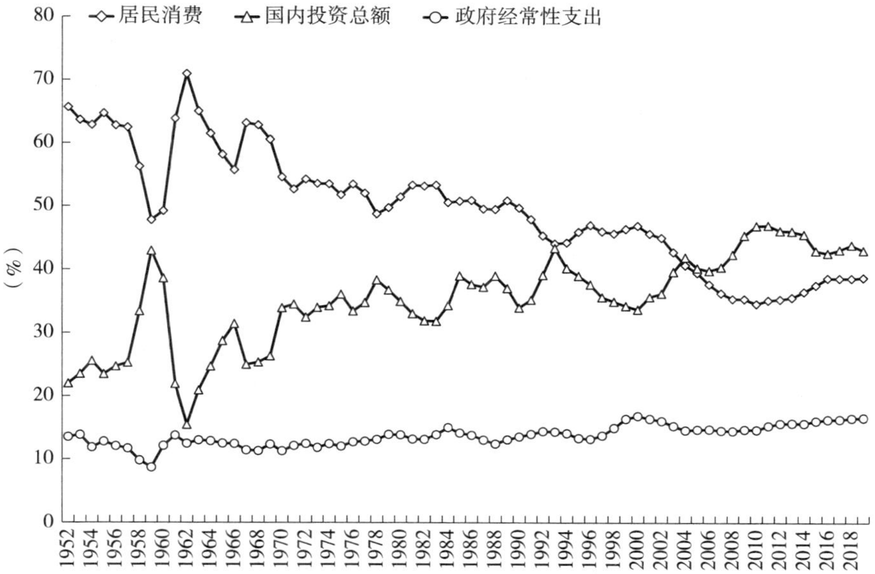

图 4　居民消费、国内投资总额、政府经常性支出在 GDP 中的占比

家之一（美国相应的份额为 68%）。① 相比之下，国内投资总额的占比几乎翻了一番，从 1952 年的不到 22% 增至 2019 年的 43.1%（2011 年达到顶峰时超

① 中国 GDP 中的劳动份额约为 40%，而美国和其他发达经济体约为 60%。这是居民消费在 GDP 中占比较低的主要原因（尽管并非唯一原因）。

过47%)。① 政府支出的比重比较稳定，从1952年的13.5%逐渐增加到2019年的16.6%，在2000年达到16.9%的峰值。这意味着在中国，国内投资总额仍然是总需求中最重要的组成部分。

然而，从20世纪90年代中期开始，双循环不再是分开的，而是相互联系的。外国直接投资企业可以在中国境内购买投入品并出售其产出。同样，国内生产者可以使用进口的投入品并将其产出出售给国内外市场上的任何人（最初只有在它们履行完中央计划内的产量后才可以这么做）。中国于2001年加入世界贸易组织（WTO），进一步扩大了国际循环，直到2010年左右，国际循环才成为主导循环。2010年之后，由于人民币升值，中国工资水平上升，中国商品的出口市场逐渐饱和，国内市场开始重新占据主导地位。然而，工资水平上升也增强了中国快速增长的中产阶级家庭的购买力，他们对进口消费品及带有进口组件的产品有显著需求。

衡量双循环相对规模的一个有用指标是国际贸易［商品和服务的出口（X）与进口（M）之和］② 与国内交易［居民消费（C）、国内投资（I）和政府经常性支出（G）之和］的比率。③ 如图5所示，在1980年之前，国际循环相比国内循环仅是很小一部分。在1980年至1993年，该比率从10%增长到25.7%。1994年，人民币经历了大幅贬值并成为经常账户可兑换货币，该比率从25.7%跃升至35.7%。此后一直保持在该水平，直到2000年中国加入世贸组织。当人民币再次开始升值时，在2006年达到68%以上的峰值。随后，在2008年至2009年发生了全球金融危机，现在已经回落到36.7%，与20世纪90年代后期的水平相当。这个比率大概是国际化的一个可维持的水平。多年以来，中国国内需求的重要性也日益提高。中国经济不再只是作为世界工厂，也已成为世界市场。

在改革开放之前的几年，有可能是由于人民币汇率被高估，国际循环的相对重要性被低估。而由于缺乏可靠的外汇支付来源，被高估的汇率也会抑制出口，从而间接抑制进口。

---

① 实际上，在20世纪90年代初期，其占比曾短暂超过了40%，在1993年达到43.4%，但到2003年，一直保持在40%以下。

② 净出口（X－M）并不是衡量国际循环规模的良好指标，因为给定的净出口水平可能与进出口总额的一系列数值保持一致。

③ 评估国际循环重要性的另一种方法是使用投入产出表计算国际贸易部分或全部停止对最终需求、GDP和就业的影响。

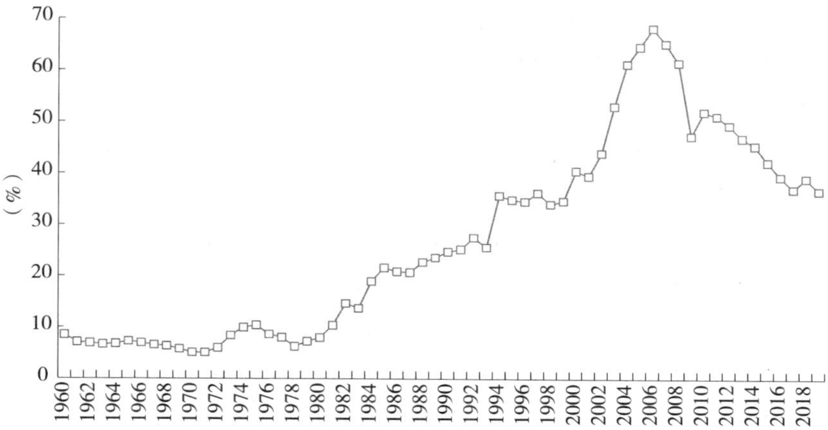

图 5　国际循环与国内循环之比

3. 是否有可能完全封闭，完全自给自足?

尽管原则上可以实现一定程度的完全封闭和完全自给自足，就像中国在 1978 年改革开放之前大部分时间里所做的那样，如今的朝鲜似乎仍是如此。但是从经济的角度看，这种做法是绝对不可取的。两个贸易伙伴国家之间的自愿国际贸易始终是双赢的，因为双方的选择范围都扩大了，两国的福利必然是增加而不是减少，除非两国碰巧在每个部门和行业都具有相同的比较优势。因此，非自愿性地减少国际贸易始终是双输的。

中国一直是经济全球化的主要受益者，其贸易伙伴国也是。然而，尽管经济全球化为所有国家带来了巨大的利益，但它也在每个国家中塑造了赢家和输家。自由市场只会奖励赢家，而不会补偿输家。经济全球化实际上在每个国家都产生了足够的收益，因此，理论上，每个人都可以变得更好。但是，补偿本国“输家”的责任落到了每个政府身上。问题在于，大多数国家没有对输家做充分补偿，而中国则确保所有人都能受益。

如今，除非让实际生活水平大大降低，中国才有可能实现完全自给自足。在过去 40 年中，中国产品的质量有了很大提高，部分原因是与进口产品竞争并且“干中学”。① 然而，中国目前仍存在无法生产的产品，如大型飞机和先

① “干中学”的概念具体参见 Kenneth J. Arrow, “The Economic Implications of Learning by Doing,” *The Review of Economic Studies*, Vol. 29, No. 3, 1962 年 7 月，第 155—173 页。

进的半导体。中国目前也存在国内产能无法满足国内需求的商品，如食品、石油、铜和铁矿石。这些产品和商品目前大量依赖进口。如果中国完全放弃国际循环，则意味着将没有这些产品和商品，或只有有限数量。

因此，回到单一国内循环并不符合中国自身的利益。中国确实需要自力更生，但自力更生不等同于自给自足。中国不能通过退出世界而获胜。与美国的经济脱钩并不意味着与世界其他地区的经济脱钩。为了维持国际循环，中国需要世界其他主要贸易国的支持，特别是欧元区国家。

图 6 显示了中国的食品、原油和半导体的年进口额，自 2000 年以来，这三类产品的进口呈现连续的大幅上涨趋势。2019 年，半导体进口额达到了 3250 亿美元，超过了原油进口额，占全部商品和服务进口的 13% 以上。

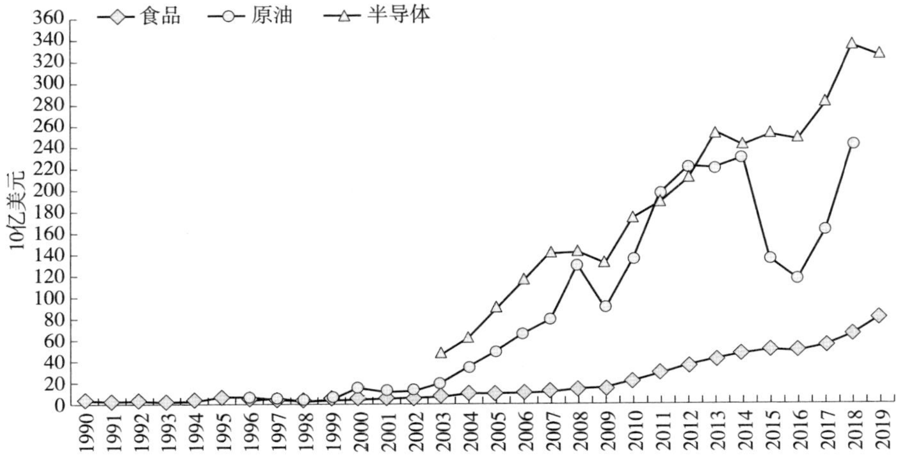

图 6　食品、原油和半导体的进口额

更重要的是，中国对特定大宗商品和货物的进口依赖程度。图 7 展示了食品和原油进口在国内总消费中的占比。如图 7 所示，食品供给并不依赖进口，在 2019 年，食品进口只占国内食品总消费的 6.5%。但是，原油却呈现完全不同的情况。2017 年是有进口量数据的最新年份，在这一年中，按桶或公吨计算，原油净进口占国内原油总消费的 70% 多。①

① 半导体进口在国内半导体总进口或总用量中的占比数据不可得。

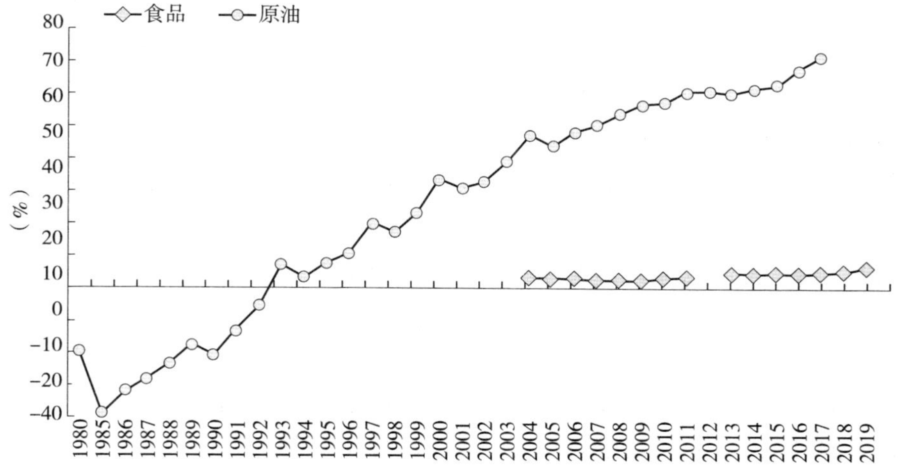

图 7　食品和原油进口在国内总消费中的占比

4. 阻碍双循环可持续性的因素

影响双循环可持续性的原因可能有多种。例如，长期大量的贸易顺差或逆差不可能持续。图 8 显示了 1960—2019 年中国国际贸易结余占 GDP 的百分比。1960—1994 年，中国的商品和服务贸易结余平均为零。中国的贸易结余在 2007 年达到顶峰，超过 GDP 的 8.4%，但此后分别下降到 2018 年的 0.85% 和 2019 年的 1.7%。展望未来，中国的目标是实现接近于零的贸易结余。

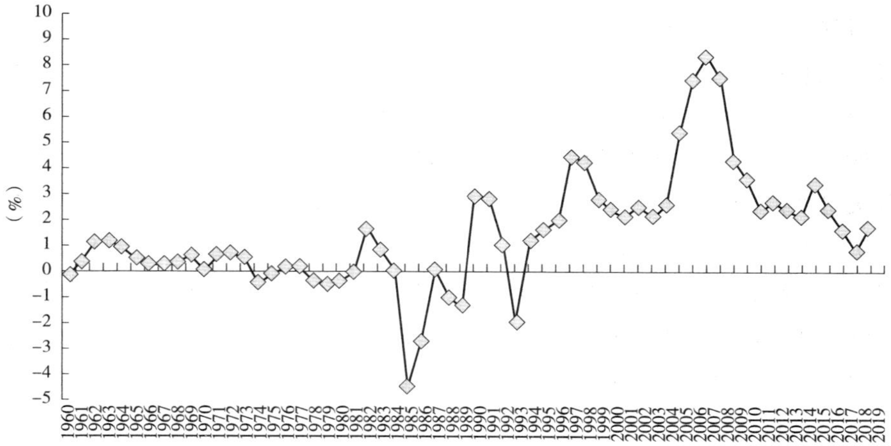

图 8　中国商品和服务贸易结余占 GDP 的百分比

如果关键的供应链被打断，双循环的可持续性也将受损。如果某些关键的产品或投入由于某种原因无法进口，就必须找到替代的进口来源或国内替代品。任何大国都不应过分依赖国际需求或供给，国际需求或供给可能由于许多不同的原因而中断甚至停止，尤其是不能依赖单一国家。即使供应商是在最友善的盟国中，仅依靠单一供应商仍有很高风险。可能破坏关键供应链的不可预见事件不仅包括贸易战和疫情，还包括地震、洪水、飓风、龙卷风和海啸等自然灾害，破产和大火等人为灾害，以及诸如三里岛、切尔诺贝利和福岛等核事故，更别提禁运、战争和其他地缘政治冲突与纠纷。

虽然第二来源会增加交易成本，但就像购买保险一样，既有净成本，也有益处。拥有备用的第二来源可以防止垄断，降低垄断势力和由此产生的垄断租金，形成更稳定、更具竞争力的世界经济，对所有消费者都有利。有了第二来源，一个国家对另一个国家的产品出口管制就失去了其用处，最后只会伤害自己国家的制造商。但是拥有第二来源不应等同于试图实现完全自给自足。在另一个国家/地区拥有第二来源，尽管往往只是作为一种可能性而存在，在很多情况下也已足够。

通过适当地多样化供应来源，也可以减轻关键商品进口可能受阻的潜在影响。食品、石油和金属矿石在世界范围内有广泛供应，适当多样化进口来源为避免意外供应中断提供了保障。例如，石油可以从非洲、中亚、拉美、中东、北美、俄罗斯等其他各地获得。储备库存是另一种选择，但从长远看，这并不是一个可持续的策略。此外，即使中国经济继续增长，中国对铜和铁矿石等进口原材料的依赖最终也会下降。旧汽车和卡车，用过的电缆和电线中的废金属可以回收利用，并且可以替代当前进口的大部分原材料，甚至纸张和木材也可以回收利用。这将使国际循环逐步过渡到国内循环。

然而，禁止从美国或其他国家向中国出口诸如先进半导体和半导体制造设备等关键产品的禁令依然构成了严峻的挑战。① 这些禁令难以在短期内轻易缓解。实际上，这对中国来说是一个“伴侣号”时刻。苏联在 1957 年将第一颗人造卫星送入轨道，当时对美国来说，是一个关键时刻，它促使美国加快本土创新，以实现这些行业的突破。这将需要大量的资金和时间投入。中国必须在这些关键行业中自力更生。为了鼓励创新，中国还必须加强对知识产权的保护。

① 经常这些产品在全世界只有一个生产商。

在关键的核心技术中，自力更生实际上是惯例而不是例外。苏联、法国、中国、印度、巴基斯坦和朝鲜都在没有任何外国援助的情况下在本地发展了自己的核武器能力。1964 年，中国仍然非常贫穷，人均 GDP 低于 200 美元（按 2019 年价格计算），但中国仍得以成功开发了原子弹。如今，人均 GDP 已超过 1 万美元，中国应该能够找到确保自身先进半导体和半导体制造设备供应的解决方案。但是，这种必要的自力更生应有别于完全自给自足。

不仅对中国，而且对全世界来说，可持续性的另一个障碍与气候变化和全球变暖相关。在这方面，中国致力于 2015 年提出的《巴黎协定》，并很有可能在商定的时间表之前履行其义务。中国也一直在积极发展太阳能和风能等可再生能源。

可持续性还可能取决于可用劳动力的供给。中国劳动年龄人口（定义为 16 至 60 岁人口）可能已进入下降阶段。但是，至少在此过程中，中国可以通过适当地推迟法定退休年龄来解决这一问题。目前法定退休年龄女性为 55 岁，男性为 60 岁（退休年龄标准是 20 世纪 50 年代初期确定的，当时预期寿命在 60 岁左右）。鉴于当今中国的预期寿命更长，将 70 岁作为所有人的法定退休年龄似乎是相当合理的，尤其是与年满 60 岁提前退休的选项相结合。当然 60 岁退休的人与 70 岁退休的人在缴费确定型养老金计划下享有的退休福利将有所不同，60 岁退休的人将减少 10 年的缴费时间，同时其养老金本金获取收益的时间也会缩短。

与此相关的是，我们应该扩展通过进口关税保护新兴产业的传统“幼稚产业”理论。传统的“幼稚产业”理论认为，一个新兴产业需要一定时期内的关税保护，以便有机会成长并能够参与国际竞争。但是，也存在另一种情形，一国被拒绝使用绝对必要的特定产品或技术，并且不能以任何价格购买该特定产品或技术。这种情况下，该国别无选择，只能尝试自己生产。此类生产可能需要在启动阶段提供补贴，直到该产品生产成本约等于国际市场价格为止。① 在国内没有该产品生产的情况下，国内和国际循环都可能受到阻碍。因此，对于传统的“幼稚产业”，采取关税保护可能是合理的，而对于扩展的幼稚产业，补贴可能也是合理的。

---

① 尽管理论上生产商可以索要任何价格，但潜在用户不太可能接受比世界市场价格高很多的价格，因为这样的话，其下游的产品就没有竞争力了。

5. 结论

给定中国经济的生产能力和消费潜能，双循环——以国内大循环为主体、国内国际双循环相互促进——的可持续性显然是可行的，但也需要克服外国对关键产品和技术的出口限制，而这需要时间。

扩大居民消费在中国总需求中的比重是当务之急。这就需要增加劳动在GDP中所占的份额，进而需要提高平均工资水平。低工资政策是中国过去所有非农业工人直接或间接由中央和地方政府雇用、工资水平由中央决定的遗产。如今面临的挑战是如何在不引起大规模工资通胀的情况下改变低工资政策，而工资通胀有可能导致大规模商品通胀。

但是，中国人改善生活的需求不能完全通过私人家庭消费的增加来满足。这还需要在中央和地方政府的支持下增加公共消费，包括环境保护和恢复，创造和维护青山绿水，提供可负担的医疗保健和老年护理，为所有人提供足够的社会保障网络。政府还必须承担起责任，支持中国本土创新能力的扩展，尤其是通过基础研究，以确保双循环的可持续发展。

如前所述，只要经济开放，就会不断创造“赢家”和“输家”。自由市场体系本身不会补偿输家。政府的职责是对“赢家”的收益征税，并以此补偿“输家”。除非“输家”得到补偿，否则他们将反对经济全球化，倾向于贸易保护主义和孤立主义。

中国在消除贫困方面已经取得了令人钦佩的成就。在过去40年中，中国有8亿人摆脱了贫困。到2020年底，中国将实现全面脱贫！因此，中国可以自豪地说，中国没有“输家”：与1978年相比，每个人都是“赢家”。减轻和消除贫困不仅可以促进收入分配公平，而且可以增加居民总消费需求，因为低收入家庭的边际消费倾向更高。

如今中国面临的最大风险是再次与世界其他国家隔绝。中国必须继续积极参与世界经济，贡献自己的力量，维护国际秩序。中国可以认真考虑与志同道合的国家相互实施三个零战略，即零关税、零非关税壁垒和零补贴，当然同时不排除“幼稚产业”的例外情况。

（北京大学 韦玮 译）

比较之窗

Comparative Studies

Comparative

大脱节

日本工资与通胀的脱钩

星岳雄　阿尼尔·卡什亚普

1. 引言

日本持续的低通胀在两个方面引人深思。首先，日本央行（Bank of Japan，BoJ）自2013年以来实施了前所未有的刺激性货币政策。从大规模的资产购买计划（主要是日本政府债券）开始，随后将短期利率降至零以下，最后以10年期债券利率作为调控目标。尽管采取了上述措施，并且按照传统的观点：有决心的央行可以提高物价水平，但日本的通胀率仍低于央行设定的每年2%的目标。

---

* Takeo Hoshi，东京大学经济系教授，主要研究领域为公司金融、宏观经济政策、银行监管、日本经济；Anil K. Kashyap，芝加哥大学布斯商学院经济学和金融学 Stevens 杰出讲席教授，主要研究领域为银行学、商业周期、公司金融、定价和货币政策。原文 The Great Disconnect: The Decoupling of Wage and Price Inflation in Japan 为 NBER 第27332号工作论文。

** 我们感谢 Joshua Hausman、Yuzo Honda、Daiji Kawaguchi、Sachiko Kuroda、Etsuro Shioji、Shigenori Shiratsuka、Takashi Unayama、Johannes Wieland 和斯坦福大学安倍行政管理会议（2018年2月和2019年3月）、NBER 日本项目会议（2019年7月）、日本经济协会会议（2019年10月）、日本金融服务局、一桥大学、神户大学和圣克鲁兹加州大学的研讨会参会者的评论。Kashyap 感谢芝加哥大学全球市场计划的财政支持。我们感谢 Masahiro Abe、Masayoshi Amamiya、Yoichi Arai 和 Jess Diamond 在研究的早期阶段与我们进行的有益交流。邹冬晨和徐俊提供了专业的研究协助。我们感谢东京大学高级金融研究中心（CARF）的财政支持。本文仅代表作者的观点，不代表国民经济研究局的立场。

其次，日本的劳动力市场相对紧缺。对于日本的自然失业率，目前还没有广为接受的估计值，尽管日本央行官员经常在发表讲话时声称：一旦失业率达到3%左右，处于失业状态的人是因为搜寻摩擦。在失业率低于2.5%的情况下，人们预计可以看到工资和物价的上涨（即使货币政策是中性的）。同样，对日本潜在增长率的标准估计值约为0.5%。自2013年初以来，经济增长率一直高于该水平。因此，菲利普斯曲线的拥护者可能也会觉得温和的通胀令人费解。

在本文中，我们探讨了日本的二元劳动力市场在推动低通胀结果中的作用。长期以来，经济学家一直在研究日本全职员工和兼职员工之间的就业状况差异。正如日本央行（2017）指出的：兼职员工人数一直在稳步上升，且与全职员工相比，其工资对市场条件更为敏感。但是，兼职员工的工资水平远远低于全职员工。这种结构上的变化降低了公司的工资开支。我们研究了该因素对日本通胀效果的影响。

我们从1981年开始分析，当时正值第二次石油危机，标志着日本进入了相对低通胀的时代。自1981年开始，通胀率逐渐下降，其间略有上升，然后在20世纪90年代中期稳定在零值附近。这种模式对通胀的总体指标以及不包括食品和能源价格的指标均适用。我们证实了这一时期工资和价格的变化都是十分常规的。工资与劳动力市场的紧缩密切相关，工资上涨对价格有显著的解释力。

然而，在20世纪90年代后期的某个时间点，这种模式开始发生变化。我们认为，这一转变是从1998年开始的。要准确判定具体的断点是很困难的，但是有几个可以充分支撑中断发生在1998年的依据。第一是日本央行获得了法律上的独立性；第二是日本银行业危机的严重阶段始于1997年末；第三也是最重要的一点：过去的研究发现，这段时期内经济中的许多其他结构性关系也在发生变化（Hamada、Kashyap and Weinstein，2011）。① 因此，我们的分析主要着眼于1998年前后的差异。

我们将研究分为五个部分。首先，简单回顾了有关日本通胀的文献。过去

---

① 例如，一个被广泛研究的问题是货币政策与经济之间的联系。许多研究都发现，在20世纪90年代的某个时间点发生了巨大转变，尽管他们研究的变量和中断发生的具体时间有所不同。例如，Arai and Hoshi（2006），Kimura、Kobayahi、Muranaga and Ugai（2003），Kuttner and Posen（2001），以及Miyao（2000）。

的研究可以分成两大类：一类是从许多国家/地区估算的菲利普斯曲线出发，试图修改菲利普斯曲线以解释某些特定的因素；另一类与我们的方法更为接近，并将劳动力市场的结构作为研究的中心。

第三部分列举了支持我们论点的证据，即分别分析 1998 年之前和之后的通胀是合理之举。该部分包括了我们自己的统计分析，并回顾了先前同样将 1998 年作为结构性断点的相关研究。

第四部分涵盖了我们对劳动力市场相关事实的总结。我们研究的一个创新点是单独研究了工资中奖金的确定。我们发现，奖金和工资表现出不同的动态过程，并且它们对劳动力市场的反应也有所不同。更重要的是，我们发现 1998 年之后失业率与工资上涨之间的联系发生了明显的变化。

第五部分研究了价格和工资之间的共同联系。我们展示了 1998 年的工资和价格趋势如何变化，以及趋势变化又如何与这两个序列之间的动态关系相联系。

第六部分给出了我们的结论。

2. 文献回顾

有大量文献研究了日本过去 20 年来的通胀。自 1998 年日本央行正式独立以来，许多这方面的论文都集中在日本央行的操作策略和战略上。许多观察家批评日本央行对于是否应该对抗持续的通缩和推行必要的工具等问题犹豫不决。

伯南克（Bernanke，2000）在其颇有影响力的分析中认为，日本央行在使用政策工具抗击通缩方面不够积极。在 2003 年的一次演讲中，伯南克（2003）跟进了这一分析，并就提高日本物价水平可采取的措施提出了一些建议。斯文森（Svensson，2003）提出了一种被称为“万无一失”的克服通缩的方法，即依靠货币引起的汇率变化推动价格上涨。

这些判断在一定程度上回应了日本央行认为通缩超出其控制的观点。例如，在 2002 年 1 月，日本央行独立后的首任行长速水优发表讲话，讲述了日本央行近期的政策决定（Hayami，2002）。我们主要强调其中的一个关键段落：

> 我们将主要操作目标从同业拆借利率更改为流动性的量化指标，即日本央行活期账户的未偿余额，并且我们已经大幅增加了余额。

由于这是一项十分激进的宽松措施，并且在全球各国央行的历史上都是前所未有的，所以我们在决定之前必须十分慎重地考虑各种问题。最重要的是，我们并不确定在利率几乎为零的情况下增加流动性供给是否以及会如何影响经济。很显然，这种扩张对经济影响的机制无论是在理论还是在实践层面都没有得到证明。

直到2011年末，日本央行仍在发表类似的言论。例如，白川方明行长在其讲话（标题与速水优的讲话几乎相同）中宣称（Shirakawa，2011）：

20世纪90年代末以来持续时间虽长但较为温和的通缩，不能仅用短期和周期性因素解释。一个更根本的原因是日本经济增长潜力的长期下降趋势。当经济增长率长期持续下降时，人们对未来收入增长的期望就会降低，企业和家庭就会抑制消费。因此，价格继续面临下行压力。

有时人们会说，只有中央银行更积极地提供流动性，通缩问题才能得到解决。确实，提供充足的流动性很重要，但这本身并不能解决通缩问题。

这些论点受到了外部观察人士的持续批评，可参见伊藤隆敏和米什金（Ito and Mishkin，2006）对日本央行独立前几年的详细评估和国际货币基金组织（IMF，2012）以及库特纳等人（Kuttner、Iwaisako and Posen，2015）的后续评论。

然而，自2013年黑田东彦（Haruhiko Kuroda）出任日本央行行长以来，这种批评就不再适用了。日本央行已变得非常激进，并且采纳了许多批评家提供的建议。它不再质疑对通胀结果的责任，并否认了不可能结束通缩的观点。因此，最近的文献已经转向试图解释为什么即使采取极端宽松的货币政策，日本的通胀率仍然维持在2%以下。

其中一项研究采用了菲利普斯曲线方法，试图将通胀与经济萧条程度以及预期联系起来。伯南克（2017）对这些文献进行了综述，并对日本通胀持续低水平的原因做出了推测。传统观点认为，在包括日本在内的许多发达经济体中，通胀对萧条指标的敏感性已经下降。日本央行（2017）给出了一个具体例子：它对比了2013年前后菲利普斯曲线的斜率估计值，发现该曲线在2013年之后更加平坦。

在敏感度降低的同时，人们还认为日本的通胀预期没有锚定。黑田东彦

（2017）认为，日本的通胀预期比其他国家更具适应性和回溯性，因此可以改变已实现通胀的各种因素，如油价波动，在日本尤为重要。伯南克（2017）认为，通胀长期低于日本央行的目标，可能会持续影响预期。从这个意义上讲，尽管其领导层发生了变化，但日本央行可能仍受过去表现的影响。

并非所有人都接受菲利普斯曲线在日本失灵的观点。相反，加尼翁（Gagnon，2017）认为，日本的潜在产出和充分就业长期被错误地衡量了。正如他指出的，潜在产出的标准衡量建立在以下假设的基础上：在纳入考虑范围的样本中，产出会在潜在水平附近波动。如果经济持续处于低迷状态，以至于无法达到潜在产出水平（并且经济也从未实现过充分就业），那么推断潜在产出的标准统计方法注定会失效。加尼翁认为，1995 年至 2016 年间的日本很可能就是这种情况，因此更加令人困惑的问题是：为什么没有出现更严重的通缩。他推测，工资刚性的下降阻止了通缩的加速。他还预测，随着经济持续复苏，它将很快超过充分就业的水平，并且将出现通胀。然而，持续到 2019 年中期的稳定增长并没有导致通胀上升，于是这种解释似乎失去了说服力。

一些研究者关注工资的菲利普斯曲线而非价格的菲利普斯曲线，并强调劳动力市场结构在影响工资和价格动态变化中的作用。玄田（Genda，2017）编写了关于该话题的优秀文集。这本书的第 16 章探讨了在劳动力市场紧缺的情况下工资停滞不涨的各种原因。这些论文提出了三个共同的主题：一是双重劳动力市场的重要性，全日制员工（或正式员工）和兼职员工（或非正式员工）的薪酬和待遇差别很大。这本书的许多章节都强调了近几十年来兼职工人所占份额的不断上升。

二是工资下降刚性的普遍性以及企业层面削减工资的程度。两位日本学者（Yamamoto and Kuroda）的一篇文章指出，许多公司在十年内从未削减过工资。在经济向好时，这些公司也没有提高工资。一些学者称之为“工资上涨刚性”。

第三个主题是劳动力市场的供给端。劳动力供给的一方面是日本人口结构的稳定变化。随着社会的老龄化，许多老年人仍然希望在法定退休年龄之后继续工作，他们通常以兼职的方式留在劳动力市场。企业内部培训的失败可能助长了这一趋势。在职培训过去是提高技能水平的重要因素，这种培训的减少导致了某些部门高技能工人供给的下降。在企业的招聘需求和对应工人的供给不匹配的情况下，提高工资可能无法有效出清市场，即使在劳动力市场紧缺的情况下，工资也有可能停滞不前。

我们在本文中致力于求证的假设与玄田（Genda，2017）的论点高度一致。虽然没有一篇文章与我们的故事完全符合，但我们认为我们的故事是书中不同证据的凸组合（convex combination）。我们的主要贡献是明确地将通胀走势与工资走势联系起来。

3. 日本通胀的结构性突变

本文考察了两种价格通胀和工资通胀的指标。图 1 展示了从 1971 年一季度到 2018 年四季度的两个价格序列：所谓的“核心–核心通胀率”（core-core inflation rate），即不包括食品和能源的消费者价格指数（以下简称 CPI，对应图中的实线）以及根据总消费者价格指数计算得出的总体通胀率（对应图中的虚线）。我们对这两种 CPI 指标进行了调整，消除了 1989 年、1997 年和 2014 年 4 月 1 日三次消费税上调的技术性影响。为了消除季节性波动，图中显示的是该序列的自然对数值。我们的分析将用此种方式衡量工资和价格通胀。

图 1　日本价格通胀：1971—2018 年

资料来源：作者根据日本内务通信部下属统计局发布的消费者价格指数构建。

我们用收入除以工作时长构造工资序列，将工人的收入分成两个部分：工资（包括加班费）和奖金。① 数据来源为：月度劳工调查（https://www.mhlw.go.jp/toukei/list/30-1.html，英文网址：http://www.mhlw.go.jp/english/

① 在本文的早期版本中，我们将加班工资和固定工资区分开来，但它们之间的差异并不大，因此在这里我们将它们合并起来。

database/db-l/monthly-labour. html）。工资序列的计算方法是用合同工资除以工作总时长（包含加班时间）。奖金序列的计算方法是，将过去 12 个月得到的奖金除以最近 12 个月的总工作时长。我们关注过去 12 个月，因为奖金通常一年只发放两次：6 月或 7 月一次，然后 12 月一次。我们的数据样本只选取了拥有 30 名及以上员工的企业。图 2 显示了两个工资通胀率指标：实线表示工资通胀率，虚线表示奖金通胀率。

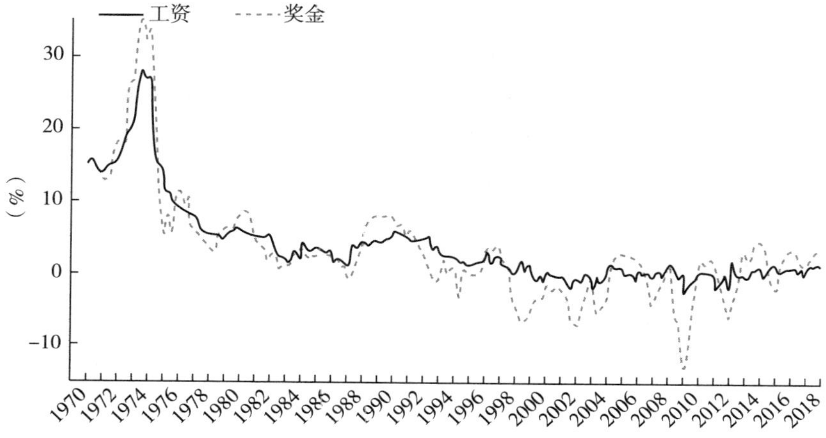

图 2　日本工资通胀：1971—2018 年

资料来源：作者根据日本厚生劳动省月度劳工调查构建。

图 1 和图 2 直观地揭示了我们后续分析中的三个关键点：首先，价格通胀率序列和工资通胀率序列从样本起点到 1980 年这段时间的数据看起来与其他阶段相比有质的不同。这一时期包含了“高增长时代”的末期，当时日本经济的年均增长率超过 9%，以及伴随 1974/1975 年和 1980 年全球石油市场动荡出现的两次剧烈的价格通胀，尽管 1980 年的价格上涨幅度小于 1974/1975 年，且在此期间工资和奖金几乎没有通胀。即使不包括食品和能源的价格通胀，也比其他时间区间的样本数据要高出很多，波动性也更大。在此期间，我们测算的通胀率以及工资和奖金的增长率都急剧上升然后下降。

20 世纪 70 年代的情况与 80 年代之后截然不同，以至于任何检验变量相关性的计量经济学实验都会受到 70 年代的影响（尽管它们并不代表样本中的其他部分）。我们认为，20 世纪 70 年代的经验与我们提出的为何近 20 年来通胀率如此之低的问题无关。因此在本文的其余部分，我们从 1981 年开始分析。

其次，通胀率从1981年开始逐年下降，直到1988年才略有上升。从1997年至今，通胀率始终低于4%。总体通胀率的变动幅度大于核心-核心通胀率，但是两个变量高度相关，工资也随着价格上升。

最后，需要注意的是，所有的测量指标到1998年都下降至零左右。从1998年开始，所有的价格和工资通胀率都在零附近徘徊。与之前的样本相比，1998年之后的价格通胀指标也变得更加稳定。

为了证实1998年前后的趋势存在差异，我们运用Box-Jenkins时间序列模型分别估计了图1和图2中的4个序列，并检验了模型的稳定性。表1由4个面板回归组成，列示了4个序列的最优拟合模型。选用的模型尽可能地拟合1981—1997年的样本，然后用这些模型拟合1998年之后的样本，以检验该序列的动态过程是否稳定。

表1　价格和工资通胀的ARMA模型

A. 总体CPI通胀

变量	样本：1981—1997年			样本：1998—2018年		
	系数	标准差	T统计量	系数	标准差	T统计量
常数项	0.0240	0.0124	1.93	0.0003	0.0023	0.13
AR（1）	0.9473	0.0451	20.99	0.7986	0.0757	10.55
MA（3）	0.3772	0.1190	3.17	0.1406	0.1217	1.15
MA（5）	0.4360	0.1488	2.93	-0.1945	0.1096	-1.77
R^2		0.88			0.67	
近似P值Q统计量	0.78（滞后17）			0.01（滞后19）		

B. 核心-核心通胀

变量	样本：1981—1997年			样本：1998—2018年		
	系数	标准差	T统计量	系数	标准差	T统计量
常数项	0.0291	0.0135	2.15	-0.0014	0.0023	-0.60
AR（1）	0.9802	0.0333	29.43	0.8968	0.0483	18.55
MA（2）	0.3842	0.1019	3.77	0.2015	0.1070	1.88
R^2		0.93			0.84	
近似P值Q统计量	0.95（滞后17）			0.58（滞后19）		

C. 所有工人的工资通胀

变量	样本：1981—1997 年			样本：1998—2018 年		
	系数	标准差	T 统计量	系数	标准差	T 统计量
常数项	0.0370	0.0068	5.41	0.0022	0.0021	1.05
AR（1）	0.5827	0.1418	4.11	0.2352	0.1111	2.12
AR（2）	0.3089	0.1242	2.49	0.3026	0.1242	2.44
R^2		0.88			0.67	
近似 P 值 Q 统计量		0.78（滞后 17）			0.01（滞后 19）	

D. 所有工人的奖金通胀

变量	样本：1981—1997 年			样本：1998—2018 年		
	系数	标准差	T 统计量	系数	标准差	T 统计量
常数项	0.0391	0.0130	3.01	-0.0065	0.0170	-0.38
AR（1）	0.8997	0.0482	18.67	0.8517	0.0556	15.33
R^2		0.80			0.72	
近似 P 值 Q 统计量		0.53（滞后 17）			0.00（滞后 19）	

对于总体 CPI 通胀率，最优拟合模型有一个自回归项以及滞后 3 个季度和 5 个季度的移动平均项。对于核心-核心通胀率，最优拟合模型也有一个自回归项和滞后 2 个季度的移动平均项。工资序列模型中则含有分别滞后 1 个季度和 2 个季度的自回归项。奖金序列的最优拟合模型只包含滞后 1 个季度的自回归项。

我们从这些估计中得到四个结论：第一，对于两个价格通胀序列，自回归项的系数接近 1，表明存在高度的持续性，这与单位根检验的结果一致（在本文末报告），该结果表明通胀序列（尤其是总体 CPI）为 I（1）。正如切凯蒂等人（Cecchetti et al.，2017）在多国样本中观察到的，一个相对较好的通胀模型假设通胀率的一阶差分遵循一阶移动平均过程。我们的结果表明，这种特性也适用于日本。

第二，这两个通胀序列的持续性水平都在 1998 年之后下降了。自回归项和移动平均项的系数都较小，并且统计上的显著性也较低。对于总体序列，移动平均项系数的符号方向也改变了。

第三，这两个工资序列的持续性也较强（但不如价格序列高）。模型的自回归项系数较大。

第四也是最后一点，与价格通胀指标相同，1998 年奖金序列的持续性也有所下降，尽管这种下降对它而言是无关紧要的。

对系数稳定性的检验表明，对于所有的 4 个时间序列，两个样本的系数都有显著差异。例如，有 3 个序列在做 1998 年一季度被假设为突变日期的邹氏检验时，均在 1% 的显著性水平上拒绝了系数相等的假设。唯一的例外是核心-核心通胀率，使用 F 统计量的标准邹氏检验没有拒绝两个样本周期内系数相等的原假设。在这种情况下，使用似然比的检验在 5% 的水平上拒绝原假设，而使用 Wald 统计量的检验则在 1% 的水平上拒绝原假设。

另外，Quandt-Andrews 检验允许在任何日期内存在断点（除去距离样本期开始或结束太近的时间）。我们认为在样本中 85% 的区间上（1986 年四季度至 2013 年二季度）可能发生突变。该检验也拒绝没有断点的原假设。核心-核心通胀率同样在检验中是一个例外。根据似然比检验，1995 年二季度作为最可能的断点在统计意义上并不显著，而 Wald 检验则表明 1993 年四季度的断点在统计意义上显著。对于总体通胀率，根据似然比检验，最可能出现断点的日期是 1999 年四季度，而 Wald 检验的结果是 1998 年一季度。对于奖金通胀率，显示的断点出现得更早一些，分别在 1995 年二季度和 1992 年二季度。

结合所有这些直观证据，加上前文提到的卡什亚普等人（Hamada、Kashyap and Weinstein）所做的分析，表明其他的一些宏观关系在 1998 年附近发生了变化，于是我们在论文的剩余部分分别研究了 1998 年之前及之后的数据。现在，我们的重点转移到厘清那些可能导致这种转变的因素上。

4. 工资和劳动力市场

在日本银行业危机之后，劳动力市场的结构开始转变。图 3 展示了 1993 年至 2018 年日本平均时薪水平的年度数据（与图 2 的变化率相对）。图表的起点取决于数据是否可得，因为全职和兼职直至 1993 年才开始有区别。图中分别呈现了全职工人和兼职工人的工资率，图 A 为工资，图 B 为奖金，其中的实线表示全体平均值。为了计算这些工资序列，我们首先使用月度劳工调查中报告的日元收入（以及工作时间）估算 2018 年全职、兼职和平均的日元工资水平，然后在员工数为 30 名及以上的企业中，使用不同类型员工的工资和奖金指数，对工资序列进行回溯。

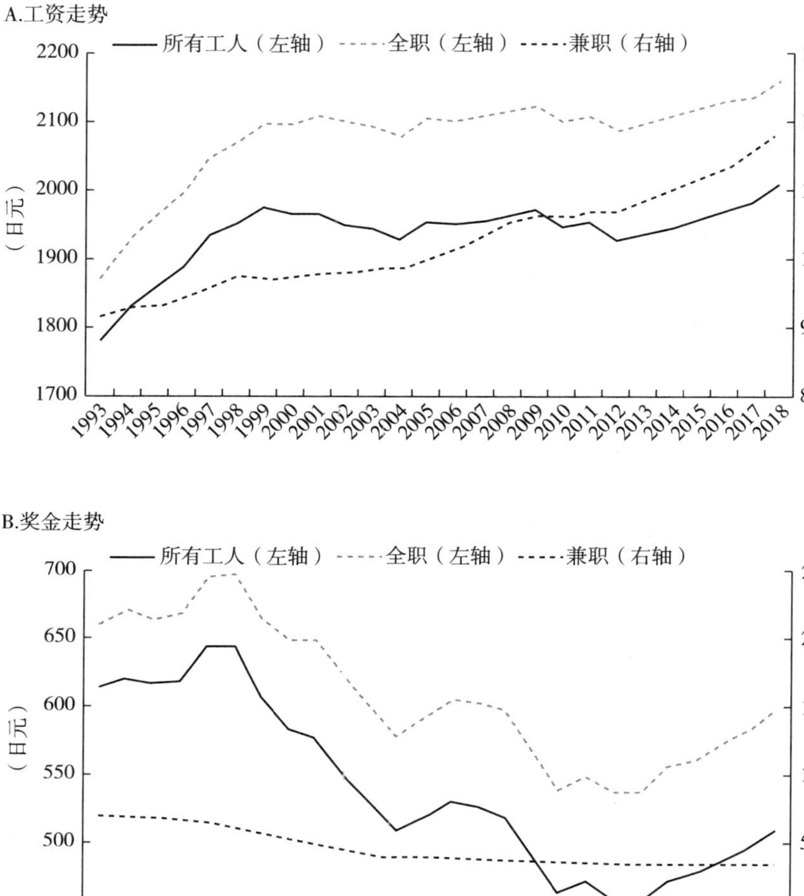

图 3　日本工资走势：1993—2018 年

资料来源：作者根据日本厚生劳动省月度劳工调查得出的计算结果。

图 3A 展示了工资水平的变动。值得注意的是，左轴是全职工人和所有工人的工资级数，不同于右轴，衡量的是兼职工人的工资。平均工资水平在 1999 年达到峰值，直到 2017 年才被超越。全职和兼职的工资模式非常不同：全职工人的工资一直非常稳定，约为每小时 2100 日元，在过去 20 年里只略有增长；而兼职工资从 1999 年的每小时不到 1000 日元上升到 2018 年的 1200 日元，涨幅约为 20%。自 2013 年起，兼职工资对商业环境的改善也更加敏感。

奖金收入除以总工作时间的值与工资水平相差甚远。平均奖金在 1997 年达到顶峰，然后如图 3B 中所示呈下降趋势。这一水平从 2014 年开始一直在恢复，但 2018 年还不到 1997 年的 80%。全职员工的奖金变动与平均水平的变动基本相同，因为兼职员工基本没有奖金。正如图 3B 所示，兼职工人的奖金除以总工作时数的水平一直很低（并且呈下降趋势）。

从图 4 可以看出，虽然兼职工作和全职工作（涨幅较小）的工资有所上涨，但平均工资却持平，主要原因是劳动力构成的变化。在月度劳工调查中，我们使用雇员人数在 30 名及以上的企业中每种工作的就业指数，并使用 2018 年的指数值与实际值的比率将其转换为实际数字。这里展示了每个序列的年平均值。左轴为全职工人的数量（以百万计），右轴为兼职工人的数量（以百万计）。全职工人的数量在 1994 年达到顶峰，而后小幅回落，1998 年开始急剧下降，并持续到 2003 年。兼职工人的数量在 1996 年之前相对稳定，在随后 20 年里持续攀升。2018 年的平均日常工资和加班工资几乎与 1997 年持平，主要原因是高成本的全职员工被成本低得多的兼职员工取代。

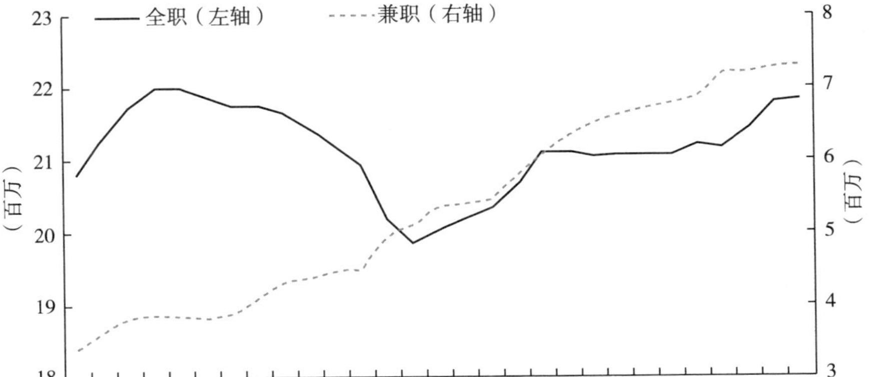

图 4　日本劳动力结构（雇员数量在 30 名以上的企业）

资料来源：作者根据日本厚生劳动省月度劳工调查构建。

此分析见表 2。我们对每个工资度量指标使用了与上一节中相同的自回归设定。表 2 的面板 A 检验了正常的工资上涨与失业率的关系，展示了 1981—1997 年和 1998—2018 年两个不同样本时期的估计结果。两个样本的季节性调整后失业率的一阶滞后项在统计上都是显著的，但后一阶段的系数比前一阶段小三分之一。因此，在这两个时期，工资确实在预期方向上对劳动力市场状况做出了反应，然而这种影响的程度在 1998 年后大幅下降。估算结果表明，在其他条件不变的情况下，1981—1997 年，当失业率上升 0.2%，下个季度的通胀率将下降约 0.15%。如果 1998 年以后出现类似的增长，预计下个季度的降幅将不到 0.05%。

表 2　加入失业率的价格通胀 ARMA 模型（UNEMP）

A. 所有工人的工资通胀

变量	样本：1981—1997 年			样本：1998—2018 年		
	系数	标准差	T 统计量	系数	标准差	T 统计量
常数项	0.1074	0.0120	8.94	0.0352	0.0116	3.04
AR（1）	0.2659	0.1141	2.33	0.0945	0.1040	0.91
AR（2）	0.2305	0.1384	1.67	0.2016	0.1209	1.67
滞后的 UNEMP	-0.0756	0.0121	-6.25	-0.0234	0.0078	-2.99
R^2		0.78			0.28	

B. 所有工人的奖金通胀

变量	样本：1981—1997 年			样本：1998—2018 年		
	系数	标准差	T 统计量	系数	标准差	T 统计量
常数项	0.0888	0.0473	1.88	0.1334	0.0394	3.39
AR（1）	0.8635	0.0822	10.5	0.7708	0.0716	10.76
滞后的 UNEMP	-0.0195	0.0189	-1.03	-0.0342	0.0084	-4.07
R^2		0.80			0.76	

在图 3B 中，奖金上涨的结果却非常不同。1998 年之后，奖金对失业率的反应增强了，而 1998 年以前的系数在统计上并不显著。这一估计值表明，在 1998 年以前，失业率每降低 0.2%，奖金就会增加 0.4%，而在 1998 年以后，同样幅度的失业率降低会使奖金增加 0.7%。

由于奖金在总薪酬中所占的比例较低，故在 1998 年后，收入对劳动力市场状况的总体敏感性要低得多。例如，2018 年固定工资和加班工资占全年总收入的比例为 80%。因此，工资与劳动力市场状况脱钩的事实比奖金敏感性的上升更重要。

包括武藤一郎和新谷幸平（Muto and Shintani，2017）的论文在内的各种研究都注意到了日本工资菲利普斯曲线的扁平化。因此，表 2 中的估计可以看作证实了如下结果：平均工资似乎仅与劳动力市场的过剩有微弱的联系。

为了研究这一变化背后的原因，我们转向了全职工人市场状况的数据，观察全职工人过剩的企业比例如何随着时间的推移而改变，使用的数据是劳动经济动向调查（Rōdō Keizai Dōkō Chōsa），这是由日本厚生劳动省在每年 2 月、5 月、8 月和 11 月发布的。

图 5 展示了全职员工过多的企业所占比例，这一变量显然呈周期性，尽管 2000 年经济出现了部分复苏，但过剩工人的水平仍在 1998 年出现了跳跃式增长，并一直持续到 2004 年。到 2005 年，过剩就业指标恢复到 1997 年的水平，并保持了两年多，随后在全球金融危机期间再次达到峰值。超额全日制就业呈现强劲的周期性，这一结论与川口大司等人（Yokoyama、Higa and Kawaguchi，2019）的研究是一致的，该研究发现，当日元升值（他们认为这是外生冲击）时，日本制造业企业倾向于积存日常工、解雇临时工。再看图 4，很明显，超额全日制就业的时期对应于全职就业下降的时期。我们认为，这种调整是不充分的，如果企业没有积存员工，全职员工的数量会大幅下降，而且可能会恢复得更快。

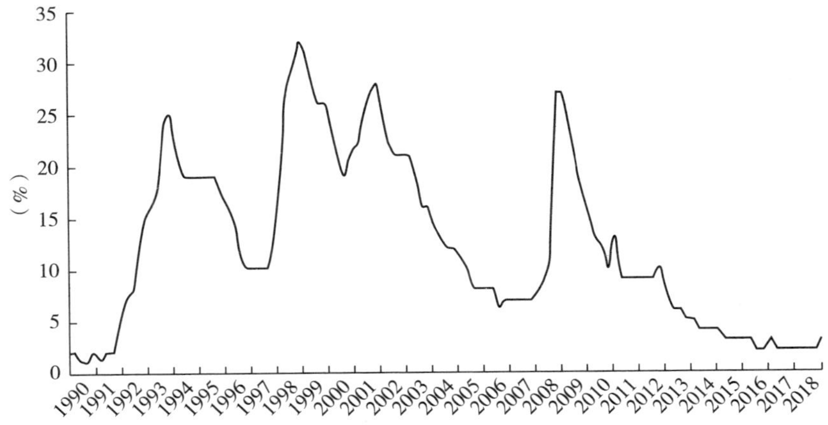

图 5　全职员工过多的企业比例

资料来源：日本厚生劳动省劳动经济动向调查。

这一猜想引出了我们的第三个研究，即劳动力市场状况对全职工资和兼职工资是否同等重要。为此，我们分别估计全职和兼职工人工资的 ARMAX 模型。由于全职和兼职工作的工资数据在1993年后才可得，因此我们仅对1998年之后的时期进行分析。

结果如表3所示。表3A比较了全职工资和兼职工资的敏感性。对全职和兼职工资来说，加入（整个经济的）失业率会增强二阶自回归模型的显著性。无论是全职工人还是兼职工人，工资增长都与失业率滞后项呈负相关，且系数估计值在统计上都不为0。然而，失业率系数的大小是不同的。失业率每上升0.2%，预计下个季度全职工人工资将下降0.03%，而同样的上升将导致兼职工人工资下降0.06%。此外，对于全职工资而言，模型的R^2要低得多。

表3B检验了奖金工资的上涨情况。在本例中，我们采用了有一个自回归项的设定（如表2）。全职工人的奖金对失业率的响应系数与兼职工人相近（尽管值得注意的是，兼职工人的奖金远小于全职工人）。失业率每增加0.2%，全职员工的奖金将减少0.06%，兼职员工的奖金将减少0.07%。

表3　加入失业率的工资通胀ARMAX模型：全职工人和兼职工人

采样期：1998Q1—2018Q4

A. 两类工人的工资通胀

	全职工人			兼职工人		
	系数	标准差	T统计量	系数	标准差	T统计量
常数项	0.0265	0.0116	2.28	0.0595	0.0121	4.92
AR（1）	0.0473	0.1091	0.43	0.3603	0.0871	4.14
AR（2）	0.2430	0.1221	1.99	0.1692	0.1533	1.1
滞后的UNEMP	-0.0168	0.0079	-2.12	-0.0344	0.0086	-3.99
R^2		0.18			0.58	

B. 两类工人的奖金通胀

	样本：1981—1997年			样本：1998—2018年		
统计量	系数	标准差	T统计量	系数	标准差	T统计量
常数项	0.1252	0.0376	3.32	0.117	0.0633	1.85
AR（1）	0.7734	0.0714	10.84	0.7005	0.0913	7.68
滞后的UNEMP	-0.0313	0.0080	-3.90	-0.0354	0.0139	-2.55
R^2		0.75			0.62	

注：Q1为一季度，Q4为四季度。

综上所述，表3表明随着劳动力市场条件的变化，全职工人的工资变动幅度不如兼职工人的大，而两类工人的奖金变化相似。

鉴于失业率无法预测全职工资的变化，加上第三节中的证据，我们将得出如下结论：1998年以后，全职工人的市场常常失衡，意味着劳动力市场紧缩不会影响全职工资。相反，劳动力市场的边际均衡是由兼职工人决定的。当市场对全职工人的需求相对紧张时，兼职工人的工资也会相应上涨。这一结果并不奇怪，因为大多数人更倾向于全职工作，要让他们做兼职，就必须涨工资。

另一方面，全职工人和兼职工人的奖金确实对劳动力市场状况做出了反应，这与第三节的结论一致，即1998年后，奖金对失业率变化的反应没有减弱（实际上是有所增强）。

5. 工资和物价

现在，我们转向这些事实对价格的影响。简而言之，我们认为劳动力市场的失衡有助于理解通胀的一些但并非全部令人困惑的特征。特别是在1998年之前，劳动力市场是以一种相当传统的方式运作的：萧条决定工资动态，而工资变化是价格变化的一个重要决定因素。1998年以后，全职劳动力持续供大于求，劳动力边际调整是通过兼职劳动力实现的。全职工资不是决定价格变动的重要因素，虽然兼职工资变动对价格的影响在统计上是显著的，但其定量影响较小。在展示1998年以后的模式之前，我们首先记录了1998年之前的重要事实。

图6用所有工人的工资和奖金指数绘制了总体CPI和核心－核心CPI的水平。我们在上文中发现的1998年左右的结构性中断在该图中也很明显：在1998年之前，所有序列都呈上升趋势，但之后就开始停滞或下降。

奖金序列是这种模式的一个极端版本，因为样本末端的奖金水平比1998年的奖金水平低约25%。回想一下，我们是通过计算过去4个季度支付的奖金除以该期间的总工时数来计算奖金的。由于奖金发放的时间不定，所以这种平滑非常重要。图7绘制了我们在下文分析中使用的平滑的奖金通胀率和简单的奖金通胀率，这是用每个季度支付奖金的四季度变化值除以总工时数计算的。我们可以清楚地看到，简单的奖金通胀率比平滑的奖金通胀率波动性更大。

接下来，我们计算了一个三变量的向量自回归（VAR）模型，数据包括样本在1981—1997年的核心通胀、工资通胀和奖金通胀。考虑到变量积分程

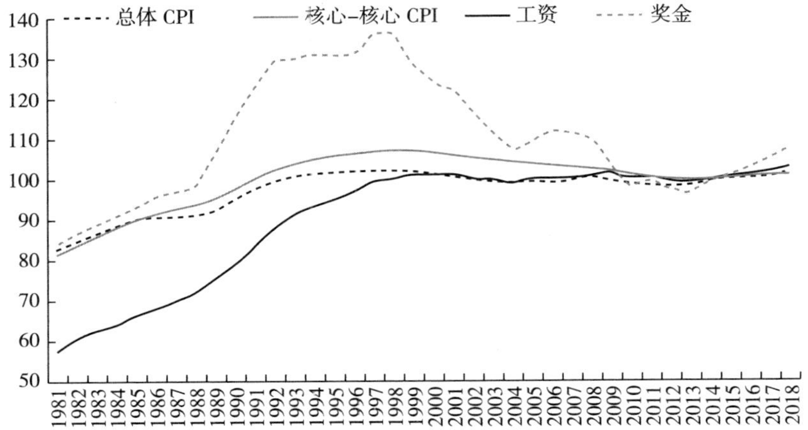

图 6　日本物价和工资水平：1981—2018 年（2012 年 =100）

资料来源：内务通信部下属统计局消费者价格指数；厚生劳动省月度劳工数据。

图 7　平滑的奖金通胀率和简单的奖金通胀率

注：平滑的奖金通胀率是将最近 4 个季度的奖金付款除以该时期的总工时数计算而得。简单的奖金通胀率是用奖金的四分之三除以总工时数计算而得。

资料来源：作者根据日本厚生劳动省月度劳工调查构建。

度的模糊性，我们也将线性时间趋势包含在内。表 4 给出了估计系数。我们专注于向量自回归标准检验：格兰杰因果检验、脉冲响应函数和方差分解。对于后两种检验方法，我们在表 4 中对序列进行了排序，以使价格通胀变量排在第一位，工资通胀排在第二位，奖金排在最后。然后我们使用 Cholesky 分解估算不同序列的解释力。如表 4 所示，对于核心通胀、工资通胀和奖金通胀，代表脉冲响应冲击大小的相应方程的标准差分别为 0.0021、0.0070、0.0113。

表 4　对核心–核心通胀、工资通胀、奖金通胀的 VAR 估计：1981Q2—1997Q4

包含 67 个观察值

	核心–核心通胀	工资通胀	奖金通胀
核心–核心通胀（–1）	0.758***	0.261	–1.011
	(0.129)	(0.423)	(0.680)
核心–核心通胀（–2）	0.0228	–0.262	0.496
	(0.158)	(0.519)	(0.834)
核心–核心通胀（–3）	–0.131	0.0388	1.492
	(0.156)	(0.512)	(0.824)
核心–核心通胀（–4）	0.00481	0.095	–1.522**
	(0.0996)	(0.328)	(0.527)
工资通胀（–1）	–0.00394	0.435**	0.455*
	(0.0402)	(0.132)	(0.213)
工资通胀（–2）	0.0765	0.377**	0.169
	(0.0442)	(0.145)	(0.234)
工资通胀（–3）	–0.101*	0.0248	–0.341
	(0.0457)	(0.150)	(0.242)
工资通胀（–4）	0.0771	–0.340*	0.0678
	(0.0416)	(0.137)	(0.220)
奖金通胀（–1）	0.0327	–0.0532	0.770***
	(0.0237)	(0.0780)	(0.125)
奖金通胀（–2）	0.0239	0.167	0.205
	(0.0294)	(0.0968)	(0.156)
奖金通胀（–3）	0.0405	–0.00957	0.0882
	(0.0298)	(0.0981)	(0.158)
奖金通胀（–4）	–0.0580*	0.0487	–0.306*
	(0.0234)	(0.0768)	(0.124)
趋势（1981Q1）	–0.0000853***	0.0000276	–0.000212
	(0.0000251)	(0.0000826)	(0.000133)
常数项	0.00604***	0.00897	0.014
	(0.00166)	(0.00547)	(0.00879)
R^2	0.97	0.81	0.88
标准差方程	0.0021	0.007	0.0113

注：括号内为标准差。

表 5A 展示了核心-核心通胀的格兰杰因果检验。在 1997 年之前，工资通胀率和奖金通胀率都是核心-核心通胀的重要预测指标。图 8 显示了核心-核心通胀对三种冲击的脉冲响应方程。实线表示每个季度的平均响应，虚线表示 95% 的置信区间。通过 Cholesky 分解，假设工资序列在第一阶段对物价上涨没有影响，工资冲击对核心 - 核心通胀率的影响会加大，并在 5—8 个季度内达到最大值。这种传递是有意义的，工资受到一个标准差的冲击，价格就会受到大约三分之二标准差的影响。奖金工资上涨与核心价格上涨也存在显著联系。脉冲响应表明，影响在 4 个季度左右达到峰值，其定量影响与工资效应基本相同。

表 5B 展示了核心-核心价格通胀方差的分解。工资和奖金通胀解释了很大一部分的价格差异。例如，在 8 个季度的时间范围内，它们共同解释了价格通胀一半以上的变化。表 5 和图 8 的结果总体描绘了通胀决定因素和劳动力市场作用的传统观点：当工资或奖金上涨时，这些上涨会传导到价格上，这种传导机制在数量上解释了许多价格变动。1998 年以后，工资和物价之间的联系发生了巨大变化。表 6 给出了 1998—2018 年同一向量自回归模型的系数估计。表 7 重复分析了格兰杰因果关系检验，图 9 给出了脉冲响应方程和方差分解。结果非常有趣：工资通胀方程的 R^2 在后期显著下降；核心-核心通胀的拟合度也有所降低（尽管数值上仍然很高）。

表 5　包含核心-核心通胀、工资通胀、奖金通胀的 VAR 系统：1981Q1—1997Q4

A. 从工资通胀到核心-核心通胀的格兰杰因果检验：1981Q1—1997Q4

包含 67 个观察值

因变量：核心-核心通胀			
被排除的变量	卡方统计量（Chi-sq）	自由度（df）	概率
工资通胀	9. 433	4	0. 051
工资通胀	20. 343	4	0. 000
所有	18. 363	8	0. 019

B. 核心-核心通胀率的方差分解（%）：1981Q1—1997Q4

季度	核心-核心通胀	工资通胀	奖金通胀
1	100.00%	0.00%	0.00%
2	98.37%	0.07%	1.56%
3	87.30%	6.18%	6.52%
4	73.64%	7.40%	18.97%
5	58.83%	16.67%	24.50%
6	50.45%	23.29%	26.26%
7	45.29%	27.35%	27.35%
8	41.47%	31.42%	27.11%
9	39.50%	33.02%	27.47%
10	38.20%	33.52%	28.28%

表 6　对核心-核心通胀、工资通胀、奖金通胀的 VAR 估计：1981Q—2018Q4

包含 84 个观察值

	核心-核心通胀	工资通胀	奖金通胀
核心-核心通胀（-1）	0.991***	0.542	1.859*
	(0.114)	(0.404)	(0.889)
核心-核心通胀（-2）	-0.126	-0.240	-0.567
	(0.162)	(0.575)	(1.266)
核心-核心通胀（-3）	0.0599	-0.397	-1.291
	(0.159)	(0.565)	(1.244)
核心-核心通胀（-4）	-0.106	1.000*	0.804
	(0.112)	(0.398)	(0.876)
工资通胀（-1）	0.0374	0.0195	-0.0509
	(0.0315)	(0.112)	(0.246)
工资通胀（-2）	-0.0208	0.261*	0.0559
	(0.0313)	(0.111)	(0.244)

（续表）

	核心－核心通胀	工资通胀	奖金通胀
工资通胀（－3）	－0.00124 (0.0313)	－0.0261 (0.111)	0.102 (0.244)
工资通胀（－4）	－0.0323 (0.0306)	－0.359*** (0.108)	－0.305 (0.239)
奖金通胀（－1）	－0.00333 (0.0159)	0.114* (0.0564)	1.005*** (0.124)
奖金通胀（－2）	0.0196 (0.0215)	－0.104 (0.0763)	－0.133 (0.168)
奖金通胀（－3）	－0.0250 (0.0217)	0.0467 (0.0768)	－0.224 (0.169)
奖金通胀（－4）	0.0210 (0.0153)	0.00254 (0.0542)	－0.0319 (0.119)
趋势（1981Q1）	0.0000119 (0.0000118)	－0.0000284 (0.0000417)	0.000201* (0.0000917)
常数项	－0.00172 (0.00148)	0.00820 (0.00523)	－0.0238* (0.0115)
R^2	0.87	0.45	0.83
标准差方程	0.0022	0.0077	0.0169

注：括号内为标准差。

更重要的是，表7A中的格兰杰因果关系检验表明，除了滞后的核心-核心通胀率，工资通胀和奖金通胀不能解释其他的核心-核心通胀过程。即使把两个序列相结合也无法预测这一时期的核心-核心通胀率。

图9中的脉冲响应函数表明了同样的结论。工资或奖金的上涨对核心-核心通胀没有任何可见的影响。核心-核心通胀的方差分解（表7B）表明，几乎所有的核心-核心通胀的变化都可以用其自身的冲击来解释。例如，在8个季度的水平上，工资和奖金通胀对核心-核心通胀变化的解释力不到5%。

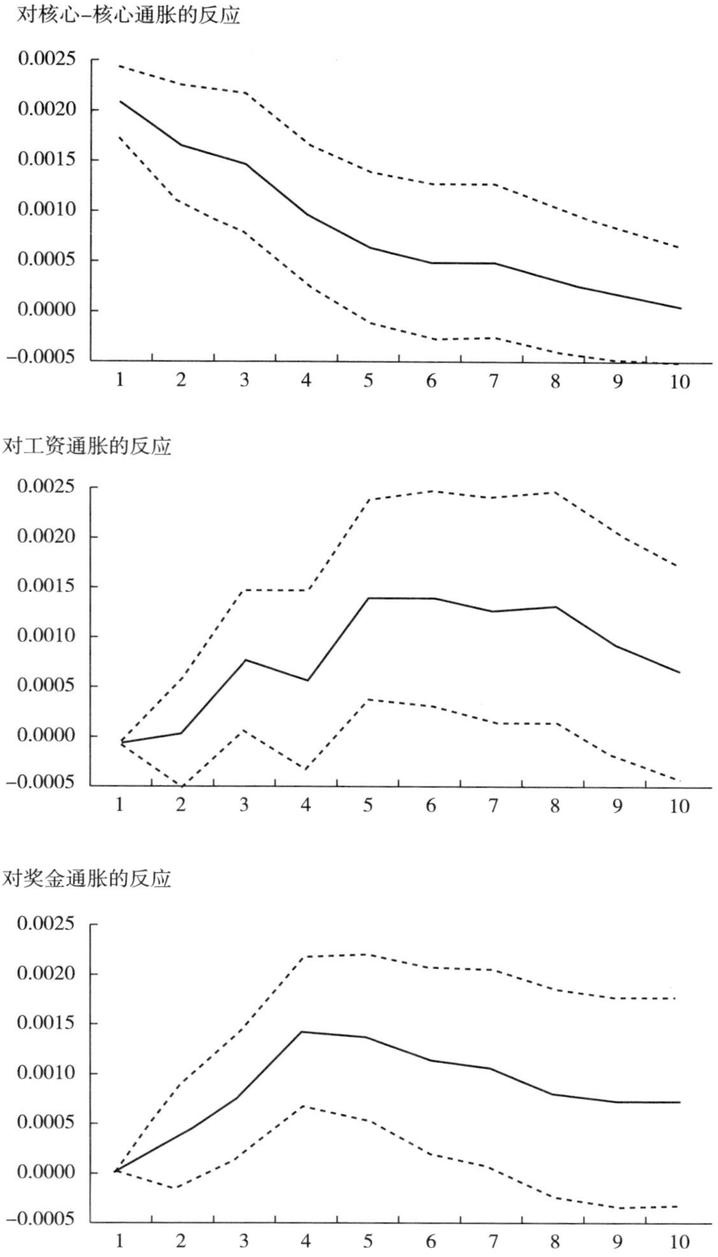

图 8　核心–核心通胀对 Cholesky 一个标准差创新的脉冲响应：1981Q1—1997Q4

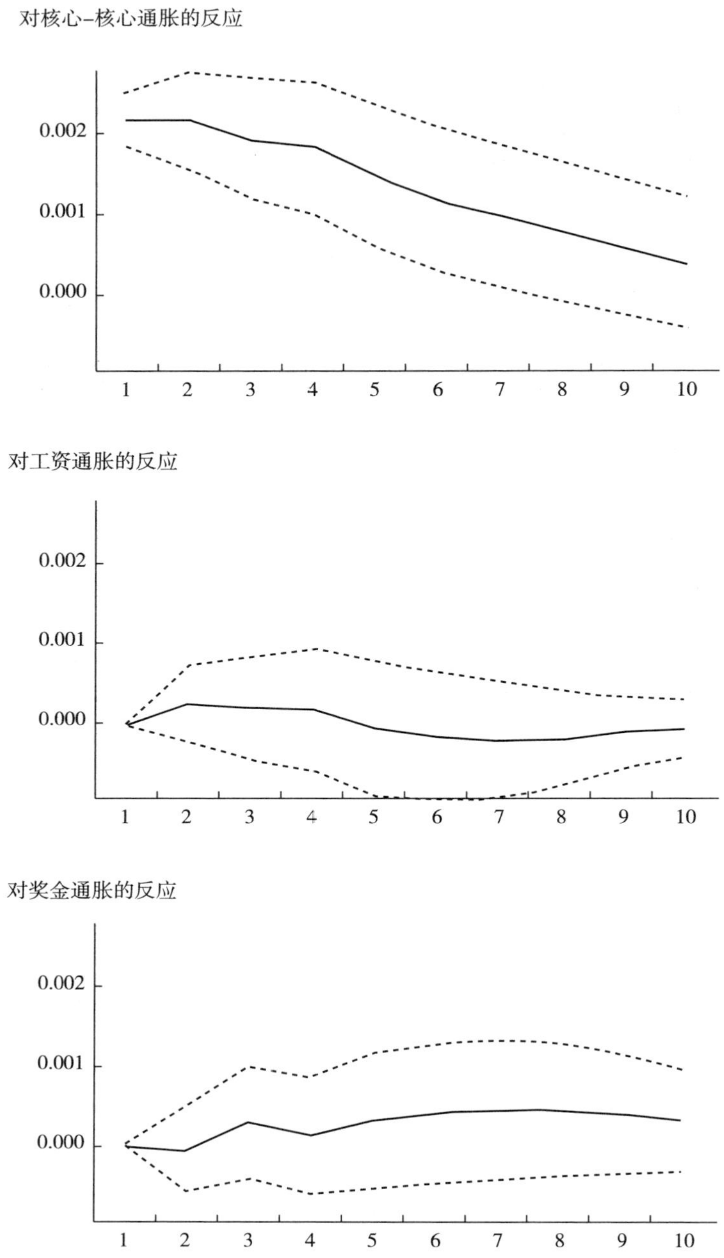

图9　核心–核心通胀对 Cholesky 一个标准差创新的脉冲响应：1981Q1—2018Q4

表 7　包含核心-核心通胀、工资通胀、奖金通胀的 VAR 系统：1981Q1—2018Q4

A. 从工资通胀到核心-核心通胀的格兰杰因果检验：1981Q1—2018Q4

包含 84 个观察值

因变量：核心-核心通胀			
被排除的变量	卡方统计量	自由度	概率
工资通胀	3. 2335	4	0. 520
奖金通胀	2. 9511	4	0. 566
全部	9. 1963	8	0. 326

B. 核心-核心通胀率的方差分解（%）：1981Q1—2018Q4

季度	核心-核心通胀	工资通胀	奖金通胀
1	100. 00%	0. 00%	0. 00%
2	99. 18%	0. 79%	0. 03%
3	98. 51%	0. 88%	0. 61%
4	98. 53%	0. 90%	0. 57%
5	98. 22%	0. 81%	0. 98%
6	97. 52%	0. 84%	1. 64%
7	96. 59%	0. 95%	2. 45%
8	95. 69%	1. 06%	3. 25%
9	95. 07%	1. 07%	3. 86%
10	94. 69%	1. 07%	4. 24%

1981—1997 年和 1998—2018 年的对比非常明显。在 1998 年之前，工资和奖金对价格都有很大的影响。1998 年后，工资和价格之间的联系消失了。结合上一节的结果，向量自回归估计表明，在 1998 年前后，不仅工资对劳动力市场条件的反应变弱，而且价格也与工资脱钩。

我们还尝试用另一种方法研究价格上涨和工资上涨之间的联系是如何随时间变化的。我们首先估计 4 个序列中的每一个未被观测到的组件模型（component models）：核心-核心通胀、所有工人的工资通胀和所有工人的奖金通胀。

$$y_t = \mu_t + \sigma^y \varepsilon_t$$

$$\mu_t = \mu_{t-1} + \sigma^\mu \nu_t$$

其中 y 代表变量序列，μ 表示未被观察到的趋势，ε 和 ν 相互独立，均服从均值为0、方差为1的正态分布。

随后，我们计算了在25个季度滚动区间下的价格序列和每个工资序列的μ估计值之间的相关性。图10展示了核心-核心通胀和所有工人的工资通胀之间的关系演变。这里的每个点都显示了以日期为中心的25个季度的相关性。例如，1995Q1的观测值是在［1992Q1，1999Q1］上计算的相关性。

图10　核心-核心通胀率的不可观测趋势和所有工人工资通胀率的相关性曲线

资料来源：作者估计。

在1989年和2000年之间，该相关性为正，且相当稳定，涵盖从［1986Q1，1993Q1］到［1997Q1，2004Q1］的所有区间，而当不再包括1998年以前（起始于2001Q1）的区间时，相关性显著降低。这种相关性似乎在21世纪第一个10年末再次上升，但没有超过20世纪90年代的水平。该结果再次与1998年前后物价和工资脱钩的观点相一致。

6. 结论

本文旨在研究为何日本采取了极端激进的货币宽松政策，并在安倍经济学的指导下扩大了实体经济活动，通胀却没有发生太大变化。我们的解释集中在二元劳动力市场的作用上，这一作用使得工资对劳动力市场条件不那么敏感。日本的劳动力市场日益分化为全职和兼职两类，全职雇员中很多是终身雇佣的员工，很少被解雇；而兼职工人的数量则可以在商业周期内灵活调整。在20世纪90年代后期的经济衰退之后，许多公司囤积了过多的全职工人。在经济衰退之前，许多公司曾试图提高兼职工人的比例，以便在全球竞争激烈的市场中更有效地调整其就业能力，从而加剧了正规全职工人的过剩。① 正规工人的过剩意味着他们的工资没有上涨压力。兼职工人的工资确实取决于商业状况，但由于他们的工资水平远远低于全职工人，用兼职工人代替全职工人意味着即使经济状况有所改善，经济的平均工资也停滞不前。

虽然这些大趋势是众所周知的，尤其对于劳动经济学家而言，但如何理解这些趋势对通胀的作用却鲜少得到研究。我们提供了一些与通胀有关的证据。

我们发现1998年以前存在的劳动力市场状况与正常工资和加班工资之间的联系在1998年之后明显减弱了。我们分别考察了1998年以后全职工人和兼职工人的工资，发现全职工人的工资对劳动力市场紧缩的反应比兼职工人的要弱得多。在此期间，收入远低于全职工人的兼职工人比例不断上升，也抑制了随着失业率下降可能出现的工资上涨。由于1998年以后的兼职工人的工资反应本身比1998年之前的所有工人的平均工资反应要弱，因此全职工人的数量过多（并且结果是降低了其工资对劳动力市场状况的敏感性）不可能完全解释工资对劳动力市场条件的反应减弱。

至于奖金，我们没有发现它们与劳动力市场状况的联系有任何减弱。1998年以后，所有工人的平均奖金对失业率的反应更强烈。此外，全职工人和兼职工人的奖金（尽管他们得到的这种补偿比全职工人少得多）与劳动力市场状况有关。

因此，日本通胀看似没有对经济复苏做出反应，其中的一个原因是平均工资与劳动力市场状况脱钩。然而，从工资和物价之间的关系看，该原因并不充分。我们发现工资（包括奖金）和物价之间的联系在1998年前后也发生了变化。1998年以前，工资上涨和奖金上涨是价格上涨的重要决定因素。然而，这种联系似乎在1998年之后消失了。进一步探索1998年后工资、奖金和价格之间脱钩的原因是未来研究的一个重要课题。

（上海交大安泰经管学院 管玉琳 王恬恬 译）

① 例如，参见Abe and Hoshi（2007）中有关增加就业调整和降低终身就业重视度的一些证据。

参考文献

Abe, Masahiro, and Takeo Hoshi, 2007, "Corporate Finance and Human Resource Management in Japan" in Masahiko Aoki, Gregory Jackson, and Hideaki Miyajima, eds. , *Corporate Governance in Japan: Institutional Change and Organizational Diversity*. Oxford, UK: Oxford University Press, pp. 257 – 281.

Arai, Yoichi, and Takeo Hoshi, 2006, "Monetary Policy in the Great Stagnation," in Michael Hutchison and FrankWestermann, eds. , *Japan's Great Stagnation: Financial and Monetary Policy Lessons for Advanced Economies*, Cambridge, MA: MIT Press, pp. 157 – 181.

Bank of Japan, 2016, "Comprehensive Assessment: Developments in Economic Activity and Prices as well as Policy Effects since the Introduction of Quantitative and Qualitative Monetary Easing (QQE)," Bank of Japan: Tokyo. (http://www.boj.or.jp/en/announcements/release_2016/k160921b.pdf).

Bank of Japan, 2017, "Outlook for Economic Activity and Prices (July 2017)", Bank of Japan: Tokyo.

Bernanke, Ben S. , 2017, "Some Reflections on Japanese Monetary Policy," Brookings Institution, Ben Bernanke's Blog, May 23, 2017.

Bernanke, Ben S, 2000, "Japanese Monetary Policy: A Case of Self-Induced Paralysis?" in *Japan's Financial Crisis and Its Parallels to U. S. Experience*, Ryoichi Mikitani and Adam Posen, eds. , Institute for International Economics.

Gagnon, Joseph E. , 2017, "There Is No Inflation Puzzle—Japan Edition", Realtime Economics Watch, Peterson Institute for International Economics, https://piie.com/blogs/realtime-economicissues-watch/there-no-inflation-puzzle-japan-edition.

Genda, Yuji, 2017, *Hitode-busoku na no ni naze chingin ga agaranai no ka* (*Why Are Wages Not Rising Despite the Shortage of Labor?*), Keio University Press.

Hamada, Koichi, Kashyap, Anil K and David E Weinstein, 2011, "Introduction" in *Japan's Bubble, Deflation and Long-term Stagnation*, Koichi Hamada, Anil K Kashyap and David E. Weinstein eds. , MIT Press, pp. 1 – 16.

Hayami, Masaru, 2002, "Revitalizing the Japanese Economy", Speech at the Keizai (Economic) Club, on January 29, 2002. http://www.boj.or.jp/en/announcements/press/koen_2002/ko0201a.htm/.

International Monetary Fund, 2012, "Japan: 2012 Article IV Consultation", IMF Country Report No. 12/208, Washington D. C.

Kimura, Takeshi, Hiroshi Kobayashi, Jun Muranaga, and Hiroshi Ugai, 2003, "The Effect of the Increase in the Monetary Base on Japan's Economy at Zero Interest Rates: An Empirical Analysis," in BIS Report No. 19 (*Monetary Policy in a Changing Environment*), pp. 276 – 312.

Kuroda, Haruhiko, 2017, "The Role of Expectations in Monetary Policy: Evolution of Theories and the Bank of Japan's Experience", Speech at the University of Oxford, June 8, 2017. http://www.boj.or.jp/en/announcements/press/koen_2017/ko170609a.htm/.

Kuttner, Kenneth, and Adam Posen, 2001, "The Great Recession: Lessons for Macroeconomic

Policy from Japan," *Brookings Papers on Economic Activity* 2: 93 – 185.

Kuttner, Kenneth, Iwaisako, Tokuo, and Adam Posen, 2015, "Monetary and Fiscal Policies During the Lost Decades" in *Examining Lost Decades*, Yoichi Funabashi and Barak Kushner eds, Routledge, 17 – 36.

Miyao, Ryuzo, 2000, "The Role of Monetary Policy in Japan: A Break in the 1990s?" *Journal of the Japanese and International Economies*, 14, 366 – 384.

Muto, Ichiro, and Kohei Shintani, 2017, "An Empirical Study on the New Keynesian Wage Phillips Curve: Japan and the US," *The B. E. Journal of Macroeconomics*, ahead of print.

Shirakawa, Masaaki, 2011, "Toward a Revitalization of Japan's Economy", Speech at the Foreign Correspondents' Club of Japan, February 7, 2011. http://www.boj.or.jp/en/announcements/press/koen_2011/ko110207a.htm/.

Svensson, Lars E. O., 2003, "Escaping from a Liquidity Trap and Deflation: The Foolproof Way and Others," *Journal of Economic Perspectives* 17 (4), 145 – 66.

Yokoyama, Izumi, Kazuhito Higa, and Daiji Kawaguchi, 2019, "Employment Adjustments of Regular and Non–Regular Workers to Exogenous Shocks: Evidence from Exchange – Rate Fluctuation," *ILR Review*, forthcoming.

附录1 构建月度劳工调查数据序列

本文使用的工资和就业数据是根据日本厚生劳动省在其月度劳工调查中公布的数据构建的。本次调查的英文版简要说明请访问网址：https：//www.mhlw.go.jp/english/database/dbslms/dl/slms-01.-pdf（本文于2019年7月15日访问获得相关数据）。

这项调查最早开始于1923年7月，当时被称为“生产工人和矿工月度工资调查”。现在的月度统计调查是在1970年1月重新制定的，几乎涵盖包括服务业在内的所有主要行业。该调查旨在了解日本不同地区和行业的就业、收入和工作时间的波动情况。调查由三部分组成：全国调查、县级调查和每年针对小型企业（雇员人数为1—4人）进行的特别调查。我们使用的是全国调查的数据。

全国调查涵盖了拥有5名及以上雇员的企业。该调查对雇员的定义是：（1）无固定受雇期限或受雇期限超过1个月的工人；（2）按日受雇或受雇少于1个月但在调查前两个月中每月受雇期限超过18天的工人。调查自1993年1月开始区分全职工人和兼职工人，其中兼职工人指的是那些每天安排工作时间或每周工作天数少于全职工人的雇员。

全国调查以每2—3年进行一次的最新经济普查（2009年以前的事业单位和企业普查）为基础，对将要被调查的企业进行抽样。对于员工人数在500人以上的企业，我们采用完全抽样。对于员工人数在30—499人的企业，按照地区、行业和企业规模分类进行随机抽样。对于员工人数在5—29人之间的小型企业，我们采用了另一种抽样方法，但在此处省略，因为本文不研究员工少于30人的企业。在接下来的讨论中，我们使用抽样比例作为权重对数据进行汇总，但下文的处理会进行调整，届时将具体解释如何修正。

随着新的经济普查结果公布，全国调查的样本每2—3年会发生一次变化。因此，随着时间的推移，总数之间不具可比性。除原始数据外，调查报告了一个指数，该指数通过将每个观测值除以某一年（目前为2015年）的序列平均值进行标准化，但是，当样本轮换发生时，该指数也会出现中断。为了缓解这一问题，每次经济普查的新结果公布和样本轮换时，调查都会将员工总人数调整为实际人数，然后使用修订后的员工总数来汇总人数并重新计算所有序列的指数。在我们的大多数分析中都使用这些指数的数据。

2019 年 1 月，厚生劳动省透露说：他们发现了一个始于 2004 年的程序错误，导致月度劳工调查数据存在偏误。调查本应该从雇员人数在 500 人以上的企业中取样，但是从 2004 年开始，东京的大型企业中只有约三分之一被抽样调查。公布的 33 组汇总数据没有对这个抽样错误进行修正，导致东京大型企业的数据权重偏低。

由于大企业的雇员相比在小企业往往能获得更高的收入，因此大企业的权重偏低会低估平均收入水平。这演变成了一场政治丑闻，因为月度劳工调查的结果被用来评估一些重要政府项目的福利效果，其中包括了失业保险。[①] 2019 年 1 月底，厚生劳动省立即使用 2012 年以来的个人企业原始数据重新估算并发布了数据序列。他们基于修正后的数据重新计算了应欠失业保险金的数额。对于 2004 年至 2012 年这段时间，厚生劳动省认为缺少可以重新估计总体序列的关键信息，因此无法对数据进行修正。

反对党利用这个机会抨击政府通过操纵统计数据使安倍经济学的经济政策看起来有效，尽管政府故意少报工资水平没有任何意义。

这一失误使我们的分析缺少 2004—2011 年的合适数据。在 2003 年之前，数据没有受到这种程序错误的影响，而 2012 年后的修正数据已经发布。因此，我们对 2004 年 1 月至 2011 年 12 月的数据序列做了如下修正：

首先，我们利用 2012 年 1 月至 2018 年 12 月的观测值（原始序列和修正序列于 2019 年 1 月发布，均可获得）估计了修正序列关于原始序列的线性回归模型（包括一个常数项和各月份的虚拟变量共 11 个）。我们还尝试了包括线性趋势、二次趋势（quandratic trend）和三次趋势（cubic trend）在内的模型，但均未明显改善拟合度，表明仅包含原始数据和月份虚拟变量的简单模型已较为合适。其次，使用估计的模型来预测 2004 年 1 月至 2011 年 12 月修正后的序列。最后，结合以下三个序列来构建用于分析的时间序列：（1）截至 2003 年 12 月的原始序列；（2）2004 年 1 月至 2011 年 12 月的预测序列；（3）2012年 1 月至 2018 年 12 月的修正序列。

如上所述，我们主要使用指数的序列进行分析。源数据文件（包括原始

---

① 关于这一问题的早期新闻出现在一篇题为“Tens of Billions of Yen in Jobless Unpaid Due to Fualty Labor Ministry Data: Sources”的文章中（Japan Times，2019 年 1 月 10 日，https://www.japantimes.co.jp/news/2019/01/10/national/tens-billions-yen-jobless-benefits-unpaid-due-faulty-laborministry-data-sources/#.XDgTH89KiMI）。

数据和修正数据）可以从网站①上获得。数据文件被命名为“maikin-k. csv”（修正数据文件被命名为“sai-maikin-k. csv”）。特别地，我们对雇员超过30人的企业中的三类工人（全体职工、全职工人以及兼职工人）使用以下7个指数序列：

将“maikin-k”文件的列A定义为“I M”（月度指数序列），列D定义为0（企业雇员超过30人）。

- 就业指数（列I）；
- 常规工作时间指数（列L）；
- 加班工作时间指数（列M）；
- 合同工资指数（包含加班，列N）；
- 总工作时间指数（列Q）；
- 总工资指数（包含奖金以及加班工资，列R）；
- 常规工资指数（不包含加班，列S）；

在一些表格中，我们使用的是水平数据，例如以百万计的雇员数量以及以日元计的工资。我们使用2018年的平均水平数据转换成指数序列来构造数据，如下所示：

$$Number = Index \times \frac{Average\ of\ Number\ during\ 2018}{Average\ of\ Index\ during\ 2018}$$

通过将“maikin-k”文件的列A指定为“E1M”（月度水平序列），将列D指定为0（企业雇员超过30人）来提取水平数据。对应上述7个序列的水平数据为：

- 当月月底工人数（列I）；
- 常规工作的平均小时数（列L）；
- 平均加班时间（列M）；
- 平均合同工资（包含加班，列N）；
- 平均总工作小时数（列Q）；
- 平均总工资（包含奖金以及加班工资，列R）；
- 平均固定工资（不包含加班，列S）；

我们以如何计算合同工资的指数序列为例。首先，利用2012—2018年的

① https：//www. e-stat. go. jp/statsearch/files？page = 1&layout = datalist&toukei = 00450071&tstat = 000001011791&cycle = 1&tclass1 = 000001035519.

修正序列和原始序列进行回归。估计结果如下：

$$
\begin{aligned}
&\text{修正后的合同工资指数} = -0.269 + 1.002 \times \text{原始合同工资指数} \\
&\qquad\qquad\qquad\qquad\quad (2.551) \quad (0.025) \\
&-0.012 \times D1 - 0.027 \times D2 + 0.028 \times D3 - 0.002 \times D4 + 0.030 \times D5 \\
&\ (0.109) \qquad (0.107) \qquad (0.105) \qquad (0.109) \qquad (0.107) \\
&-0.0001 \times D6 + 0.0002 \times D7 + 0.044 \times D8 + 0.044 \times D9 + 0.057 \times D10 \\
&\ (0.105) \qquad (0.105) \qquad (0.107) \qquad (0.106) \qquad (0.106) \\
&+0.014 \times D11 \\
&\ (0.105)
\end{aligned}
$$

$R^2 = 0.96$

变量 Di（$i=1$，2，……，11）是每月的虚拟变量。括号里的数字为系数估计的标准差。在这个回归中，月份的虚拟变量并不显著。

如图 A.1 所示：点划线表示合同工资指数的原始值，虚线表示修正值，实线表示拟合值。可以看出，修正后的序列与原来的序列之间的差异并不大，这对于指数数据来说很常见。简易回归模型的拟合效果很好，并且拟合值很好地拟合了修正值（虽然其本身与原值的差异并不大）。

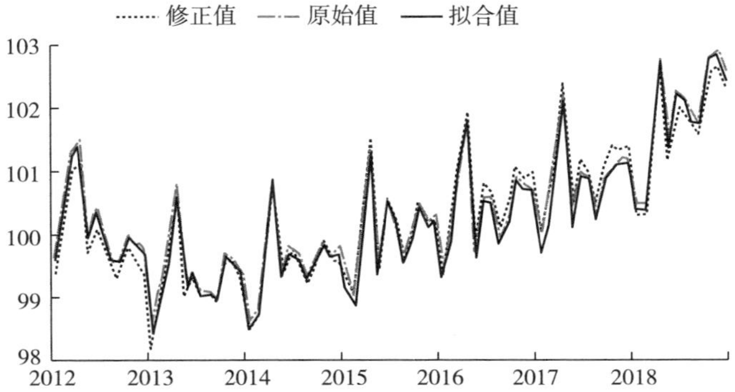

图 A.1　原始值、修正值和拟合值：合同工资指数（所有员工）

图 A.2 展示了我们在本文中所用到的原始序列（点划线）和拟合序列（实线）。实际上，它们是三段折线的组合：（1）截至 2003 年 12 月的原始序列；（2）2004 年 1 月至 2011 年 12 月的预测序列；（3）2012 年 1 月至 2018 年 12 月的修正序列。这两个序列之间的差异很小。

虽然我们的分析中并没有直接用到水平数据，但我们采用了相同的程序来

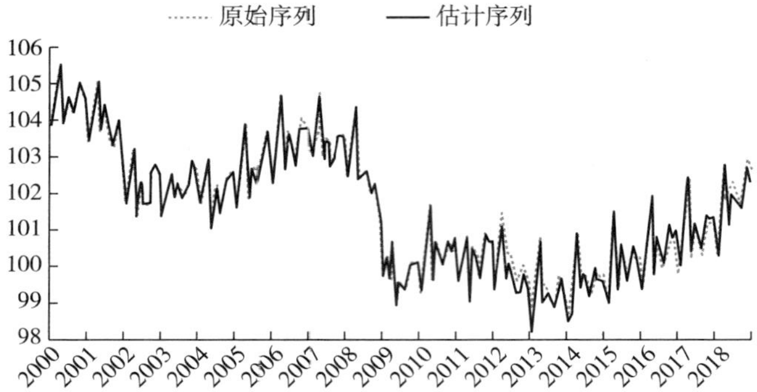

图 A.2　原始序列和估计序列：合同工资指数（所有员工）

处理原始序列。例如，平均合同工资（所有工人）的回归估计结果如下：

修正后的平均合同工资 = 12361.15
（10203.22）
+0.966 ×（原始的平均合同工资）−386.59 × D1 −392.52 × D2
（0.035）（351.84）（337.23）
−261.73 × D3 −91.65 × D4 −209.31 × D5 −166.95 × D6 −127.14 × D7
（322.69）（336.16）（331.93）（322.70）（323.39）
−126.19 × D8 − 77.56 × D9 + 125.75 × D10 −7.49 × D11
（330.10）（326.00）（322.79）（322.68）

$R^2 = 0.95$

同样，括号中的数字为标准差，并且该回归中，所有的月份虚拟变量都不显著。

图 A.3 展示了平均合同工资的原始值（点划线）、修正值（虚线）和拟合值（实线）。现在，我们发现修正后的序列始终大于原始序列，充分表明（原来错误数据中）拥有更高工资水平的大公司在样本中的权重不足。简单回归模型的拟合效果仍然很好，而且拟合值（现在明显大于原值）与修正值十分吻合。

图 A.4 显示了原始序列（虚线）和拟合序列（实线），如前所述，它们同样是三段折线的组合。拟合序列始终高于原始序列，但从 2003 年到 2004 年的下降幅度更小。

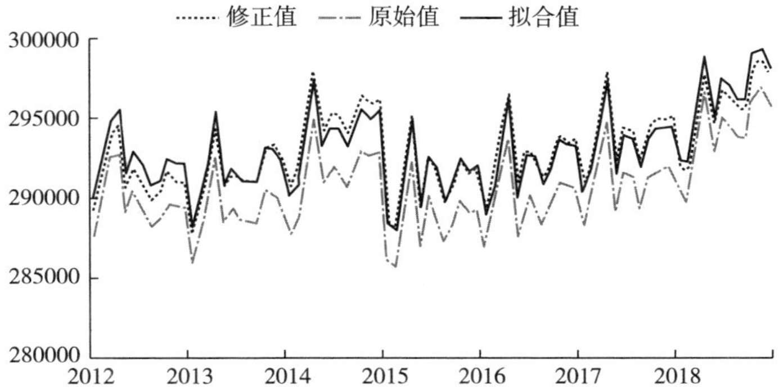

图 A. 3　原始值、修正值和拟合值：每名员工的平均合同工资（所有员工）

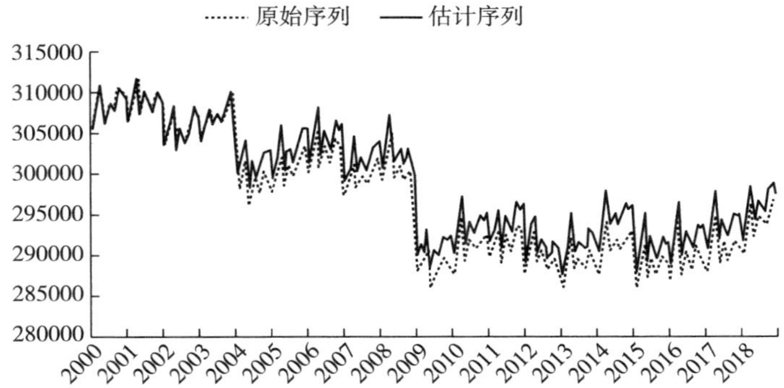

图 A. 4　原始序列和估计序列：每名员工的平均合同工资（所有员工）

比较制度分析

Comparative
Institutional Analysis

Comparative

全球不平等的历史起源

艾罗拉·德农古

历史影响了并在继续影响全球不平等，世界不同群体的激烈冲突在历史上绝非罕见。从 16 世纪第一个 10 年到 20 世纪 60 年代，全球一体化的特征是严重的力量失衡和剥削现象：跨大西洋奴隶贸易，欧洲国家对美洲、非洲和亚洲的直接或间接殖民统治等。这些经济掠夺活动当然也促进了现代经济增长，或者至少以其他人付出的代价实现了某些人的疯狂致富，因此在对当代全球不平等的研究中，它们依然应受到重视。

本文提出的理论架构将把历史因素对全球不平等的影响分解为：对资源禀赋的影响，即某个社会的初始财富分配；对制度的影响，所谓制度即通常所说的规范经济、政治和社会行为的规则。① 禀赋与制度都与上述的掠夺性冲突关

---

* Ellora Derenoncourt，伯克利加州大学经济系和高盛公共政策学院助理教授，主要研究领域：劳动经济学、经济史和不平等。本文节选自 *After Piketty: The Agenda in Economics and Inequality*，中文版即将由中信出版集团出版。

① 按照制度学派的观点，包容性的政治与经济制度的特点是约束政府行政部门，有效执行私人财产权利，集中政府权力，保证市场良好运转，给经济增长奠定基础。相反，掠夺性制度的特点是，胁迫劳动，政治权利分配范围有限，经常存在被征收的高风险，从而会破坏经济发展。参见 Douglass C. North，*Institutions*，*Institutional Change and Economic Performance*（Cambridge：Cambridge University Press，1990）；Daron Acemoglu，Simon Johnson，and James Robinson，"Institutions as a Fundamental Cause of Long-Run Growth，" 收录于 *Handbook of Economic Growth*，第 1 卷（Amsterdam：Elsevier，2005），第 385—472 页。

系密切，这正是本文聚焦的主题。北大西洋奴隶贸易与欧洲殖民扩张各自产生了两类截然不同的经济行为人，借用政治学家马哈茂德·马姆达尼（Mahmood Mamdani）的说法，我分别称他们为“公民”（citizens）与“臣民”（subjects）。① 冒着犯时代错误的风险，我把公民与臣民简单定义为历史上的掠夺性冲突的赢家和输家。至少平均而言，全球的公民群体享有更多的资源禀赋，有长期民主制度保证的经济和政治权利，以及由此带来的财富积累的机遇。相比之下，全球的臣民群体只有极少的初始禀赋，经济和政治生活受到压迫式的非民主制度的限制，没有合法的诉讼权利，容易从事胁迫劳动，也极度缺乏财富积累的机遇。

本文首先将描述一个有集体层面异质性的代际财富传递的简化模型。在这一模型中，过去的禀赋与制度会影响个人财富状况，进而影响公民和臣民这两个群体内部及之间的不平等状况。该模型显示，禀赋差异的影响会在多个世纪中消减。相比之下，制度不仅决定着财富积累的动机，还关系到再分配的能力。在初始禀赋差异的影响消失很久之后，制度依然存在并对不平等持续产生作用。本文还将借用这一思路对比相关研究文献，尤其是与奴隶制和殖民主义对大分流与工业革命时代的重要性相关的内容。过去的研究强调资源禀赋因素，而忽略了制度方面更恶劣的影响。

我将借助美国的奴隶制历史来探讨上述问题。南北战争与解放宣言据称是给奴隶财富这类财富形式敲响了丧钟，然而，这一财富冲击远不足以改变奴隶主在南方社会的优势地位及其对南方政治的操控。制度惯性开辟了新的路径，让奴隶主家族在内战后的几十年里重新占据了统治地位。证据显示，战前的许多南方家族后来重新崛起，其势力的主要存续渠道之一，正是通过精英阶层对政治制度的把控。

接下来，我将考察欧洲殖民统治制度对不平等的持续影响，在研究的地理和时间范围上加以扩展。阿西莫格鲁等人提出的方法借助疾病环境的外生差异

---

① Mamdani 对于生活在制度隔离的后殖民地非洲的人们的描述，预示了南非的种族隔离状态，很容易引申到本文所探讨的更长时间跨度的财富榨取情形。Mamdani 借助这些术语来描述白人城市殖民精英群体与黑人本土农村贫民的不同社会，前者享有公民权，生活在“法治和相关权利体系保证的”世界里，后者作为臣民饱受煎熬，被习惯法制约，受到当地精英的主宰。可参阅 Mahmood Mamdani，*Citizen and Subject*：*Contemporary Africa and the Legacy of Late Colonialism*（Princeton，NJ：Princeton University Press，1996），第 19 页。

作为殖民制度的工具变量，识别制度与经济发展表现之间的因果关系。① 这种外生差异影响了欧洲人在殖民地定居的能力，由此决定了他们随后建立的制度类型。制度惯性通过多种渠道作用于不平等，而我把关注点集中在税收基础设施，以及皮凯蒂及其合作者维护的世界财富与收入数据库（World Wealth and Income Database）这类全球不平等数据库数据记录中反映的这类设施。一般来说，在有掠夺性制度传统的国家，其税收基础设施发展更晚、更不稳定，这对于如今的前殖民地社会内部的不平等状况关系重大。

最后一节将探讨历史对全球不平等的持续影响如何启发未来研究和政策工作。针对历史上的掠夺行为，最显著的政策建议是给予补偿。对于那些关注禀赋因素的研究文献提出或暗示的这种政策工具，我将简单谈谈其缺陷所在。我的结论是采用另外一种补偿办法，即关注制度隔离（institutional segeration）问题，而不仅仅是初始的禀赋差异。

历史形成的群体不平等模型

笔者借鉴米尔德等人为小规模社会建立的代际财富传递模型②，以描述不同群体的人们在历史上面临的不同制度组合。米尔德等人关注的是，在制度类型从高度平等主义到高度等级化的各种小规模社会中，不同的经济生产体制各自会带来怎样的不平等水平。他们对于各种社会的代际财富传递的估算表明：首先，群体之间的不平等较为显著，而且大于群体内部围绕长期不平等波动的幅度；其次，不同社会之间的差异主要源于与每种生产技术相伴的制度因素。笔者修订了他们的模型，纳入了上节描述的由历史冲突带来的公民制度与臣民制度的相互作用，并集中分析禀赋与制度各自对两个群体内部及之间的不平等

① Daron Acemoglu, Simon Johnson and James A Robinson, "The Colonial Origins of Comparative Development: An Empirical Investigation," *American Economic Review* 91 (2001): 1369 – 1401。对此并非没有争议，可参阅 David Albouy, "The Colonial Origins of Comparative Development: An Empirical Investigation: Comment," *American Economic Review* 102, no. 6 (2012): 3059 – 3076，以及 Alexandre Belloni, Victor Chernozhukov and Christian Hansen, "High-Dimensional Methods and Inference on Structural and Treatment Effects," *Journal of Economic Perspectives* 28, no. 2 (2014): 29 – 50。Belloni 等人的研究表明，定居者死亡率这一工具变量对于 LASSO – penalized 回归选择的广泛类型的地理控制变量具有稳健性。

② Monique B. Mulder et al., "Intergenerational Wealth Transmission and the Dynamics of Inequality in Small – Scale Societies," *Science*, October 30, 2009, 682 – 688.

有何影响。

上文提到，对于历史上拥有包容性政治和经济制度的群体，命名为“公民”，对于历史上拥有掠夺性制度的群体，命名为“臣民”。在模型中，个人财富由三个部分决定：制度，决定了从父母那里继承的财富多寡；禀赋（或个人所在群体的平均财富水平），也取决于制度；特殊冲击，反映个人财富的意外波动。对公民群体而言，较强的包容性制度限制了由父母决定的可继承财富的多寡。对臣民群体而言，掠夺性制度能确保一个人的地位主要继承自上一代人。另外，由于历史冲突导致的两大群体之间的财富转移，包括大西洋奴隶贸易、美洲奴隶制种植园农业以及对非洲和亚洲殖民地的资源掠夺，公民享有的禀赋较多，臣民的禀赋较少。财富方程式的最后一项反映意外经济冲击，不在个人的控制范围之内，包括宏观经济层面的冲击（如战争或经济下滑等）与个人层面的冲击（如家人的疾病或死亡等）。

在这种设定下，全球不平等表现为公民与臣民共同形成的混合人群的个人财富差异。该模型的主要发现是（下文将在做技术处理后展开论述），初始禀赋在短期和中期对全球不平等的影响较大，但长期看只剩下制度因素的作用。原因在于，特殊冲击会消减逐代传递的禀赋的影响，最终使其同全球不平等无关。一旦代际财富稳定下来（进入所谓稳态均衡），就只有制度继续决定全球不平等的水平。

在数学表达式中，假设公民与臣民群体的人口比率分别为ρ和$1-\rho$，分别面临如下的群体财富积累过程：

$$W_{it+1}^{C} = \beta^{C} W_{it}^{C} + (1-\beta^{C})\bar{W}_{t}^{C}(\beta^{C},\beta^{S}) + \varepsilon_{it}^{C}$$

$$W_{it+1}^{S} = \beta^{S} W_{it}^{S} + (1-\beta^{S})\bar{W}_{t}^{S}(\beta^{S},\beta^{C}) + \varepsilon_{it}^{S}$$

其中，β^{G}反映历史决定的群体 G 的制度；$\overline{W}_{t}^{G}$ 是群体 G 在 t 时期的平均财富水平，因而代表禀赋；$\overline{W}_{is}^{G}$是群体 G 中的个人 i 在 s 时期的财富水平；ε_{is}^{G}是群体 G 中的个人 i 在 s 时期的财富受到的特殊冲击，其均值为0，方差为$\sigma_{\varepsilon^{G}}^{2}$。于是，个人在明天的财富水平是如下变量的函数：前一时期的个人财富水平，前一时期的群体财富平均水平，每个时期对个人层面的特殊冲击。初始禀赋则可以理解为0时期的群体平均财富水平。

以上公式中的第二项代表向均值的回归，或者前一时期群体层面的平均禀赋水平，以（$1-\beta^{G}$）为权重。如果β^{G}代表制度，则较低的β^{G}意味着包容性的经济和政治制度，例如，对精英人群的制约、充足的公共品提供以及社会安全网等会提升机会平等，压缩群体内部的分配状况。较高的β^{G}则代表在殖民主义和奴隶制下形成的掠夺性制度，即照顾精英人群的政治制度、冲突以及压迫性的劳动力市场等。过去的掠夺性制度会通过制度惯性造成较低的代际流动性，导致同时期较高的不平等水平。值得一提的是，群体层面的禀赋还受到其他群体的制度的影响，以反映公民群体与臣民群体的历史冲突留下的后果。

在实行包容性制度的地方，由于对海外殖民地实施的资源掠夺或奴隶制，禀赋或许变得更高。在这一模型中，资源的差异与制度的差异都完全由此类历史冲突决定。这样做相当于抽象掉了影响制度与初始禀赋的其他因素，其目的是突出禀赋与制度对当代全球不平等的相对重要性。该模型提供了一个便利的方法，把全球不平等同禀赋与制度分化联系起来，而这种分化源于掠夺性的历史冲突。历史冲突创造了作为公民与臣民的不同群体，既存在于全球层面，也在某个国家或地区的内部并立。

对任意群体 G，另一群体标记为 $-G$，在独立同分布（i. i. d. , independently and identically distributed）性质的冲击下，财富的稳态方差可以用下列等式得出：

$$\mathrm{Var}(W_{it+1}^{G}) = \mathrm{Var}(\beta^{G} W_{it}^{G} + (1-\beta^{G})\bar{W}_{t}^{G}(\beta^{G},\beta^{-G}) + \varepsilon_{it}^{G})$$

$$= \beta^{G^2}\mathrm{Var}(W_{it}^{G}) + \sigma_{\varepsilon^G}^{2}$$

在这一稳态下，$W_{it+1}^{G} = W_{it}^{G}$，$\mathrm{Var}(W_{it+1}^{G}) = \mathrm{Var}(W_{it}^{G}) = \sigma_{W^G}^{2}$

$$\sigma_{W^G}^{2} = \beta^{G^2}\sigma_{W^G}^{2} + \sigma_{\varepsilon^G}^{2} \Rightarrow \sigma_{W^G}^{2} = \sigma_{\varepsilon^G}^{2}/(1-\beta^{G^2})$$

因此在稳态下，初始禀赋对群体 G 的对数财富方差没有影响。相反，稳态的方差完全是群体 G 的制度及个人层面特殊冲击的方差的函数。

制度影响公民群体与臣民群体内部及之间的不平等，其具体含义是什么？全球财富积累是公民与臣民的两个财富积累过程之和，以人口比率作为权重：

$$W_{it+1}^{WORLD} = \rho W_{it+1}^{C} + (1-\rho)W_{it-1}^{S} = \rho(\beta^{C} W_{it}^{C} + (1-\beta^{C})\bar{W}_{t}^{C}(\beta^{C},\beta^{S}) + \varepsilon_{it}^{C}) +$$

$$(1-\rho)(\beta^{S} W_{it}^{S} + (1-\beta^{S})\bar{W}_{t}^{S}(\beta^{S},\beta^{C}) + \varepsilon_{it}^{S})$$

上式可以改写为：

$$W_{it+1}^{WORLD} = \rho\beta^{C}W_{it}^{C} + \bar{W}^{WORLD} + (1-\rho)\beta^{S}W_{it}^{S} + \varepsilon_{it}^{WORLD}$$

其中，$\bar{W}^{WORLD}$ 是两个群体层面的禀赋的恰当加权平均值，并做了跨期标准化。

于是，全球不平等可以定义为 W_{it+1}^{WORLD} 的方差：

$$\mathrm{Var}(W_{it+1}^{WORLD}) = \mathrm{Var}(\rho\beta^{C}W_{it}^{C} + \bar{W}^{WORLD} + (1-\rho)\beta^{S}W_{it}^{S} + \varepsilon_{it}^{WORLD}) =$$

$$\rho^{2}\beta^{C^2}\mathrm{Var}(W_{it}^{C}) + (1-\rho)^{2}\beta^{S^2}\mathrm{Var}(W_{it}^{S}) + 2\rho(1-\rho)\mathrm{Cov}(W_{it}^{C}, W_{it}^{S}) + \sigma_{\varepsilon^{WORLD}}^{2}$$

由于冲击是独立同分布性质的，则 W_{it}^{C} 与 W_{it}^{S} 的协方差为 0。于是，t 时期的全球不平等水平为：

$$\mathrm{Var}(W_{it+1}^{WORLD}) = \rho^{2}\beta^{C^2}\mathrm{Var}(W_{it}^{C}) + (1-\rho)^{2}\beta^{S^2}\mathrm{Var}(W_{it}^{S})$$

在稳态中，全球不平等水平可以改写为：

$$\mathrm{Var}(W_{i}^{WORLD}) = \rho^{2}\beta^{C^2}\sigma_{\varepsilon^{C}}^{2}/(1-\beta^{C^2}) + (1-\rho)^{2}\beta^{S^2}\sigma_{\varepsilon^{S}}^{2}/(1-\beta^{S^2})$$

由此得出的结论是，在长期中，全球不平等是每个群体的制度、人口比率及各群体的个人层面冲击方差的函数。关键之处在于，初始禀赋在长期对全球不平等没有作用。

由此，我们可以认为历史通过两种途径发挥作用：制度既影响一个群体内部的财富分配的流动性水平，又通过两个群体的掠夺性历史冲突影响两个群体层面的禀赋水平。如果我们相信群体水平并非处于稳态，则后者非常重要。不过模型显示，外来冲击最终会抹掉初始禀赋的差异，使其与长期的全球不平等无关。我们可以合理地推测制度的作用比禀赋差异更为持久，在本模型中也的确如此。从长期看，制度差异比禀赋对于全球不平等具有更强的解释力。可是下节将会提到，关注历史冲突及随后的不平等状况的很多学者往往强调禀赋差异的作用，而非制度。

禀赋

在 1944 年的标志性著作《资本主义与奴隶制》（*Capitalism and Slavery*）中，历史学家埃里克·威廉姆斯（Eric Williams）提出，来自奴隶贸易和奴隶制种植园的利润为英国工业革命提供了资金。他认为，当奴隶制不再符合资本的利益时，资产阶级与废奴主义者结成联盟推翻了这一制度。这部论著的第一部分探讨了奴隶制对英国经济发展的重要意义。尽管威廉姆斯的批评者争辩说，来自奴隶贸易的利润率被高估了，或者这部分贸易的规模太小，不足以对其他经济部门造成显著影响，经济史学家依然普遍认可奴隶制对这段时期的英国经济增长发挥了某些作用。[①] 还有，如果像英尼科里所述，非洲或西印度地区对主要工业品的需求很强，那么规模较小的部门也可以对英国经济的重构做出贡献。[②] 类似观点也可适用于英国对非洲大陆的殖民扩张。[③]

奴隶制发挥影响的作用机制，除奴隶贸易和美洲种植园产业带来的直接利润流入外，还有奴隶制给相关产业带来的溢出效应，包括航运、纺织、海事保险以及金融等。[④] 此类溢出效应可能意味着，即便来自奴隶贸易和种植园的直接利润规模较小，奴隶制对经济增长仍有较大的影响。

关于全球历史的新近观点聚焦于溢出效应（包括创新方面），由此挑战了规模较小的贸易或产业对整体经济只有较小作用的传统观点。如果廉价获得的原始投入品促进了创新，则与海外掠夺性制度有关的政治和经济联系就能带来持续的经济增长，放大资源禀赋的分化。对此的最佳诠释或许莫过于英国的纺织产业，而凸显这种溢出效应联系与海外殖民地地位的关键大宗商品，则是棉花。由奴隶劳动力在美国生产或者由殖民控制日益强化的印度生产的棉花，在英国经济发展中扮演了关键角色。例如，汉伦分析了南北战争对美国棉花供给的冲击如何大幅压低了印度棉花对美国棉花的相对价格。英国从印度进口的棉花急剧增加，但降低印度棉花加工成本的技术创新也在同步跟进，结果导致，印度棉花的价格出现反弹，其进口份额却没有相应下降。在美国的奴隶制终结威胁到英国纺织产业的一个关键投入品来源的时刻，印度棉花的稳定供给发挥了关键作用，确保那些技术创新能够出现。[⑤] 确实在美国南北战争之后，英国维持了对棉花生产的统治地位，直至 20 世纪

---

① 可参阅 R. P. Thomas and D. N. McCloskey, "Overseas Trade and Empire 1700 - 1860," 载于 *The Economic History of Britain since 1700* (Cambridge: Cambridge University Press, 1981), 第 87—102 页；另外参见 Barbara L. Solow and Stanley Engerman, *British Capitalism and Caribbean Slavery: The Legacy of Eric Williams* (Cambridge: Cambridge University Press, 2000); Kenneth Morgan, *Slavery, Atlantic Trade and the British Economy, 1660-1800* (Cambridge: Cambridge University Press, 2000)。

② Joseph E. Inikori, *Africans and the Industrial Revolution in England: A Study in International Trade and Economic Development* (Cambridge: Cambridge University Press, 2002).

③ Richard D. Wolff, *The Economics of Colonialism: Britain and Kenya, 1870 - 1930* (New Haven, CT: Yale University Press, 1974).

④ Morgan, Slavery, 第 4 页。

⑤ Walker W. Hanlon, "Necessity Is the Mother of Invention: Input Supplies and Directed Technical Change," *Econometrica* 83 (2015), 第 67—100 页。

早期。①

其他学者还分析过奴隶制对金融市场发展的作用。冈萨雷斯等人利用马里兰州的历史商业报告指出，与没有蓄奴的同类人群相比，奴隶主更多开办新企业，这符合模型中的设定：贷款人愿意把奴隶作为抵押品，因为他们比土地有更强的流动性和迁移性。② 罗森塔尔分析了会计作为一门学科在美国的兴起，并注意到会计师在早期对种植园的影响。会计师与簿记员的职业化以及会计作为一门专业的发展受到了种植园主的激励，他们需要会计师在种植园的业务中发展出来的专业服务和能力。③

经济史研究中关注较少的是奴隶制对现代医药产业进步的作用。在 18 世纪，医生从轻微感染的天花病人身上获取身体组织，放入未感染者身上的开放创口，以实现免疫接种。在古巴和其他西班牙属美洲地区，孤儿与奴隶都被用来充当疫苗传递的容器，用他们手臂上的脓疮来承载疫苗。冈萨雷斯分析了 19 世纪早期古巴的奴隶与接种人数之间的高度关联。由于担心天花从奴隶传染给其他人，各个港口均采取了严格的接种程序。奴隶制在古巴经济中的地位提高，刺激了对内外科医生的需求，使人均职业医生数量达到很高水平。当用于疫苗传递的孤儿群体耗尽时，可以购买奴隶来确保这一人体传递链条不会中断。运奴船和贸易路线为扩大对西班牙属美洲地区人群的接种提供了现成途径。④ 这些证据意味着，奴隶制有潜在的巨大全要素生产率效应。促进医疗与

---

① Gregory Clark, "Why Isn't the Whole World Developed? Lessons from the Cotton Mills," *Journal of Economic History 47* , no. 1 (1987)，第 141—173 页，第 143 页。关于英国棉纺织业在两次大战期间的衰落的讨论，可参见 Sven Beckert, *Empire of Cotton*: *A New History of Global Capitalism* (New York: Knopf, 2014)，第 381—382 页。

② Felipe Gonzalez, Guillermo Marshall, and Suresh Naidu, "Start-up Nation? Slave Wealth and Entrepreneurship in Civil War Maryland," *Journal of Economic History*, forthcoming.

③ Caitlin C. Rosenthal, "Slavery's Scientific Management: Accounting for Mastery," in *Slavery's Capitalism*, ed. Seth Rockman, Sven Beckert, and David Waldstreicher (University of Pennsylvania Press, forthcoming).

④ Greg Grandin, *The Empire of Necessity*: *Slavery*, *Freedom*, *and Deception in the New World* (New York: Metropolitan Books, 2014); Stephanie Gonzalez, "The Double-Edged Sword: Smallpox Vaccination and the Politics of Public Health in Cuba" (PhD diss., City University of New York, 2014); José Tuells and José Luis Duro-Torrijos, "The Journey of the Vaccine against Smallpox: One Expedition, Two Oceans, Three Continents, and Thousands of Children," *Gaceta Médica De México* 151, no. 3 (2015): 416 -425; Cristóbal S. Berry-Cabán, "Cuba's First Smallpox Vaccination Campaign," *International Journal of History and Philosophy of Medicine* 5 (2015)，第 1—4 页。

管理科学的进步对所有要素均发挥了影响，促进了整体的生产率。

经济学家威廉·德瑞提把欧洲经济增长同非洲和美洲遭遇掠夺的关系概括为现代欧洲的“原罪”。不过这一原罪影响的时间有多长？按照上节设计的模型，禀赋差异在中短期影响较大，但在长期却被财富积累过程中反复出现的冲击消除了。最终，刺激财富积累并决定再分配政策的规则因素（即模型中的β项）存续下来，而禀赋差异退出了。换句话说，如果欧洲的原罪只是初期的资源禀赋差异，从全球再分配角度看这些禀赋的影响会随着时间无限缩小。一旦经济运行达到稳态，就只剩下制度差异继续发挥作用。① 然而，经济体在什么时点达到稳态呢？下一节将结合美国的奴隶制来探讨这个谜题。

冲击与制度惯性

皮凯蒂讨论了两次世界大战给资本收入比造成的打击，可是恐怕没有哪次现代战争能像美国内战那样，把某一类财富完全摧毁。短短数年，南方财富拥有者掌握的最活跃的资本类型——奴隶资本——就变成了历史文物。因此，南北战争正是上节定义的对历史禀赋的典型冲击事件。废奴对战后的财富分配状况带来了怎样的影响？这一冲击是否足以抹平南方精英人士组成的公民群体同包括贫困白人和自由人在内的臣民群体之间的界线？

得益于各宗谱协会对美国人口普查局历史数据的电子化以及综合公用微观数据系列（Integrated Public Use Microdata Series，IPUMS）的帮助，解答上述疑问所需的数据变得愈益丰富。杜邦与罗森布罗姆利用 IPUMS 的普查数据，检测了奴隶主在内战之后的南方财富分配中依然保留在顶层的概率。② 之前有学者利用较为有限的数据发现，南方种植园主阶级在内战后强势维持了自己的地位。而杜邦和罗森布鲁姆的结论则更为复杂，他们发现在 1870 年位居南方财富持有人前 5% 群体的人里面，仅有不足一半是在 1860 年居于前 10% 的群体，这表明美国南方的财富分配格局出现了较大的扰动。在奴隶财富被最终消

① William Darity Jr.，“A Model of ‘Original Sin’：Rise of the West and Lag of the Rest，” *American Economic Review* 182（1992），第162—167 页。另参见 Ronald Findlay，“The ‘Triangular Trade’ and the Atlantic Economy of the Eighteenth Century：A Simple General – Equilibrium Model，” *Essays in International Finance* 177（1990）：第 1—33 页。

② Brandon Dupont and Joshua Rosenbloom，“The Impact of the Civil War on Southern Wealth Holders，” NBER Working Paper No. 22184（April 2016）.

灭之后，一定数量的其他类型的人在1870年跻身顶层群体。值得注意的是，同一时期在北方的财富流动性更低。

此外，杜邦与罗森布罗姆还发现，有大约三分之一的南方富人从1860年到1870年维持了自己的地位，考虑到南北战争带来的冲击之严重，这个水平看起来算很高。① 他们的结论意味着，社会正走向稳态，其中公民与臣民的初始禀赋差异对财富分配将不再产生作用。阿格等人的研究则认为，持续到南北战争之前的奴隶财富的数量对1870年的财富水平不再有预测作用，而房地产财富则在继续发挥影响。②

然而，笔者在一篇工作论文中指出，南方奴隶主的某些优势在长得多的时间范围内仍然延续。③ 借助1860年美国完整的奴隶记录文件（涉及近43万名奴隶主）和1940年美国人口普查的完整记录，并受克拉克关于社会经济流动性与家族姓氏的研究工作的启发，我做了初步测试。④ 结果发现，对于能和1940年的南方姓氏相匹配的1860年奴隶记录文件中的近4万个奴隶主姓氏而言，奴隶财富同现代收入之间存在正向关联。这个结果与杜邦和罗森布鲁姆的发现共同提出了一个疑问：在内战过去后的数十年中，以前的南方奴隶主是否实现了在经济上的重新崛起?⑤

奴隶制对财富与收入分配的持续影响或许并不奇怪，因为大量证据表明掠夺性制度有深远影响（下节将更详细地对此展开实证讨论）。针对美国的奴隶制，布莱克维尔及其合作者发现，奴隶制对20世纪的政治和文化发展具有非线性影响，似乎说明奴隶主家族在南北战争结束很久后重返其显赫地位。以棉花种植适合度差异作为大规模奴隶种植园农业的一个随机差异来源，他们发现1860年时较高的奴隶人口占比对应着对南方重建前的民主党的更大认同，以及如今对非裔美国人的负面种族态度。这种联系在20世纪早期达到峰值，伴

① Brandon Dupont and Joshua Rosenbloom, “The Impact of the Civil War on Southern Wealth Holders,” NBER Working Paper No. 22184 (April 2016).

② Philipp Ager, Leah Boustan, and Katherine Eriksson, “Intergenerational Mobility in the 19th Century: Evidence from the Civil War” (manuscript, 2016).

③ Ellora Derenoncourt, “Testing for Persistent Slaveholder Dynastic Advantage, 1860 – 1940,” working paper, 2016.

④ Gregory Clark, *The Son Also Rises: Surnames and the History of Social Mobility* (Princeton, NJ: Princeton University Press, 2014).

⑤ Derenoncourt, “Testing”.

随着南方的救赎行动与反重建运动，在之前奴隶人数最密集的地区表现得最为强烈。此类现实政治事件可能影响收入分配，让奴隶主家族重新崛起，并巩固他们在南方精英群体架构中的地位。① 因此在最重要的人身财富被转化为自由劳动力之后，以前的蓄奴家族可能转而寻求掌握政治权力，并以之再度制服刚获得解放的奴隶，重建自己在未来的经济统治。②

关于蓄奴与内战后流动性的新近研究文献说明，禀赋的确容易受到意外事件的冲击，这让人们想起杜波依斯（Du Bois）给奴隶主集团宣读的讣告："随着内战的到来，种植园主作为一个阶级宣告死亡。"然而，1940 年时的收入水平似乎仍与 1860 年时的奴隶主姓氏存在关联。此外，奴隶制对南方政治生活的长远影响显而易见：在 1860 年时奴隶人数较多的地区，到 2008 年大选中对巴拉克·奥巴马的支持较弱。所以即便禀赋优势会消退，带来这些优势的制度仍会对经济和政治结果产生持续的影响，甚至远在此类制度名义上不复存在之后。下一节将更深度地探讨制度同不平等的关系，特别是前欧洲殖民地在殖民时代的掠夺同此后的税收基础设施之间的关联。

制度与不平等

为什么制度对全球不平等关系重大？首先，制度是理解相对经济发展成就的关键所在：历史冲突带来的制度分化影响全球公民群体与臣民群体之间及内部的不平等。前者已受到制度研究的广泛关注，我将对其加以回顾。接下来，我将通过殖民统治对税收基础设施的影响，深入分析制度同不平等的关系。所得税是一种重要的再分配政策工具，还给一个国家内部的收入分配状况提供了

① Avidit Acharya, Matthew Blackwell, and Maya Sen, "The Political Legacy of American Slavery," *Journal of Politics* 78, no. 3 (May 2016).

② 这些非线性效应进一步表明，存在前文描述的模型没有反映的制度作用机制。历史决定的制度在该模型中是静态的，因此难以对公民群体与臣民群体的后代的当代状态做出判断。事实上，制度或许更多是按照过去的制度来复制，具有相似的分配效果。作家和记者 Ta - Nehisi Coates 认为应该给非洲裔美国人提供补偿，主要是因为 20 世纪的政策把他们排除在美国最普遍的资产积累——住房所有权——之外。他把连续线索从奴隶制追踪到 Jim Crow，再到芝加哥的联邦贷款红线标准。他的观点高度反映了制度的路径依赖：即使某种剥削制度已被终结，继续维持"公民"与"臣民"之间界限的新制度仍有可能出现。Coates 关注的制度有着动态的组成，延续了过去制度对分配的影响。美国的案例表明，应该对历史制度影响当今经济结果的机制加以反思。参见 Coates, "The Case for Reparations," *Atlantic Monthly*, 2014 年 7 月，第 54 页。

最权威的数据，尤其是它们不像许多家庭调查数据那样遮蔽了顶层群体的信息。借助制度研究中反映某个国家历史上殖民制度类型的一个常用变量，我测算了历史制度对于我本人收集的32个前殖民地的所得税引入时间的影响，以及对皮凯蒂及其合作者维护的世界财富与收入数据库中的所得税覆盖范围的影响。利用这些数据，我发现制度同税收基础设施之间存在系统性的相关关系，凸显了掠夺性制度对收入分配以及（为我们的研究提供测算数据的）政府架构的有害影响。

制度或者说制约经济、社会和政治行为的规则，对长期的全球不平衡发展有强大解释力。包括道格拉斯·诺思、阿西莫格鲁、约翰逊和罗宾逊等人在内的经济学家已详细阐发了这一理论。① 过去二三十年，经济学家越来越多地借助历史上的自然实验来测算制度对经济发展的作用。② 在一项广为引用的研究中，阿西莫格鲁等人利用欧洲殖民统治时期的疾病死亡率，作为对制度差异的大规模版本的自然实验。鉴于欧洲人当时并不清楚许多传染病的传播状况，如黄热病或疟疾等，他们在不同地区遇到的自然环境便成为判断欧洲人能否定居的外生变化因素。定居能力则决定了欧洲人在当地建立特定类型制度的激励。如果死亡率普遍较高，定居困难，那里就会形成掠夺性制度，主要依靠奴隶劳动生产经济作物，并限制授予公民权利。而如果死亡率较低，欧洲人就会普遍定居，建立相对包容的制度，包括政治体制的制衡以及重视私人财产保护等。③

疾病环境决定的初始制度差异预示了如今的经济制度和经济表现。在前殖民地中，疾病环境不利于欧洲人定居的地方在今天有着较弱的产权保护和较低的人均GDP。相反，欧洲人死亡率较低的地方在今天的发展水平较高。这些学者由此把此类实证结果解释为如下假说的证据：包容性制度促进了长期的经济表现，掠夺性制度则相反。

困难在于，制度创新以及对欧洲经济增长的初始刺激不是在真空中发生，

---

① Douglass C. North, "Institutions," *Journal of Economic Perspectives* 5（1991）：第97—112页；Daron Acemoglu, Simon Johnson, and James Robinson, "Institutions," 载于 *Handbook of Economic Growth*, 第1卷（2005）：第385—472页。

② Melissa Dell, "The Persistent Effects of Peru's Mining Mita," Econometrica 78（2010）：第1863—1903页；Acemoglu, Johnson, and Robinson, "Colonial Origins".

③ Acemoglu, Johnson, and Robinson, "Colonial Origins".

而正好是在欧洲人探索和征服大片世界其他地区的时期。来自殖民活动和奴隶贸易的财富增长充实了商业中产阶级的力量，使其可以抗衡君主权力，从而确保了欧洲的包容性制度建设。① 这一模式还延伸到新大陆后来的经济增长时期。在美洲内部，有着更具包容性制度的地方从广阔边疆的掠夺性活动中获益，包括对土著人土地的侵占和对其人口的残杀。② 简而言之，增长依赖于包容性制度，但同时也可能同其他地方的掠夺性经济机遇相关联。

以英国商人阶级的崛起为例，他们在国内对君主权力形成了制约，但同时也是整个欧洲最猖獗的奴隶贸易商。类似的，荷兰的民主制度发展伴随着他们为建立对东南亚香料贸易的垄断权而发动的残酷战争。这些历史时期成为具有分水岭意义的"关键节点"，初始制度决定了各个社会对经济机遇如何做出响应。然而，促进一个社会的包容性制度的因素，却可能是另一个社会的同样制度的厄运，这正是西部非洲、加勒比地区以及东南亚在被英国与荷兰入侵后的情形。

测算殖民主义对群体内部不平等的影响，一个直接办法是分析殖民制度给税收基础设施留下的效应。政府对收入征税的能力是一个强烈的信号，反映了它通过提供公共产品和开展再分配来缓解不平等的能力。在缺乏税收基础设施的国家，社会保障项目往往较少，产业进入壁垒较为普遍，精英人群的收入很少受到调节。

考察不同制度对不平等影响的一个关键障碍在于，某个地区的制度类型或许与经济发展数据的丰富程度相关联。阿特金森试图利用英国在非洲的几个前殖民地的殖民税收数据来填补部分空白。这些数据本身是英国核心区域同其殖民地之间的掠夺性制度安排的遗产，只能用来对财富分配最顶层的部分做分析，但通常能反映殖民地派驻官员与本土居民之间的对比。对顶层数据的观察表明，部分殖民地的不平等程度很高，哪怕在税收数据能覆盖的有限的社会精英内部也如此。阿特金森的研究对理解全球收入不平等变化做出了贡献，但我们对这些数据未能覆盖的超过90%的当地人群依然缺乏了解。另外，我们仍旧不清楚殖民体制给殖民地带来的不同于非殖民地的影响，该问题将在本节的

① Daron Acemoglu, Simon Johnson, and James Robinson, "The Rise of Europe: Atlantic Trade, Institutional Change, and Economic Growth," *American Economic Review* 95 (2005): 第546—579页。

② Camilo García-Jimeno and James Robinson, "The Myth of the Frontier," 载于 *Understanding Long-Run Economic Growth: Geography, Institutions, and the Knowledge Economy*, 由 Dora L. Costa and Naomi R. Lamoreaux 主编 (Chicago: University of Chicago Press, 2011), 第49—88页。

最后展开讨论。①

针对前殖民地国家，我发现某些直接证据表明，贫困国家的税收与统计基础设施薄弱有背后的制度惯性机制的影响。具体来说，对 32 个前殖民地，我考察了欧洲定居者在前殖民地的历史死亡率（即阿西莫格鲁等人开创的指标）同首次开征所得税年份之间的关系。请记住，这些疾病死亡率数据给征服时代的欧洲人在各地的定居能力造成了随机差异，定居能力继而决定了殖民地建立的制度类型。欧洲人定居较少的地方倾向于建立掠夺性制度，基本上不对当地民众负责。相反在定居较多的地方，殖民者有建立包容性制度的激励，因为这有利于实现自己的经济成功。至于结果变量，我从各种学术研究文献中收集了首次实施所得税的年份的数据。对于这 32 个前殖民地，既能够找到首次实施所得税法律的信息，又有欧洲定居者的死亡率数据。②

图 1 中的散点展示了如下关系：定居者死亡率（对数）代表的殖民制度类型同首次征收所得税的年份。观测值按照定居者死亡率的相同规模区间并入各组，纵轴则显示每个组首次实施所得税的平均年份。该散点图表现出了正向关联：殖民制度的掠夺性越强，所在国家的所得税引入时间越晚。由于个人所得税是约束不平等的主要政府工具之一，掠夺性殖民制度的影响便通过现代制度延续下来，表现为开展再分配与筹资支持社会保障计划的能力较为薄弱。就这样，群体内部的不平等仍受制于殖民历史冲突中建立的制度类型。

制度因素影响全球不平等的第二条途径，在于决定我们能获得的不平等信息的质量。皮凯蒂及其合作者维护的世界财富与收入数据库（WID）旨在追踪全球 40 多个国家的收入与财富发展变化。③ 但全球还有约 150 个国家未纳入其中，主要集中在南美洲、非洲和东欧。由于缺乏许多前殖民地国家的数据，人们

---

① Acemoglu, Johnson, and Robinson, "Colonial Origins"; Anthony B. Atkinson, "The Colonial Legacy: Income Inequality in Former British African Colonies," WIDER Working Paper 45/2014 (2014).

② 我找到了如下国家或地区首次征收所得税的年份：委内瑞拉、南非、印度尼西亚、乌拉圭、哥伦比亚、墨西哥、尼日利亚、乌干达、坦桑尼亚、新加坡、马来西亚、澳大利亚、加拿大、美国、牙买加、新西兰、孟加拉国、巴基斯坦、智利、阿根廷、肯尼亚、埃及、特立尼达和多巴哥、冈比亚、香港、加纳、埃塞俄比亚、塞拉利昂、海地、巴西、越南、哥斯达黎加。我用世界财富与收入数据库对几个国家做了交叉比较。对非洲的前英国殖民地，我采用了如下参考资料：Atkinson, "The Colonial Legacy"。若需要数据来源的完整清单，请联系本人：elloraderenoncourt@ fas. harvard. edu。

③ www. wid. world/.

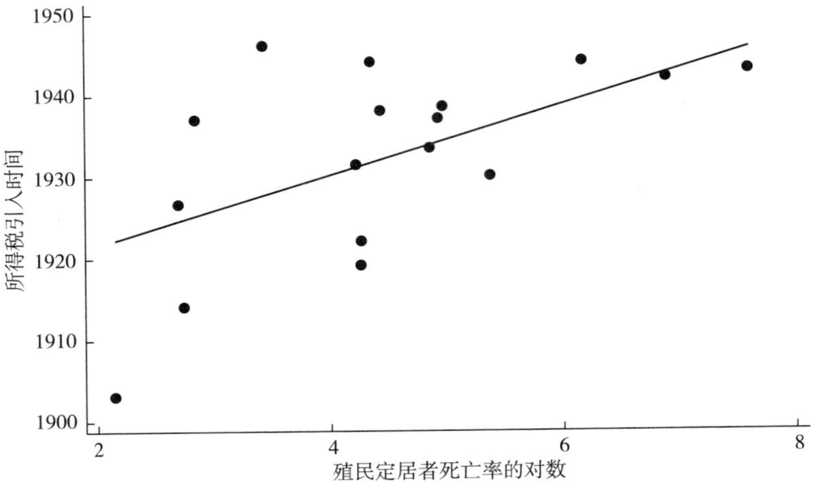

图 1　殖民定居者死亡率与所得税引入时间的关系

注：个人收入所得税是制约不平等的一个关键的政府工具。这里显示的正向关联表明，一个国家的殖民制度的掠夺性越强，引入所得税的时间越晚。

难以全面评估历史制度对不平等和财富分配的影响。可是，数据缺乏本身也是一种数据，该数据库的覆盖范围要求有较为发达的税收基础设施。通常来说，一个国家较早实施个人所得税是财富与收入长期历史数据得以产生的前提条件。

图 2 展示的是，殖民定居者死亡率同世界财富与收入数据库覆盖的年份之间的关系。与图 1 的方法一样，图中的散点分组合并了某些观测值，结果表明殖民地时代的制度掠夺性越强，某个国家在数据库中的覆盖年份就越少。由此导致的一个重大缺陷是，某个地方的殖民制度越具有掠夺性，我们今天对那里的收入分配状况就越不了解。所以，我们得到的关于不平等的认识有偏向性，过度强调能够获得不平等信息的地方。但显然，数据的可获得性受到了制度因素的系统性影响。数据覆盖的年份缺乏或许与税收制度持续时间较短、再分配能力不足相关，而量化分析可能让我们不自觉地忽略了缺乏详细收入分配数据的地区。这最终会导致我们对不平等决定因素的认识受制于自己能够获得测算数据的地理范围。

以上发现说明，历史上的掠夺性制度通过影响后续税收基础设施以及我们对不平等的认识，依然对财富分配发挥着直接作用。由于税收是政府的主要再分配政策工具之一，这意味着掠夺性制度左右着前殖民地国家的不平等状况。制度对一个社会内部的产权保护与财富流动水平有直接影响。制度变革可能带

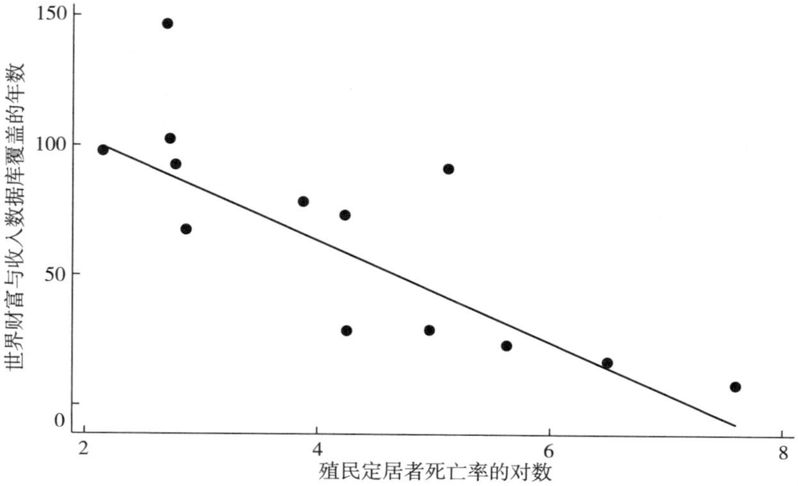

图 2　殖民定居者死亡率和世界财富与收入数据库覆盖的年数之间的关系

注：在殖民地时代有更强掠夺性制度的国家，在世界财富与收入数据库的数据覆盖通常越少。因此，对不平等的认识过度关注能提供不平等数据信息的地方，存在偏向性。

来税收或土地改革，对财产进行再分配，直接降低不平等程度。此类变革可能促进政治上的公平，使穷人有途径改善其相对于精英人群的弱势经济地位。改善知识信息也能带来好处，收入分配的透明度会使严重不平等的政治代价增大，从而增强对再分配措施的支持力度。

最后，试图解决全球不平等问题、却不承认历史因素作用的政策在效果上可能会打折扣。我们或许需要更灵活的全球再分配工具，根据不同的制度（β 项）定制，以便考虑和抵消影响公民群体与臣民群体内部不平等及两个群体间不平等的历史轨迹的作用。

历史视角的全球再分配

本文提出的理论架构，把历史（通过初始禀赋与制度遗产）同当代全球不平等格局联系起来。财富积累有其自然运动规律，但历史发挥的作用不仅是给我们提供一个初始资本存量。如果我们用 β 作为代表过去制度的参数（即前文介绍的模型中的代际惯性系数），并让某个群体的初始财富同该群体及其他群体过去的制度挂钩，就可以发现历史上普遍存在的许多关键节点的效应：某个群体的掠夺性活动对今天的群体间经济表现的巨大差异有重要影响。

我把这些群体称为全球的公民与臣民，借用了马姆达尼关于殖民地非洲的制度隔离研究中的术语。世界的公民群体是指：在政治统治体制中有代言人，生活中没有经常遭受剥夺的恐惧，拥有明确并普遍适用的社会运行规则。他们整体上能享受经济活动的成果，并由于社会的政治和经济制度的开放性与包容性，有着在经济阶梯上进步的良好机遇。世界的臣民群体则是指：依赖掌权者的仁慈而非普遍适用的规则，遭受剥夺属于常态而非例外。他们的社会流动性很低，甚至生存都可能需要以对精英人士的臣服为代价。

如我们所见，只了解掠夺活动对过去禀赋分配的影响是不够的。从长期看，禀赋差异对全球不平等的解释力有限。当然，一个经济体是否已达到稳态还有待讨论。我以美国的蓄奴制度为背景对此做了探讨。经济史学家探讨过，奴隶财富在多大程度上依然给南北战争后的奴隶主后代提供了优势。杜邦与罗森布罗姆发现，内战导致美国南方的财富分配出现了比北方更大的扰动变化。而我找到的证据是，把 1860 年奴隶记录文件中的奴隶主姓氏与 1940 年美国人口调查的信息做比对，说明之前的财富优势甚至持续到 20 世纪后很久。这一发现可以从两条不同路径加以诠释：一方面，它表明美国还不是稳态均衡，某些群体通过历史上的剥夺而延续着优势地位；另一方面，某些证据表明奴隶主家族因为战争和政治制度的改变而失去之前的奴隶财富之后，转向了政治活动，并可能于 20 世纪早期重新掌控了权力。

这只是历史制度因素影响当代财富分配的众多途径中的一种。另外，上述案例还凸显出，制度是相关行为人的策略行动的结果。精英人群维持或重获权力的能力与若干因素有关。在美国南方，民权运动或许成功扭转了南方精英人群维护其地位的势头，消除了该地区的制度化镇压手段。但总之，尽管奴隶制造成的南方财富禀赋受到南北战争的沉重打击，制度惯性的影响却重新恢复了公民群体同臣民群体在战前的财富不平等格局。

之后一节中，我借助制度增长理论说明，为什么历史上的掠夺性制度会影响公民群体和臣民群体的全球财富分配格局。在前殖民地国家，制度通过税收基础设施直接作用于不平等。历史上建立掠夺性制度的国家，所得税引入较晚。以世界财富与收入数据库的覆盖情况作为另一指标，我指出，历史上建立掠夺性制度的国家在数据库中的覆盖率更低。由于所得税是政府为社会保障计划或再分配筹资的一个主要工具，这种制度遗产对财富不平等或许有直接解释力。在缺乏税收基础设施时，即使打算推行再分配的仁慈型政府也无能为力。再分配还会进一步增强社会中的穷人的政治实力。若没有税收基础设施，一个社会将长期被精英小集团俘获。此类制度影响的持续时间可能比禀赋差异长得多。根据本文之前介绍的模型，在稳态均衡中，持续影响当代财富分配状况的是过去的制度，而非资源禀赋的差异。因此从政策视角看，问题主要不是追究欧洲的“原罪”，而在于解决掠夺性制度的残余，尤其是在关键节点时期形成的制度。

这对跨越不同制度的再分配有何启示？祖克曼等人建议的全球财富登记有助于把世界各地的财富拥有者的信息集合起来，特别是在资本主要被外国人持有的地方。① 可是这依然没有填充世界财富与收入数据库中的空白，那里只有通过所得税基础设施的建设才能弥补。这些空白地区显然伴随着发展不足以及社会内部的巨大不平等，收入和资本回报集中在顶层群体，而这批人属于全球精英人群的一部分，也是拟议中的全球财富税可能帮助识别的。

全球再分配政策不应只通过全球财富税实现禀赋的再分配，而是要迫使公民群体认识到，历史上的专制统治妨碍了臣民群体收获经济发展的果实。在臣民群体受统治精英压迫最为严重的地方，增进和改善当地的制度有可能带来连锁效应。例如，全球劳动标准就可以首先把盈余从全球资本转移给纺织或智能手机等产业的劳动力。知识产权、移民、医疗和教育等政策可以重新调整，以照顾在过去 500 年的受挫折地区。因此，本文要表达的主旨在于，在财富再分配之外，让有着共同历史经历的世界公民群体与臣民群体在制度上实现整合，是缩减全球不平等而值得研究和实践的重要一步。

未来的研究人员应聚焦于两个方面。其一，我们需要对历史冲突与制度分化有更多的量化分析：不同经济行为人群体之间的历史冲突在何时以何种方式造成了制度分化？其二，我们需要在政策建议中考虑制度分化因素，并致力于扩大全球臣民群体的制度特权。对此应该提出的问题是：“为使臣民群体能跟上公民群体的制度进步，能够做些什么？”基于禀赋因素而做补偿是不够的，也只有暂时的效应。有长久作用的再分配措施是取消制度隔离，也即把经济权利和政治权利扩大到全体公民群体与臣民群体。

（余江　译）

① Gabriel Zucman, *The Hidden Wealth of Nations*: *The Scourge of Tax Havens*, *trans. Teresa Fagan* (Chicago: University of Chicago Press, 2014).

特稿

Feature

Comparative

发展中国家的城市化

太快还是太慢?

弗农·亨德森　马修·特纳

世界上大多数地区似乎已完全城市化。在北美、欧洲、拉美和加勒比地区以及西亚，居住在城市区域的人口比例均已超过68%，大多数接近80%。这些地区城市化率的年增速也都比较低，不足0.62%，大多数约为0.25%（United Nations，2018）。东亚地区的城市化速度较快，但城市人口占比目前也已超过60%，并很快将突破70%，接近更发达的地区。北非的城市人口占比当前略高于50%，数据较稳定，城市化推进缓慢。全球城市化增长的前沿阵地则包括撒哈拉以南非洲地区（城市化率为40%，年增速为1.4%），南亚（城市化率为

* J. Vernon Henderson，伦敦经济学院经济地理学教授、欧洲经济政策研究中心（Centre for Economic Policy Research）研究员。Matthew A. Turner，美国布朗大学经济学教授、美国国民经济研究局研究员、财产与环境研究中心（Property and Environment Research Center）高级研究员。两位作者均为英国国际增长研究中心（International Growth Center）研究员。原文“Urbanization in the Developing World: Too Early or Too Slow?”发表于 *Journal of Economic Perspectives*, Vol. 34, No. 3（2020 夏季），第150—173页。

** 作者感谢 Geetika Nagpal、Vivian Liu 与 Julia Lynn 为本研究项目提供的出色协助。感谢 Sebastian Kriticos 与 Jamila Nigmatulina 准备的工资和收入数据，该数据曾被以下论文采用：Kriticos and Henderson（2018）；Henderson、Kriticos and Nigmatulina（2019）。感谢 Cong Peng 与 Vivian Liu 准备的 DHS 调查和 Afrobarometer 调查的数据，该数据曾在欧盟报告中采用：Henderson et al.（2020）。感谢编辑们提供的有益评论和建议，以及 Timothy Taylor 的出色编辑工作。

36%，年增速为 1.2%）与东南亚（城市化率为 49%，年增速为 1.3%）。这些地区（尤其是撒哈拉以南非洲）的城市化将是本文的核心关注点。

为理解发展中国家城市化的主要驱动因素，我们首先将梳理已有研究文献对城市化和人口密度的主要模式与困惑的分析。关于城市化的传统经济学研究模型着眼于技术变革和结构转型。在代际的时间跨度上，人们从乡村的农场转移到城市的工厂，以追求更高的生产率（这方面的文献综述，可参阅 Desmet and Henderson，2015）。东亚与 20 世纪后期之前实现城市化的其他地区似乎都是沿着这一路径发展的。不过，撒哈拉以南非洲属于例外。那里的许多国家在"过早"城市化，也就是说，它们推进城市化时对应的人均收入水平通常远低于过去实现城市化的地区。另外，那里的很多城市的增长并未伴随着预期的制造业扩张或农业地位下降。或许与此有关的一个现象是，相比其他地区和时代，我们今天看到有数量多出很多的农民居住在撒哈拉以南非洲的城市区域。对该地区城市化的研究综述，可参阅亨德森和克里提克斯的研究（Henderson and Kriticos，2018）。

接下来，我们将拿出实际证据，分析发展中国家的城市和农村区域的生活成本与收益。在本文第一部分，我们采用包含城乡差异的两部门研究模型。而在分析现实的生活成本与收益时，我们将采用现代研究文献（例如，Michaels、Rauch and Redding，2012）的模型，把空间视为连续体。我们将采用全球人类居住地层级数据（Global Human Settlements Layer，GHSL），在 1 平方公里的全球网格层级上分析人口密度带来的经济影响。我们发现，发展中国家有相当大比例的城市人口的居住密度极高，而这在发达国家并不存在，表明如此高密度人口的影响只能在发展中国家的背景中加以考察。

针对各种结果变量指标，我们采用了三种地理编码类型的调查数据：收入与工资水平的数据（来自世界银行生活水平与计量调查，World Bank Living Standards and Measurement Survey，LSMS）；有关各种生活设施的数据（来自人口与健康调查，Demographic and Health Surveys，DHS）；犯罪方面的数据（来自非洲晴雨表调查，Afrobarometer surveys）。我们发现，发展中国家城市区域（特别是非洲和南亚）的高人口密度与多种收益有联系，包括较高的收入水平，以及获得电力、安全水源和疫苗接种的供应等。当然，这也伴随着成本，包括更容易罹患生活方式疾病、更糟糕的儿童健康状况以及更高的犯罪率等。

最后，我们将回归对空间均衡和城乡生活差异的讨论，探讨理性的地点选择。关于空间均衡的传统罗巴克模型（Roback，1982）认为，人们会在城乡之间迁移，直至在两个区域生活的效用水平相等。但我们的研究支持更早的发现，即在发展中国家，城市的收入和工资水平远高于农村（关于早期研究成果的初步介绍，可参阅 Gollin、Lagakos and Waugh，2013；Chauvin et al.，2017）。与早期研究的结论相似，我们看到在快速城市化的国家，城市的许多生活设施远远超过农村（可参阅 Gollin、Kirchberger and Lagakos，2017）。简而言之，发展中国家的城市区域有着明显更高的效用水平。为解释这一现象，关于空间均衡的传统模型已通过不同方式做了修订。例如，今天的结构化模型纳入了迁移成本或特定地点的亲和吸引力因素（Tombe and Zhu，2019；Balboni，2019；Bryan and Morten，2019）。或许有人过于依赖农村的环境，或许从乡村到城市的迁移成本过分昂贵，都会导致城市生活的明显好处依然不足以鼓励他们迁徙。也可能是由于在人们的决策过程中，城市生活的某些负面因素所起的作用比过去理解的更重要。

撒哈拉以南非洲及其他地区的发展中国家的城市化驱动因素如何不同于农村移民追寻城市制造业工作机会的传统模型，这里还有许多要探讨的议题。而通过对城乡之间收入和生活设施差距的考察，我们发现，真正的谜题不在于城市化是否发生得过早，而是为什么没有更快地发生。

1. 发展中国家城市化的某些独特模式

1.1 过早的城市化?

如今的许多低收入国家在“过早”地城市化，也就是说，从历史上看，对应的收入水平很低，尤以撒哈拉以南非洲国家为典型（Lall、Henderson and Venables，2017；Bryan、Glaeser and Tsivanidis，2019）。2010 年，该地区各国的总城市化率超过 40%，人均 GDP 为 1481 美元。相比之下，拉丁美洲的城市化率在 1950 年突破 40% 时，人均 GDP 为 2500 美元；东亚城市化率在 2000 年突破 40% 时，人均 GDP 达到 5451 美元。①作为参照，西欧国家在 1900 年的人均收入至少已是如今撒哈拉以南非洲国家的两倍。

① 这里的所有 GDP 数据均为 1990 年美元价值（购买力平价汇率），基于 Bolt、Timmer and van Zanden（2014）的研究。2010 年，南亚与东南亚的相应数据为 3537 美元，南亚如今的城市化率仍远低于 40%，东南亚则是在 2005 年才突破此标准。

为什么要关注贫困阶段的城市化问题？因为过早的城市化会带来社会治理方面的严峻挑战。贫困国家无力负担为解决人口稠密城市的负外部性所需的投资，而且始终在推动快速工业化的追赶战略。就业积聚要求兴建昂贵的交通基础设施，以便让大量员工顺利抵达市中心的企业或外围的工商业区，同时把企业的产品输送到市场上（Fujita and Ogawa，1982；Heblich、Redding and Sturm，2018；Akbar et al. ，2018；Tsivanidis，2019）。高密度的城市还需要安全的排污与供水系统，以改善健康状况，降低疾病死亡率，费用同样不菲（Kappner，2019）。

问题不只是缺乏资金。这些城市需要相关的机构征缴税收、维持秩序和管理土地。我们很自然会担心，此类新兴城市化区域的机构和政府能力也会受当地人群较低的收入与教育水平的制约。

1.2 哪些因素在推动发展中国家的城市化？

关于城市化的传统两部门模型认为：随着农民迁往城市，到生产制造品的工厂工作，城市人口将会增加。巴西和阿根廷等国的城市化速度在1980年开始放缓时，制造业在GDP中的份额都在30%左右。而中国的城市化在1979年开始加速时，制造业占比已经超过40%（World Bank，1981）。表1显示了1990年之后各地区的制造业占比情况，从那之后，我们有足够多样本国家在表中所有年份都报告了数据。到2017年，东亚有27%的GDP来自制造业，中国约为29%，东南亚约为21%。东亚与东南亚在1990—2017年都保持了较高的制造业产值占比。拉丁美洲的制造业占比在1990年超过20%，此后下降至略高于15%。

表1　制造业在不同地区和年份的GDP中所占的份额

地区	1990年	2000年	2010年	2017年
东亚	24.6	25.2	27.6	27.4
东南亚	22.0	24.8	22.6	20.9
拉美和加勒比地区	20.7	17.9	15.7	15.2
北非	17.6	17.9	16.0	16.0
欧洲	17.5	15.3	11.9	11.8
南亚	15.9	15.6	16.1	14.4
西亚	14.4	13.2	12.1	13.8
撒哈拉以南非洲	13.8	11.6	8.0	9.0

注：数据来自世界发展指数2018（World Development Indicators），按联合国的地区划分。该表以2017年各国在地区GDP中的占比为权数，报告了地区加权平均数。数据包含126个国家，属于时间一致样本。中东是西亚（而非北非）的一部分，未包含大洋洲。

相比而言，我们的数据中包含的撒哈拉以南33个非洲国家（南非除外）的制造业占比在1990年为全球最低，并逐步下降。其他地区的制造业占比下降往往发生在较高收入水平的国家，因为服务的繁荣而出现去工业化。可大多数撒哈拉以南非洲国家的制造业从未超越满足本国消费的传统产品生产的阶段。

简单地说，撒哈拉以南非洲与部分南亚国家的制造业就业人数较少，并且增长缓慢。那么驱动这些地区城市化的因素又是什么？我们将考虑几种可能性，对此尚无一致的答案。

一种可能性在于，当前发展中国家的城市化浪潮是由包括城市生活设施在内的消费机遇而非生产机遇引领的。关于“消费城市”（consumer cities）的研究文献以格莱泽等人（Glaeser、Kolko and Saiz，2001）为先导，并由戈林等人（Gollin、Jedwab and Vollrath，2016）拓展至发展中国家。后一篇论文表明，亚洲和拉丁美洲的城市化率同制造业和服务业的GDP占比之间存在强烈的正向关联，但非洲和中东地区并不存在。研究者认为，撒哈拉以南非洲与中东地区的城市化由自然资源出口带来的租金驱动。他们推测租金主要集中在城市，给公务人员和城市服务提供了资金支持，并形成了对城市私人服务的需求。另外，还可以在自然资源租金与制造业落后之间找到联系，因为自然资源出口的收入会影响汇率和工资成本，对制造业及其技术外溢收益造成挤出效应（Sachs and Warner，2001；Ismail，2010；Allcott and Keniston，2017）。

亨德森与克里提克斯（2018）后来重新检验了消费城市的观点，虽然确认撒哈拉以南非洲的城市化同制造业和服务业的GDP占比没有相关性，但发现自然资源租金同拉丁美洲和撒哈拉以南非洲地区的城市化水平提高也没有关联。更一般地说，缺乏自然资源租金的国家同样卷入了城市化。简而言之，用制造业、服务业与资源开采的GDP占比无法很好地解释撒哈拉以南非洲地区内部的城市化水平差异。或许未来的研究会发现，没找到确切联系是因为该地区数据的测算差错或异常值所致。但是，假如撒哈拉以南非洲地区的城市化并非传统经济结构转型的结果，也与自然资源租金的关系不大，有没有其他可能的解释呢？

非洲的城市化或许主要不是因为当地城市人口密度带来的好处，而更多源自农村的生产率与服务供给水平低下。非洲的农业生产率以全球标准来看很低，反映了灌溉率和肥料使用率低下，以及育种技术过时等缺陷（Ray et al.，

2012；Sánchez，2010）。撒哈拉以南非洲地区的谷物单位产量仅为南亚地区的一半（后者又仅为高收入国家的一半），并远低于东亚和拉美地区的水平（Henderson and Kriticos，2018）。极低的农村生产率水平有助于解释：为什么在控制了教育、年龄、性别及其他因素的影响后，非洲的城市收入相对而言远远超出农村水平（Henderson、Kriticos and Nigmatulina，2019）。

一个奇怪的现象是，撒哈拉以南非洲的城市中居住着数量惊人的农民。表 2 显示了在综合公用微观数据系列（Integrated Public Use Microdata Series，IPUMS）中有相关数据的 12 个国家（总人口达 2.2 亿）的情况。第 1 行显示的是针对不同空间区域，把主要就业行业报告为农业的劳动者比率，第 2 行则报告为制造业的劳动者比率。例如第 2 行第 2 列表明，对居住在农村区域的劳动者而言，仅有不足 2% 报告说制造业是自己从事的主要就业行业。该表的第 1 列和第 2 列显示的是，在人口普查定义的城市区域和农村区域，全体劳动者从事农业和制造业的比率。其余各列分别代表：各国的主要（最大）城市、除主要城市之外规模在前 25% 的城市、规模为前 25%—50% 的城市、规模为前 50%—75% 的城市，以及规模为后 25% 的城市的情况。在不同规模的城市里，农业在就业中的占比从 9% 到 41% 不等，平均值为 20.5%。事实上，在规模属于底层 75% 的城市中，农业在城市就业中的平均占比约为 40%。相比之下，在巴西、印度和马来西亚，农民在城市人口中的占比均低于 7.5%。表 2 还显示，对撒哈拉以南这些非洲国家，88% 的农村就业在农业部门，该数字也远远高于其他地区的国家，因为服务业、建筑业乃至制造业的就业在其他国家的农村显得更重要。最后，在非洲规模较小的城镇中，制造业占比尤其微不足道。在很多情况下，这些地区的制造业都是传统的食品加工、非金属矿产开发，以及满足当地消费的家具、编织和类似产品的生产等。

表 2 告诉我们，非洲的许多城市是数量庞大的农民的住所。为什么农民会搬到城市，以通勤方式去农场工作？原因之一或许是在城市更容易获得生活设施、公共服务和消费服务。而这或许与农村区域的各种贫乏（仅发展农业）有关，反映了农村基础设施和组织机构的缺乏。原因之二或许是城市给农民家庭的其他成员提供了更好的就业机遇，包括工作的时长与潜在职业类型的多样性（Henderson et al.，2019）。此外，把农业报告为主要职业的大量城市居民还可能在农闲时从事其他职业。

表 2　不同规模的非洲城市中的农民人口占比　　（单位：%）

空间规模	全部城市	全部农村	主要城市	二线城市（顶部 25%）	三线城市（50%—75%）	其他城市
以农业作为主要就业的劳动者比率	25.5	88	8.5	23.8	38.6	41.3
以制造业作为主要就业的劳动者比率	10.6	<2	12.4	10	8.3	7.3

注：IPUMS 调查的数据包含以下各国的最新调查：埃塞俄比亚、坦桑尼亚、乌干达、莫桑比克、加纳、喀麦隆、马里、马拉维、赞比亚、塞拉利昂、利比亚和博茨瓦纳。小城市是规模属于底部 50% 的城市，三线城市属于第 50—75 百分位的城市。城市以夜晚灯光边界作为定义来计算人口。

资料来源：Henderson and Kriticos（2018），表 3、附表 3、附表 2。

对于如此多农民居住在城市，有一种观点认为，非洲或许会绕过现代制造业的发展阶段。例如纽法默等人（Newfarmer、Page and Tarp，2018）汇编的若干论文提出，非洲的发展可能更依赖于旅游业和信息技术，以及与农业有关的食品加工和园艺等工作。另有研究表明，在 5 个样本国家中，金融等可贸易城市服务业的增长速度极快，虽然基数很低（Henderson and Kriticos，2018）。在这方面，分部门的城市现有就业水平和发展轨迹的实际证据还较为零碎。撒哈拉以南非洲地区的城市化进程依然是尚待讨论的议题，需要更多更好的数据来支持。

1.3　密度和人口

上文讨论中采用的城市定义是基于各所在国的特有定义，使用的数据在各国之间可能存在质的差异。很显然，这些定义在各国之间不一致，并可能涉及某些主观评判，例如某个区域是否包含某些公共设施、行政职责或经济核心功能。大都会区域的范围通常也是基于各国特有的行政单位的边界（例如美国是以县的边界划分的）。但在某些情况下，各国的定义（尤其是对都会城市）往往过分严格地把官方城市区域限制在历史形成的标准上，例如对首都区域的界定，而没有很好地反映现实，雅加达即是如此。

为避免这种类型划分带来的问题，一种办法是把焦点放到人口密度上。例如采用全球人类居住地数据库（Global Human Settlement data，GHS-SMOD L1），根据人口密度的临界点定义城市区域。不过，为了配合现代理论模型，我们没有采用这种武断的临界点分区，而是让人口密度可以随空间保持连续变化。这样做也符合发展中各国的现实证据：聚集经济效应来自人口密度，而非劳动力市场绝对规模的大小（Chauvin et al.，2017；Combes et al.，2020；Quintero and Roberts，2018；Henderson、Kriticos and Nigmatulina，2019）。

哪些数据库可以提供细致的网格化人口密度信息？或许最知名的是世界网格化人口数据库第4版（Gridded Population of the World version 4，以下简称GPWv4；CIESIN 2018），它利用各国在普查中使用的行政或计数单位的人口数据。该数据库把全球划分为大约1公里范围的网格，然后把普查单位的数据映射到网格中——普查单位的范围可能大于或小于网格。报告数据的普查单位可能是相当大的行政区域，例如一个县，甚至一个省。在这些情况下，GPW数据库按比例把普查单位的人口分配到各网格里，假设每个报告单位内部的人口呈一致分布。美国等高收入国家经常发布较为细致的空间范围的人口数据，发展中国家则不然。例如，作为该数据库人口测算基础的1290万个形状各异的行政区域中，仅有约240万个来自美国以外的国家。

我们未选择GPW，而是采用了欧盟的全球人类居住地人口层级数据库（GHS-POP，转引自Schiavina，Freire and MacManus，2019；Freire et al.，2016）。GHSL数据库同样把GPWv4的人口估计数据分配到1公里大小的网格里，但不是假设每个普查区域内的人口保持平均分布，而是按照各区域内部的建筑覆盖的空间分布来分配人口。建筑覆盖（built cover）指标则是基于欧盟对2015年左右的30米分辨率卫星图像的Landsat数据处理结果（Corbane et al.，2018，2019）。①对于普查区域内没有建筑覆盖的某些特殊情况，则采用了GPWv4数据库的人口估计数据。关于GHS数据库的更多信息，可参阅弗洛尔

① Landscan卫星图像数据是网格化人口数据的另一个来源，这些数据基于一种专利算法，通过比资源卫星（Landsat）更高解析度的图像以及机场和铁路的信息来构建人口估计（Rose and Bright，2014）。该算法没有公开，并且每年调整。另外估计数是针对全天平均的周边人口，而GHS-POP是针对夜晚的人口（居民）。我们选择GHS数据，是因为其定义有时间一致性，且算法公开。一个相关议题是所有这些数据库如何处理地球各地的极低人口或无人的大量网格。GHSL、Landscan与GPW采用了完全不同的处理办法。不过就我们考察的人口密度而言（即高于每平方公里8人的部分），从其他研究进展看，不同方法得出的分布是相当接近的。

恰克等人的研究（Florczyk et al.，2019）。①

基于这些数据，我们得到了这些网格（在赤道上的面积为 1 平方公里）的每平方公里人口密度数据。我们对比了欧洲、北美、拉美、南亚与撒哈拉以南非洲的情况，并把东亚与东南亚合并，以改进数据的可识别性。

在图 1a 中，我们绘制了人口密度的累计占比状况。显然，北美和欧洲在较低密度上的人口累计占比最高，仅有不足 10% 的人口生活在人口密度大于每平方公里 1 万人的区域。撒哈拉以南非洲以及东亚和东南亚，在较低密度上的人口累计占比最低，或者说，人口密度的不平衡程度最高，有 30%—40% 的人口居住在密度大于每平方公里 1 万人的区域。而在拉美和南亚，这一数字约为 20%。

为提高识别度，我们的图示以每平方公里 2 万人为上限。但在东亚和东南亚，有 18%—20% 的人口居住在密度大于 2 万人的区域。在发达国家，居住在如此高密度区域的人口占比很小。要理解人口密度及其影响，特别是对于发展中国家大量人口所处的极高密度的生活环境，发达国家或许没有多少经验可以分享。

图 1b 描述的是按地区累计的人口占比情况，表明仅有 3% 的区域是属于人口高度稠密的地方。通过 Y 轴能看到，在南亚和东南亚，约有 25% 的人口占据了该地区面积 97% 的密度最小的区域。而其他地区的这一比例很小，特别是北美和欧洲。因此，绝大多数人都生活在不足土地面积 3% 的区域内。南亚与东南亚的土地占用更分散，是如下两个因素的反映：（1）亚洲有更大比例的土地用于劳动密集型的农业活动；（2）亚洲很多地区的人口与土地面积之比更高，必须更大比例地利用土地。但即使在南亚与东南亚，依然有大量空间让人们居住在密度较小的区域：97% 的土地面积上仅承载了 25% 的人口。

把图 1 的两个部分结合起来，我们能看到北美的人口密度较低，而占有的土地面积很大，因此大多数土地上的人口稀少。相反，图 1a 表明许多非洲人

① 如文中所述，GHS Settlement 模型（GHS-SMOD L1）也试图根据人口密度和临界点来定义城市状况。以网格化人口数据为基础，“城市”的定义是密度高于 1500 人、总数超过 5 万人、成组的连续 1 平方公里网格。该居住地模型还构建了“小镇”和“郊区”的概念，密度高于每平方公里 300 人，总数超过 5000 人。该方法的优点是避免了用行政边界划分城区，但也有主观性。例如，很难论证满足这种定义的聚居人群确实形成了劳动力市场或城市的通勤区。实际上，世界各国和各地区合适的人口密度临界值可能大不相同。本文中的讨论聚焦于密度，而忽略了采用人口临界值可能带来的定义问题。

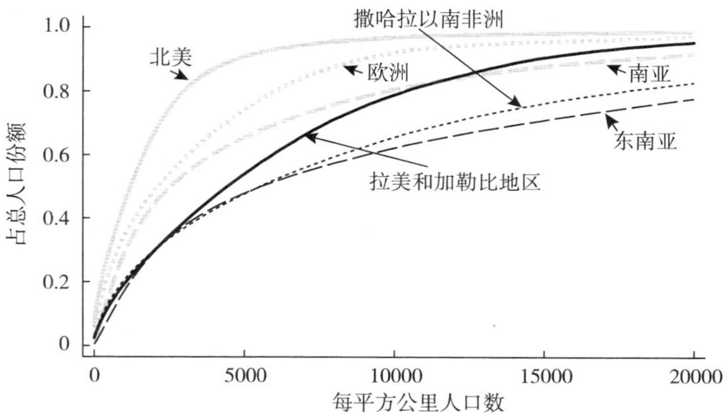

（a）按密度的人口累计占比

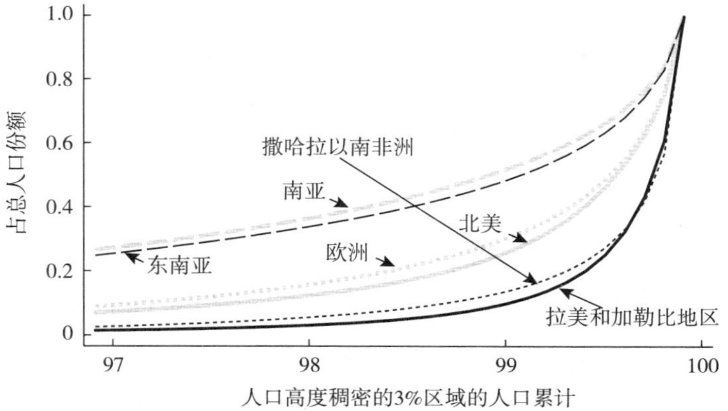

（b）按地区的人口累计占比

图 1　不同地区的人口密度倾斜度

资料来源：基于 GHS 人口数据。

居住在高密度区域，图 1b 则表明，那里的大部分土地上人口稀少。可见，除人均可利用土地面积外，还有其他许多因素影响着图 1a 和 1b 所示的人口密度与土地利用模式。

图 2 展示了城市规模与城市人口密度的关系，但采用了一个通行的对“城市”的地理测算指标。为构建图 2，我们采用了联合国世界城市数据库（UN World Cities data）中的 657 个城市，这些城市在 1950—2010 年的任何时候的人口均在 30 万以上。对每个城市，该数据库报告了城市中心点的经纬度。我们围绕每个城市中心，以 50 公里为半径画圆圈，把其中包含的网格的人口数

加总起来。为测算各个城市的人口密度，我们计算了每个城市圆圈中的网格的加权密度。图 2 展示了城市人口规模与区域人口密度之间的当地多项式回归结果。

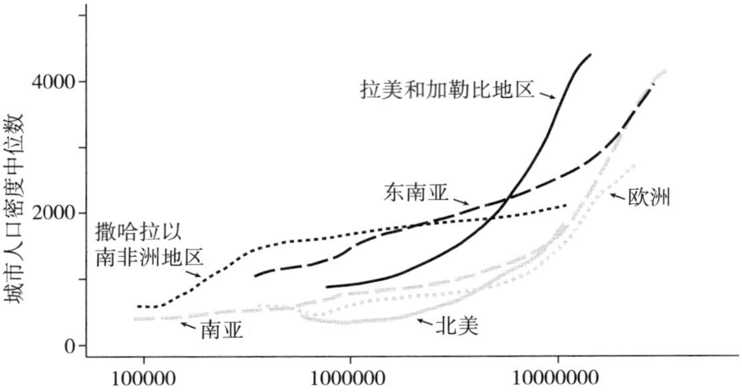

图 2　城市总人口对应的城市人口密度

注：纵轴是从 GHS 得到的人口密度中位数，针对联合国定义 657 个城市中心点的 50 公里半径圆圈范围。横轴是在该圆圈内的总人口数。

资料来源：基于 GHS 的人口数据。

在世界上大多数地区，更高的密度对应着更多的城市人口。这一模式在北美洲很突出，在非洲不太显著。在世界上多数地区，当城市总人口超过约 45 万后，50 公里范围内的平均人口密度迅速提高。当然，在北美洲，这一起飞点在 75 万人左右。非洲则属于例外，在 45 万人之下和 200 万人之上，非洲城市的人口密度高于其他地区。随着城市规模扩大，非洲城市的人口密度提高速度较慢。

2. 发展中国家的生活条件随人口密度发生变化的实际证据

在通常聚焦于城市的聚集经济与不经济（diseconomy）的研究中，学者采用了多种测算指标，例如城市总就业人数、总人口或某种密度。在分析城市总人口时，研究者经常不得不接受对城市区域的行政边界或其他边界划分，其隐含假设是所有聚集经济效应都发生在该边界之内。我们则希望考察若干结果如何随人口密度发生连续的变化，这不但是指城市区域内的变化，也把整个空间视为连续统一体（类似于如下研究的方法：Michaels、Rauch and Redding，2012；Desmet and Rappaport，2017）。

我们的实证方法很直观。为深入了解人们的生活如何随人口密度发生变化，我们利用上节介绍的 GHS 数据库测算了人口密度。在结果变量的测算上，我们求助于本文引言中提及的三个数据来源：收入与工资指标，来自世界银行生活水平与计量调查，包含撒哈拉以南非洲 6 国；女性指标、儿童指标、婴儿死亡率、居民生活设施、学校与成年人生活方式等指标，来自人口与健康调查，包含拉美、东南亚、南亚以及撒哈拉以南非洲的 40 个国家，以最后两个地区为重点，时期通常为 2010—2016 年；犯罪方面的数据来自非洲晴雨表调查，包含撒哈拉以南 24 个非洲国家。关于人口与健康调查和非洲晴雨表调查的更多内容可以参阅亨德森等人的研究（Henderson et al.，2020）。与通行做法一样，这些调查采用了聚类分析方法（cluster）：在随机选取的数量较少的"聚类点"附近，向随机选取的人做问卷调查，然后把所有受访者都认定在聚类所在地。① 利用网格数据，我们可以围绕每个聚类点画半径 5 公里的圆圈，并由此能把地理编码的个人层面调查同人口密度匹配起来。于是，我们便可以在较多的发展中国家的样本内，考察描述收入、健康、教育、公共卫生和公共品的调查结果如何随附近的人口密度发生变化。②

作为说明，我们集中讲讲利用"binscatter"散点图方法（Cattaneo et al.，2019）构建的图示。这些图显示了（内生的）相同大小的箱型（bin）的数量，置信区间描述了 95% 概率的当地多项式回归线附近的区域。在左侧的非参数估计图示中，没有包含控制变量。在右侧的半参数回归的图中，包含了国家固定效应与若干控制变量的影响，根据相应的结果变量是反映家庭、个人或

---

① 对于非洲晴雨表以及生活水平与计量调查，聚类通常位于较小的行政单位（如最好的人口调查测算单位）的中心位置。为保护受访者的隐私，人口与健康调查中的聚类由 2 公里（城市）或 5 公里（农村）范围内的受访者替代，会给人口密度测算带来某些受访者误差。我们删除了 5 公里半径内人口密度低于每平方公里 7.4 人的受访者的结果，因为担心 GHSL 在低密度下的准确率。我们还大幅提高了低于这一标准的非线性回归的置信区间的宽度。

② 我们的方法在概念上类似于 Gollin、Kirchberger and Lagakos（2017）。该研究分析人口与健康调查的不同结果变量同聚类受访者附近区域的人口密度之间的关系，结果发现，居住在 DHS 聚类密度中第 80—90 百分位的受访者，相比第 20—30 百分位的受访者，通常有更好的生活设施。这些结果很有意思也很重要，但比较难以做出解释。如前文的图 1a 和图 1b 所示，在撒哈拉以南非洲、南亚和东南亚，人口高度集中在非常小而密的区域。尤其是鉴于 DHS 调查中农村被过度代表，第 80 乃至第 90 百分位所在的密度并不特别大。该研究的方法隐含地告诉我们，生活设施如何在不同区域分布，而非在不同居住地的人群之间分布。由于城市占据的土地比例很小，很难以城乡差距来解释这些发现。

儿童层面的信息，或调查工具中包含哪些内容，控制变量的选取有所不同。大体而言，控制变量反映了调查所描述的家庭、个人或儿童在教育、性别和年龄方面的差异。

这些图示还报告了最优拟合线及其斜率系数。如果最优拟合线落在散点图分布的置信区间之外，则至少在局部可以拒绝线性关系存在。虽然回归线通常位于置信区间内部，我们报告的图形却表明置信区间的宽度差异很大。在《经济学展望》的网站上我们提供了在线数据附录，详细说明了最小二乘回归、是否包含控制变量、特殊控制因素、国别及其他因素的列表。① 我们注意到，我们报告的密度倾斜度可能来自大不相同的国家样本，因此在对回归结果做比较时需要保持警惕。

以上方法有众所周知的缺陷，这里展示的证据应该被理解为对多个数据库展开分析的初步尝试，还有待更多深入研究。我们得到的结果是关联性的，并未给出因果关系的判断。例如，尽管我们发现考虑控制变量之后，收入随着人口密度快速提高，但能力和抱负等被忽略的变量显然也很重要，并可能影响人们如何选择在城乡之间定居。高收入与高人口密度之间的部分关联可能源自：在教育条件允许时，能力较高的人可能居住在密度更高的区域。当然，能力更高的人或许能从更高密度中获取更多收益，因此密度效应是有差异的。下文将指出，在收入回归中控制教育因素，或许能让我们认识到人口密度对较低收入者的某些好处，例如带来更好的学校教育等。

求解此类推理问题非常困难，也超出了本文研究的范围。曾有过某些尝试，把随机变化引入对象定位上，但大多数是在城市内部，或者是针对难民和极特殊人群的其他研究项目（可参阅 Bryan、Glaeser and Tsivanidis，2019）。把这些实验和准实验性质的方法扩展到我们关注的更大范围指标上，显然是未来研究可以致力于挖掘的领域。

2.1 收入

LSMS 调查提供了 6 个非洲国家的收入与工资水平（针对计时工）的调查数据，包括埃塞俄比亚、加纳、马拉维、尼日利亚、坦桑尼亚与乌干达，总人

① 我们注意到此处介绍的结果同 Henderson et al.(2020) 的相似性，该研究分析了利用前述 GHS-SMODL1 模型给出的离散型城乡区分所对应的不同结果变量。

口超过 4 亿。通过 LSMS 中的几个调查问题，可以构建出家庭收入，包括全部工资收入和营业收入（含农场），再减去每月营业费用（变量定义细节可参阅 Henderson and Kriticos，2018）。

图 3 的上方两个图显示了家庭净收入（对数值）与人口密度（对数值）的 binscatter 散点图，分别为考虑和不考虑控制变量。下方两个图显示了工资数据的类似散点图。图中报告的最佳拟合线的弹性估计值较高，人口密度翻番，会使家庭净收入提高约 32%，小时工资提高约 5%（考虑控制变量）。如此高的小时工资人口密度弹性超过了发达国家的通常水平，但仍符合对发展中地区和国家的近期研究得出的弹性区间（例如，Quintero and Roberts，2018；Duranton，2016；Combes et al.，2020；Chauvin et al.，2017）。不过，收入弹性或许更重要，因为永久性迁入城市的居民单位是家庭。家庭净收入的密度弹性是工资率弹性的数倍，或许是因为工作小时数的增加，以及家庭成员得到的工作机会更多样化（参见 Henderson et al.，2019）。我们在现有文献中尚未找到有关净收入的人口密度弹性的研究成果。

这些图表明可以做线性拟合，但也显示了潜在的非线性关系。在每平方公里 8—550 人的区间，密度倾斜度较为平缓，该区间远远低于非洲城市的平均人口密度（图 2 所示）。我们认为这一平缓部分与收入的测算不见得有联系。鉴于 LSMS 调查采用的细节和高标准，低密度部分的收入测算与其他部分同样可靠。越过该临界点后，倾斜度急剧提高，随着人口密度从每平方公里 550 人提高至 8100 人，家庭收入增加了约 4 倍。LSMS 报告了密度接近 2 万人的受访者的情况，但其人数相当少，因此我们对这些高密度区域的收入估计可能不够精确。小时工资水平的散点图与收入类似，但倾斜度更小，置信区间略微更宽。总体看，这些估计表明非洲的工资和收入水平对居住密度很敏感，向更高密度的区域迁移有可能给非洲居民家庭带来较高回报。

2.2 公用设施与学校教育：受政策影响强烈的公共品

居民家庭可获取的公用设施与学校教育在更大程度上取决于公共部门的供给，如自来水管道、水库、学校和教师等。人口与健康调查包含电力、清洁饮用水、卫生改善和教育水平等问题。关于水源和卫生的问题较为细微，并做了专门设计，以便对当地是否实现联合国可持续发展目标做评估。例如，“安全”水源与自来水完全不同。在撒哈拉以南非洲和南亚的城市（以 GHS 居住地模型作为定义），40%—80%的人能获得“安全”水源，但仅有8%—25%的人在其居住单位拥有管道供水（Henderson et al.，2020）。在这些城市里，连接中心污水处理系统的厕所非常罕见。

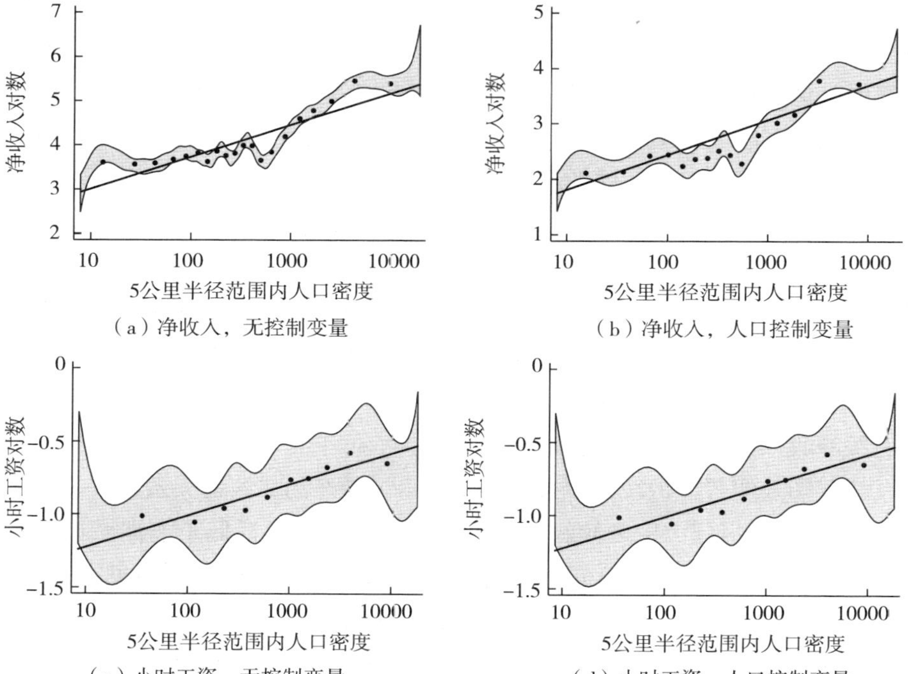

（a）净收入，无控制变量

（b）净收入，人口控制变量

（c）小时工资，无控制变量

（d）小时工资，人口控制变量

图3　家庭净收入和小时工资（对数值）同人口密度（对数值）的关系

注：散点图为来自LSMS调查的受访者家庭净收入和小时工资，同来自GHS调查的受访者5公里半径范围内人口密度的关系。每平方公里8人以下的人口密度对数值忽略。左侧图没有控制变量，右侧图包含人口控制变量与国别固定效应。阴影部分表示95%置信区间。收入包含工资收入、净农场收入与净营业收入，采用对数刻度。LSMS调查的国家参见表A2，线性回归基于表A1a的结果，其中包含样本的更多细节。最优拟合线的斜率系数与标准差为：（a）0.313（0.016），（b）0.317（0.014），（c）0.118（0.015），（d）0.049（0.009）。细节参阅本文在线附录。

图4上方两个散点图展示的结果变量为卫生改善指标。即使在控制家庭人口特征因素之后，依然能看到随着人口密度增加，对卫生改善的获取有快速而确实的提升。与之前的净收入类似，我们看到卫生改善的获取在低密度阶段的提升较缓慢，在高密度阶段提升迅速。人口密度从每平方公里550人提高至8100人，获得卫生改善的概率将从25%以下提升至50%以上。在极高密度阶段出现了指标的下降，或许是因为在高密度的贫民区中公共服务水平下降，但

极高密度区域的受访者样本有限，无法在尾部做精确的判断。

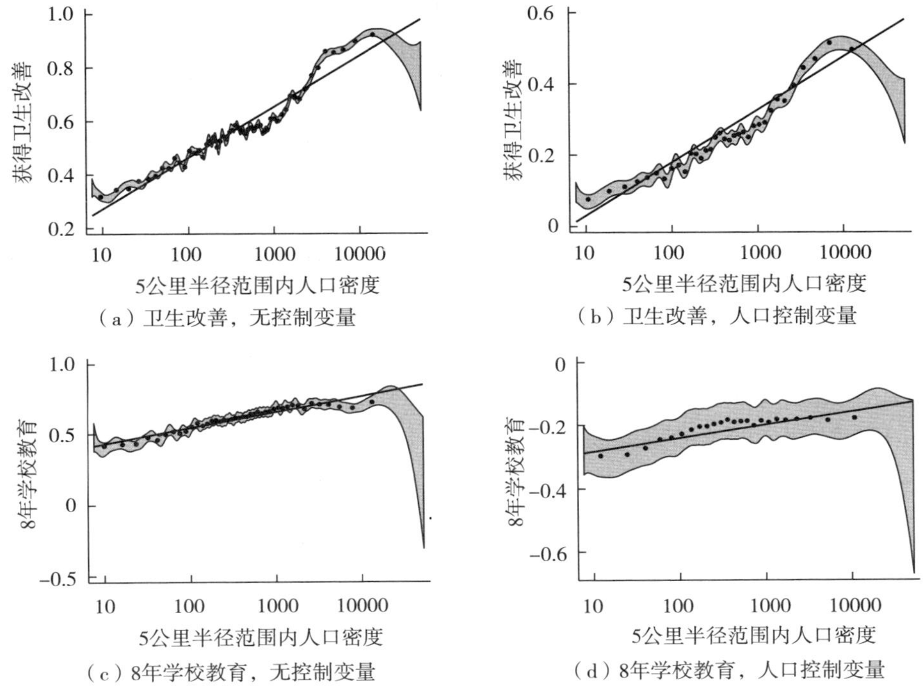

图 4　获得卫生改善的概率与儿童接受 8 年学校教育的概率同人口密度对数值的关系

注：散点图为来自 DHS 的指标变量（若受访者家庭获得了卫生改善，则指标为 1；若年满 16 岁的儿童完成了 8 年学校教育，则指标为 1），同来自 GHS 调查的受访者 5 公里半径范围内人口密度的关系。每平方公里 8 人以下的人口密度对数值忽略。左侧图没有控制变量，右侧图包含人口控制变量与国别固定效应。阴影部分表示 95% 置信区间。LSMS 调查的国家参见表 A2，线性回归基于表 A1a 的结果，其中包含样本的更多细节。最优拟合线的斜率系数与标准差为：(a) 0.083 (0.001)，(b) 0.063 (0.001)，(c) 0.050 (0.001)，(d) 0.016 (0.001)。细节参阅本文在线附录。

获得安全水源的数据与之类似，包括在高密度上呈现非线性特征。对电力获取而言，包含控制变量的拟合非常紧密，而上升形态更接近线性。这三种公用设施的平均弹性为 0.5—0.7，对数密度值每提高 1 个标准差，结果变量将提升 0.075—0.11。我们相信其差异是由供给驱动的，反映了高密度区域的服务供给成本较低，或许还有政治方面的因素。例如传统的城市偏向性研究文献认为，人口密度较高的区域在政治上可能得到更多照顾（可参阅 Ades and Glaeser，1995；Davis and Henderson，2003）。

图 4 下方两个图显示了人口密度同学校教育的关系。在我们的估计中，学

校教育结果变量是针对年满 16 岁青少年的指标变量，如果家庭中有 16 岁的人完成了至少 8 年学校教育，则取值为 1，否则取值为 0。对左侧的最优拟合线而言，人口密度每提高 1 个对数值，完成 8 年学校教育的比例将提高约 0.050。右侧的图显示，控制变量将使该效应下降约 2/3，至 0.016。因此，人口密度对数值每提高 1 个标准差，将使平均值为 0.61 的样本的受教育概率提高约 0.027。

人口密度对学校教育的影响小于公用设施，不过在控制了家庭特征后，为什么学校教育完成率依然会受人口密度的影响？一种值得探讨的可能性是，在密度较高的居住区，学校和教师的供给更为可靠。

由此提出了一个关键议题。在分析人口密度对收入和工资的促进作用时，我们试图通过控制教育水平以排除样本类型划分的影响。但如果发展中国家城市中的高密度对迁入家庭的人力资本积累有因果效应，则教育也应该被视为人口密度带来的收益的一部分，而不是在分析城市的更高收入时需要控制的类型划分效应。如何将这些因素分离出来，将是未来研究的关键议题。

2.3 女性、儿童与生育结果

人口与健康调查还报告了与女性和儿童的地位和福利有关的若干指标。例如：年龄在 20—40 岁、尚未怀孕也不打算在两年内生育的性活跃女性，采用现代避孕手段的情况；女性对于“妻子由于任何原因挨打是否都理所当然”的问题的回答；以及女性对是否遭受过来自配偶的家庭暴力的报告等。这些数据还包括：年龄在 15—49 岁的女性在过去 3 年的总生育数，从 3 个月前到 3 年前生育的每个子女是否至少存活了 3 个月以上等。对家里的每个儿童，有指标反映他们在 2 岁时是否接种了第三次和最后一次 DPT3（百白破）疫苗，儿童在过去 2 周是否有过腹泻，以及 5 岁及以下儿童在过去两周是否有过咳嗽等。

图 5 描述了儿童腹泻发病率与人口密度之间关系的 binscatter 散点图，以展示总体情况。首先从图中能看到，这些结果变量的最优拟合线表明人口密度的边际效应较小，但总体上发病率也较低。例如，左图的倾斜系数为 −0.0035，平均发病率为 0.125。其次，随着人口密度提高，几乎所有无条件结果变量都在改善，只有受到配偶暴力伤害以及 5 岁及以下儿童近期发生咳嗽的概率属于例外。第三点最为关键，加入控制变量会使图形发生重大改变。在

若干情形下，人口控制因素会使密度影响系数的降幅远远超过50%。但关键在于，与儿童腹泻的例子类似，在咳嗽和婴儿死亡率方面，人口密度的效应发生了逆转。在加入控制变量以后，随着人口密度增加，受配偶暴力侵害、儿童发生腹泻和咳嗽的频率以及婴儿死亡率都显著上升。在控制人口特征影响后，人口密度每提高1个标准差，会导致家庭暴力、儿童腹泻和咳嗽以及婴儿死亡率的均值分别提高3.5%到5%不等。

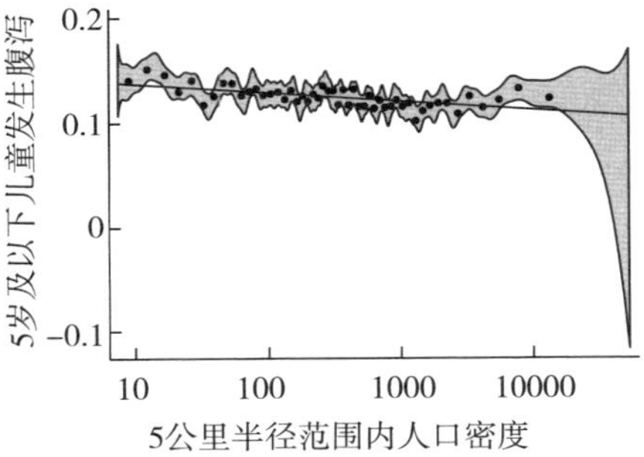

（a）儿童腹泻，无控制变量

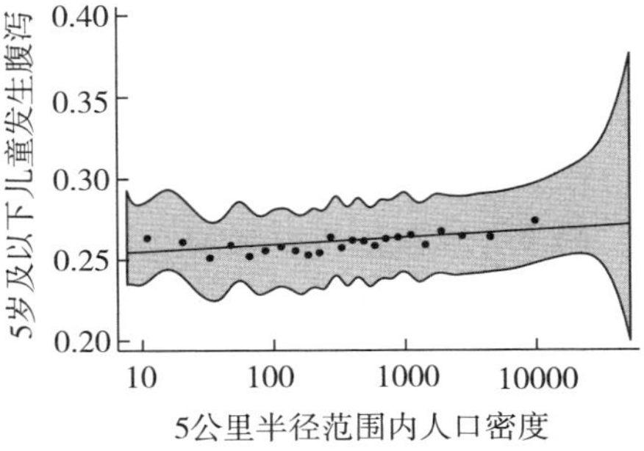

（b）儿童腹泻，人口控制变量

图5　5岁及以下儿童在过去两周发生腹泻的比率同人口密度对数值的关系

注：散点图为来自DHS的指标变量（若5岁及以下儿童在过去两周发生过腹泻，则指标为1），同来自GHS调查的受访者5公里半径范围内人口密度的关系。每平方公里8人以下的人口密度对数值忽略。左侧图没有控制变量，右侧图包含人口控制变量与国别固定效应。阴影部分表示95%置信区间。LSMS调查的国家参见表A2，线性回归基于表A1a的结果，其中包含样本的更多细节。最优拟合线的斜率系数与标准差为：（a）−0.004（0.0005），（b）0.003（0.0004）。细节参阅本文在线附录。

最后，在加入控制变量后，置信区间大幅拓宽，如图5右图所示。这一现象对大多数结果变量都成立，仅生育率和配偶暴力除外。由此意味着，尽管最优拟合线有显著的斜率，我们对于人口密度边际效应在当地的准确性更缺乏把握。换句话说，对人口密度、人口特征控制变量与结果变量之间的关系，还需要做远为深入的考察，并要考虑尚未观察到的当地环境特征的更多作用。

儿童腹泻发病率可能随人口密度上升，这看似与前一小节的发现有冲突，即安全水源和卫生状况会随着人口密度提高而改善。一种可能的解释是，随着人口密度上升，安全水源和卫生状况的改善不足以抵消居住拥挤带来的对于食物和水源的污染。另一种可能性是，联合国可持续发展目标的设定标准过低，其认定的安全水源和卫生状况实际上不够清洁。

2.4 生活方式疾病与犯罪

人口与健康调查数据库让我们可以分析人口密度同20—49岁成年人的4类生活方式疾病之间的关系。肥胖症数据在所有样本国家都存在。在印度和尼泊尔，有高血压发病的数据。印度还有本人报告的哮喘和糖尿病的数据。这些在某种程度上都属于生活方式疾病，至少部分反映了饮食、锻炼、工作强度和压力的状况，这些因素有可能受较高人口密度的影响。我们可以设想，冗长的通勤和工作时间、窄小的社交网络、变动的家庭环境以及拥挤环境等都可能加剧人们的精神压力。

图6的上部显示了肥胖症的散点图，其定义是身体质量指数（BMI）超过30，测算公式是体重（千克）除以身高（米）的平方。肥胖症、高血压与糖尿病的发病率都随着人口密度增加而提高。控制变量对边际结果的影响较小，导致的增幅或降幅均不超过25%。在右侧图中，我们看到最优拟合线的斜率为0.010，均值为0.077，人口密度提高1个标准差（1.7），会使糖尿病发病率相比均值提高22%。

我们注意到，哮喘对人口密度变化没有反应。这一看似意外的结果与阿尔德科等人（Aldeco、Barrage and Turner，2019）的研究结论相符，他们利用全球层面的数据发现，人口密度与空气悬浮颗粒物浓度无疑具有正向关联，但系数很小，或者说，相比农村区域，城市的空气污染更严重，但也没有糟糕太多。

非洲晴雨表调查收集了26个非洲国家有关犯罪的感知与结果的4类数据：受访者是否报告说，在自己社区之外行走时感到害怕；受访者是否报告说，害怕自己家里发生犯罪；受访者的住所是否在过去1年遭到抢劫；家庭中是否有人在过去1年遭到过外人的袭击。在人口密度对平均发生频率的边际效应上，所有结果变量都非常相似。作为说明，图6的下部展示了在社区外行走时感到害怕的散点图：人口密度每增加1个标准差（1.8），对于0.38的平均发生频率来说，会使害怕频率增加0.029。左下图表明，在较高人口密度区间内害怕程度会急剧上升，右下图则表明，有控制变量的当地边际效应的置信区间非常宽。最后我们注意到，对上年实际遭受过的攻击来说，最优拟合线的斜率并不显著，0.10的发生率也远低于其他结果变量，包括上述对遭受袭击的担忧。或许是因为比较害怕受袭击的人们采取了更多预防措施，防止了实际遇袭发生。

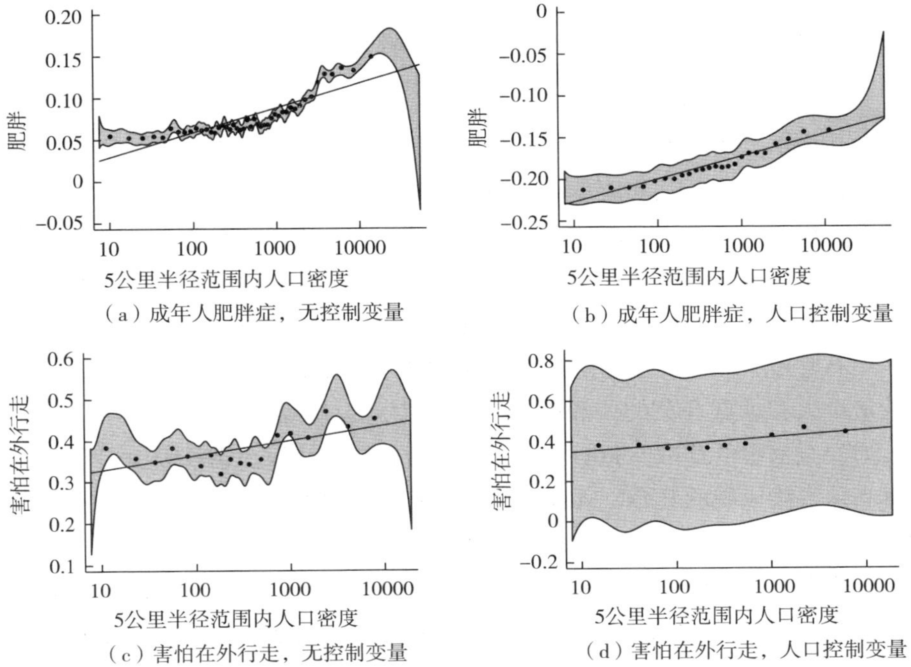

图6　成年人肥胖症与自我报告的在外行走危害感受同人口密度对数值的关系

注：散点图为来自 DHS 的指标变量（若受访者有肥胖症，则指标为 1，若害怕在外行走，则指标为 1），同来自 GHS 调查的受访者 5 公里半径范围内人口密度的关系。每平方公里 8 人以下的人口密度对数值忽略。左侧图没有控制变量，右侧图包含人口控制变量与国别固定效应。阴影部分表示 95% 置信区间。LSMS 调查的国家参见表 A2，线性回归基于表 A1a 的结果，其中包含样本的更多细节。最优拟合线的斜率系数与标准差为：（a）0.013（0.0005），（b）0.010（0.0003），（c）0.016（0.004），（d）0.016（0.003）。细节参阅本文在线附录。

2.5　小结

尽管收入和工资水平、生活设施利用率、生育数量，以及避孕工具和疫苗使用率都随人口密度提高而得到改善，我们同时却观察到儿童与成人健康状况随人口密度提高而恶化，包括婴儿死亡率、肥胖症、家庭暴力以及对犯罪的恐惧等。当然相比其他问题，有些人对生活方式疾病或犯罪可能更为关注，但任何人对于儿童健康状况都很难视而不见。无论如何，对这些因素更为看重的人或许不太愿意迁往城市。

3. 能反映当前城市化模式的罗巴克模型

罗巴克模型（1982）是研究空间均衡问题的基本模型。在初始模型中，人们是等同的，跨越空间迁移，以达到效用水平的平衡。近期研究文献中的一项关键创新是引入了迁移成本和不同形式的个人异质性。加入这些因素后，人们不再通过地区迁移来实现效用水平的平衡，而是由所有行为人在考虑离开出发点的迁移成本之后，选择自己的最佳地理位置。我们可以设想，人们在选择城乡位置时是个连续体。在最普遍的设定中，人们会有自己的地点和特定收入水平，有着所有人都看重的生活设施（例如，可以相当于收入的作用），以及与特定个人和地点有关的亲和吸引力等。生活设施反映着特定地理位置的特征，如安全水源的获取、犯罪水平，以及通勤便利性等。亲和吸引力则反映个人对当地气候风貌的好恶，以及当地是否有其他家庭成员与文化渊源等。① 最后，在不同地点之间迁移时，行为人必须支付一定的迁移成本。

在静态空间均衡中，没有人能通过迁移获得收益，至少在考虑了迁移成本后是如此。空间均衡的概念给我们提供了有力的理论架构，梳理对不同人以各种方式在不同地区安家的原因的思考。这一模型的核心假设是，人们通过改变居住地点，实现生产率和生活设施的空间差异的套利。人们实现迁移的能力则受到摩擦、迁移成本以及对某些地点的特殊归属偏好的影响。

以莫雷蒂（Moretti，2010）研究的简单模型为例，假定没有迁移成本，某个区域的所有人有相同的实际收入和生活设施，在边际上，实际收入随着两个区域中任意一个的人口增加而下降。因此，在边际上，亲和吸引力导致某个人在两个区域的生活选择没有区别。例如在城市区域，相比选择城市的这位边际行为人，其他所有人对农村的喜好程度均更弱。请注意在均衡结果下，不同行为人的效用水平并不相等，不同区域的实际收入也不相等，除非属于特殊情形。②

为了阐述这些理念，我们以极其简单的形式描述了一个模型。我们设想，人们对自己的出生地更有好感。为此，模型的某些构建让出生地的亲和吸引力

① 实际上，这些吸引力差异通常被认为符合便于经济计量的分布，特别是极值分布。

② 假如两个地区有相同的生活设施、资源禀赋和技术水平，除亲和吸引力因素外的其他行为人特征等同，且亲和吸引力分布差异围绕0值保持对称，则实际收入将相同，边际个人的亲和吸引力也相同。但如果城市区域有更强的资源禀赋和技术水平，则在通常得到的均衡中，城市区域的实际收入将更高，在农村的边际个人的亲和吸引力比城市的更高。

分布落到其他地点的吸引力分布的右侧。这一设想从直觉上很有趣，但实际上与模型构建中改变迁移成本的效应大同小异。我们假设迁移成本对所有人来说相同，与迁移方向无关，但在许多情形下这并不符合现实。例如在中国，根据户口类型（登记为城市居民还是农村居民）和迁移方向的不同，迁移成本就有相应的变化。

还要指出的是，离开对迁移成本或特定地点吸引力的限制条件，模型将失去意义。如果迁移成本足够高，我们可以对任何观测结果给出合理解释。人们可能因为喜欢树木，而留在有树林的地方，不管搬到山外会让工资增加多少。类似的，通过亲和吸引力的大小选择，我们可以让所有人都留在自己的出生地。

我们只是刚开始了解迁移成本与亲和吸引力的摩擦因素的重要性。有学者利用静态模型发现，中国农民工从农村到城市工厂的迁移成本非常高（Tombe and Zhu，2019）。省内迁移的成本超过他们在目的地的实际收入的一半，跨省迁移的成本则超过 90%。类似的，关于印度尼西亚的研究发现，距离出生地 1000 公里的迁移成本达到实际收入的 40%，200 公里的迁移成本约为 20%（Bryan and Morten，2019）。需要指出的是，这两项研究与我们的一样都是借助静态模型，但迁移显然是个动态概念。动态空间均衡模型的处理难度很大，却是一个相当活跃的研究领域（可参见 Balboni，2019；Caliendo、Dvorkin and Parro，2019；Ahlfeldt et al.，2020）。最后，在孟加拉国开展的关于往返迁移或季节性迁移的实验中，还考虑了不完全市场与风险提高的因素，同样发现迁移会带来较高的负效用与亲和关系的缺失（参见 Lagakos、Mobarak and Waugh，2018）。

暂且不考虑归属和迁移成本的实证证据相对不足的问题，假如我们设想迁移成本不是太大，亲和吸引力的差别有限，则不应该看到某个聚居区的生活设施与收入水平比其他区域高出太多的现象。

因此理论模型显示，“过早城市化之谜”或许应该改写为“过慢城市化之谜”。近期的实证研究与我们自己的研究成果均表明，发展中国家城市的工资与家庭收入水平远高于乡村区域，即使在控制了个人年龄、性别和教育水平之后依然如此。此外，数据还清楚地说明，安全水源、电力和现代卫生设施的获取都随着城市化而快速改善。

这些现实格局表明，有某些因素在制约本来会更快发生的城市化，或者说迁移成本与空间归属有巨大影响。这意味着，我们在本文中较为详细的论述显示，虽然城市生活在许多方面优于农村，但至少在某些方面更为糟糕，如成年人与儿童的健康状况和面临的犯罪威胁等。加上迁移成本与空间归属的因素，如果人们依然以某种合理比率在城市生活的成本和收益之间做权衡，那么发展中国家目前的城市化率，就仍可以通过作为空间均衡模型基础的空间套利理论做出解释。

结论

世界的新都市区正在撒哈拉以南非洲、南亚和东南亚兴起。然而，驱动世界其他许多地区城市化的机制，即农业劳动生产率相对于制造业走低，或许并不总是在发挥作用。在某些发展中地区，特别是撒哈拉以南非洲，人们在搬进城市的时候，相比发达国家在19—20世纪的相应迁移人群更为贫穷，生产率也更低。还有，南亚、东南亚以及撒哈拉以南非洲地区的许多城市区域的人口密度远远高于我们在发达国家看到的水平。

我们提供了实际证据，确认了早期研究的某些发现，即收入和工资水平随着人口密度提高而快速增加。此外，尽管发展中国家城市化显得“过早”，许多重要的生活指标仍随着人口密度提高而大幅改善：对电力、安全水源、现代卫生设施、学校教育以及儿童疫苗接种的获取等。为理解这些因素和模式的相互作用，我们采用了传统的空间均衡罗巴克模型（1982）的修订版，其基本直觉是，人们会为了不同区域的效用差异而搬迁。不过，城市化的收益在经济分析和经济计量中都显得很突出，相比这些收益，人口密度的成本似乎不那么严重。我们还考虑了对基本模型的可能补充，如迁移成本，以及城市或农村区域的某些特征的亲和吸引力等，以帮助解释为什么发展中国家的城乡人口迁移并没有比实际观察到的水平更高。最后，我们的结果表明，控制城市犯罪，以及针对生活方式疾病、儿童健康状况和犯罪的公共健康干预，对于希望促进从乡村向城市移民的政策制定者而言，或许是关键的政策工具。

（余江　译）

参考文献

Ades, Alberto F., and Edward. L. Glaeser. 1995. “Trade and Circuses: Explaining Urban Giants.” *Quarterly Journal of Economics*, 110 (1): 195 - 227.

Ahlfeldt, Gabriel M., Fabian Bald, Duncan Roth, and Tobias Seidel. 2020. "The Stationary Spatial Equilibrium with Migration Costs." Unpublished.

Akbar, Prottoy A., Victor Couture, Gilles Duranton, Ejaz Ghani, and Adam Storeygard. 2018. "Mobility and Congestion in Urban India." The World Bank.

Aldeco, Lorenzo, Lint Barrage, and Matthew A. Turner. 2019. "Equilibrium Particulate Exposure." Working Paper. Brown University.

Allcott, Hunt, and Daniel Keniston. 2017. "Dutch Disease or Agglomeration? The Local Economic Effects of Natural Resource Booms in Modern America." *The Review of Economic Studies* 85 (2): 695 – 731.

Balboni, Clare Alexandra. 2019. "In Harm's Way? Infrastructure Investments and the Persistence of Coastal Cities." PhD dissertation, The London School of Economics and Political Science.

Bolt, Jutta, Marcel Timmer, and Jan Luiten van Zanden. 2014. "GDP per Capita since 1820." In *How Was Life? : Global Well-being since1820*, edited by Jan Luiten van Zanden, Joerg Baten, Marco Mira d'Ercole, Auke Rijpma, Conal Smith, and Marcel Timmer, 57 – 72. Paris: OECD Publishing.

Bryan, Gharad, and Melanie Morten. 2019. "The Aggregate Productivity Effects of Internal Migration: Evidence from Indonesia." *Journal of Political Economy* 127 (5): 2229 – 68.

Bryan, Gharad, Edward Glaeser, and Nick Tsivanidis. 2019. "Cities in the Developing World." NBER Paper 26390.

Caliendo, Lorenzo, Maximiliano Dvorkin, and Fernando Parro. 2019. "Trade and Labor Market Dynamics: General Equilibrium Analysis of the China Trade Shock." *Econometrica* 87 (3): 741 – 835.

Caselli, Francesco, and Wilbur John Coleman II. 2001. "The US Structural Transformation and Regional Convergence: A Reinterpretation." *Journal of Political Economy* 109 (3): 584 – 616.

Cattaneo, Matias D., Richard K. Crump, Max H. Farrell, and Yingjie Feng. 2019. "On Binscatter." arXiv preprint arXiv: 1902.09608. https://arxiv.org/abs/1902.09608 (accessed May 31, 2020).

Center for International Earth Science Information Network (CIESIN), Columbia University. 2018. "Documentation for the Gridded Population of the World, Version 4 (GPWv4), Revision 11 Data Sets." NASA Socioeconomic Data and Applications Center (SEDAC). https://sedac.ciesin.columbia.edu/data/collection/gpw-v4/documentation (accessed May 31, 2020).

Chauvin, Juan Pablo, Edward Glaeser, Yueran Ma, and Kristina Tobio. 2017. "What Is Different about Urbanization in Rich and Poor Countries? Cities in Brazil, China, India and the United States." *Journal of Urban Economics* 98: 17 – 49.

Combes, Pierre-Philippe, Sylvie Démurger, Shi Li, and Jianguo Wang. 2020. "Unequal Migration and Urbanisation Gains in China." *Journal of Development Economics* 142 (January 2020).

Corbane, Christina, Aneta Florczyk, Martino Pesaresi, Panagiotis Politis, Vasileios Syrris. 2018. "GHS-BUILT R2018A-GHS built-up grid, derived from Landsat, multitemporal (1975 – 1990 – 2000 – 2014)." European Commission, Joint Research Centre, JRC Data Catalogue.

Corbane, Christina, Martino Pesaresi, Thomas Kemper, Panagiotis Politis, Aneta J. Florczyk, Vasileios Syrris, Michele Melchiorri, Filip Sabo, and Pierre Soille. 2019. "Automated Global Delineation of Human Settlements from 40 Years of Landsat Satellite Data Archives." *Big Earth Data* 3 (2): 140 – 69.

Davis, James C., and J. Vernon Henderson. 2003. "Evidence on the Political Economy of the Urbanization Process." *Journal of Urban Economics*. 53 (1): 98 – 125.

Desmet, Klaus, and J. Vernon Henderson. 2015. "The Geography of Development within Countries." In *Handbook of Regional and Urban Economics*, Vol. 5, edited by Duranton, Henderson, and Strange, 1457 – 1517. Amsterdam: Elsevier.

Desmet, Klaus, and Jordan Rappaport. 2017. "The Settlement of the United States, 1800 – 2000: The Long Transition towards Gibrat's Law." *Journal of Urban Economics* 98: 50 – 68.

Duranton, Gilles. 2016. "Determinants of City Growth in Colombia." *Papers in Regional Science* 95 (1): 101 – 31.

Florczyk, Aneta J., Christina Corban, Daniele Ehrlich, Sergio Manuel Carneiro Freire, Thomas Kemper, Luca Maffenini, Michele Melchiorri et al. 2019. "GHSL Data Package 2019." Technical Report EUR 29788 EN, Publications Office of the European Union.

Freire, Sergio, Kytt MacManus, Martino Pesaresi, Erin Doxsey–Whitfield, and Jane Mills. 2016. "Development of New Open and Free Multi–emporal Global Population Grids at 250 M Resolution." Proceedings of the AGILE.

Fujita, Masahisa, and Hideaki Ogawa. 1982. "Multiple Equilibria and Structural Transition of Non-monocentric Urban Configurations." *Regional Science and Urban Economics* 12 (2): 161 – 96.

Glaeser, Edward L., Jed Kolko, and Albert Saiz, 2001. "Consumer City." *Journal of Economic Geography*, 1 (1): 27 – 50.

Gollin, Douglas, David Lagakos, and Michael E. Waugh. 2013. "The Agricultural Productivity Gap." *The Quarterly Journal of Economics* 129 (2): 939 – 93.

Gollin, Douglas, Martina Kirchberger, and David Lagakos. 2017. "In Search of a Spatial Equilibrium in the Developing World." NBER Working Paper 23916.

Gollin, Douglas, Remi Jedwab, and Dietrich Vollrath. 2016. "Urbanization with and without Industrialization." *Journal of Economic Growth* 21: 35 – 70.

Heblich, Stephan, Stephen J. Redding, and Daniel M. Sturm. 2018. "The Making of the Modern Metropolis: Evidence from London." NBER Working Paper 25047.

Henderson, J. Vernon, Vivian Liu, Cong Peng and Adam Storeygard. 2020. Demographic and Healthoutcomes by Degree of Urbanisation: Perspectives from a New Classification of Urban Areas. Brussels: European Commission.

Henderson, J. Vernon, and Sebastian Kriticos. 2018. "The Development of the African System of Cities." *Annual Review of Economics* 10: 287 – 314.

Henderson, J. Vernon, Sebastian Kriticos, and Dzhamilya Nigmatulina. 2019. "Measuring Urban Economic Density." *Journal of Urban Economics* ISSN 0094 – 1190.

Ismail, Kareem. 2010. "The Structural Manifestation of the Dutch Disease: The Case of Oil Exporting Countries." IMF Working Paper 10–103.

Kappner, Kalle. 2019. " 'Cholera Forcing' and the Urban Water Infrastructure: Lessons from Historical Berlin. " EHES Working Paper 0167.

Lagakos, David, Ahmed Mushfiq Mobarak, and Michael E Waugh, 2018. "The Welfare Effects of Encouraging Rural – Urban Migration. " NBER Working Paper 24193.

Lall, Somik Vinay, J. Vernon Henderson, and Anthony J. Venables. 2017. Africa's Cities: Opening Doors to the World. The World Bank.

Michaels, Guy, Ferdinand Rauch, and Stephen J. Redding. 2012. "Urbanization and Structural Transformation. " *The Quarterly Journal of Economics* 127 (2): 535 – 86.

Moretti, Enrico. 2010. "Local Labor Markets. " In *Handbook of Labor Economics*, edited by Orley Ashen-felter and David Card, 1237-1313. Amsterdam: Elsevier.

Newfarmer Richard S. , John Page, and Finn Tarp. 2018. *Industries without Smokestacks: Industrialization in Africa Reconsidered.* Oxford: Oxford University Press.

Quintero, Luis E. , and Mark Roberts. 2018. "Explaining Spatial Variations in Productivity: Evidence from Latin America and the Caribbean. " Policy Research Working Paper WPS 8560.

Ray, Deepak K. , Navin Ramankutty, Nathaniel D. Mueller, Paul C. West, and Jonathan A. Foley. 2012. "Recent Patterns of Crop Yield Growth and Stagnation. " *Nature Communications* 3 (1293) .

Roback, Jennifer. 1982. "Wages, Rents, and the Quality of Life. " *Journal of Political Economy* 90 (6): 1257 – 78.

Rose, Amy, and Eddie Bright. 2014. "The Landscan Global Population Distribution Project: Current State of the Art and Prospective Innovation. " Paper presented at the Annual Meeting of the Population Association of America, Boston, MA, May 1 – 3.

Sachs, Jeffrey D. , and Andrew M. Warner. 2001. "The Curse of Natural Resources. " *European Economic Review* 45 (4 – 6): 827 – 38.

Sánchez, Perdo. 2010. "Tripling Crop Yields in Tropical Africa. " *Nature Geosciences* 3: 299 – 300.

Schiavina, Marcello, Sergio Freire, Kytt MacManus. 2019. "GHS-POP R2019A-GHS Population Grid Multitemporal (1975 – 1990 – 2000 – 2015). " European Commission, Joint Research Centre, JRC Data Catalogue. https: //ghsl. jrc. ec. europa. eu/ghs_ pop2019. php (accessed September 1, 2019).

Tombe, Trevor, and Xiaodong Zhu. 2019. "Trade, Migration, and Productivity: A Quantitative Analysis of China. " *American Economic Review* 109 (5): 1843 – 72.

Tsivanidis, Nick. 2019. *The Aggregate and Distributional Effects of Urban Transit Infrastructure: Evidence from Bogota's TransMilenio.* University of California, Berkeley Haas School of Business.

United Nations. 2018. "2018 Revision of World Urbanization Prospects. " World Urbaniztion Prospects 2018. https: //population. un. org/wup/ (accessed September 1, 2020).

World Bank. 1981. World Development Report 1981. Washington, DC : World Bank Group.

拥挤公共交通系统的需求管理

基于智能卡数据的分析框架和案例

安妮·哈尔沃森　哈里斯·考特索帕罗斯　马振良　赵锦华

1. 引言

公共交通系统在当今城市中扮演着越来越重要的角色：环境、技术和经济

---

* Anne Halvorsen，纽约城市运输局的首席交通规划师，纽约城市运输局数据、研究和发展小组成员。曾研究香港地铁系统的需求管理问题。Haris N. Koutsopoulos，波士顿东北大学土木与环境工程系教授，斯德哥尔摩 KTH 的 iMobility 实验室创始人，该实验室致力于研究城市交通问题，并在 2012 年获得了 IBM 智慧星球奖。主要研究兴趣包括利用机会专用传感器的数据来改善城市交通系统（包括公共交通）的规划、运营、监控和控制。马振良，澳大利亚克莱顿莫纳什大学土木工程系交通研究与公共交通研究组助理教授。主要研究领域为优化、机器学习和计算机模拟的交叉领域，网络控制的统计推断、预测和优化，将新数据源（主要来自自动化数据收集系统）集成到数学学习模型。应用范围包括公共交通和共享交通。赵锦华，麻省理工学院城市研究与规划系城市与交通规划 Edward H. and Joyce Linde 讲席副教授，麻省理工学院城市交通实验室和麻省理工学院交通实验室负责人。他将行为科学和交通技术结合在一起，塑造出行行为，设计交通系统，改革城市政策。A. Halvorsen：文献检索与综述、实验设计、分析、建模、手稿撰写；H. N. Koutsopoulos：内容策划、分析、建模、稿件撰写；Z. Ma：分析、建模、稿件撰写、编辑；J. Zhao：内容策划、分析、稿件撰写。通讯作者代表所有作者声明，不存在利益冲突。原文 Demand Management of Congested Public Transport Systems：A Conceptual Framework and Application Using Smart Card Data，发表于 *Transportation*，Vol. 47（2020），第 2337—2365 页。

** 作者感谢港铁对这项研究的支持。与工作人员讨论他们在制定和评估公共交通需求管理政策方面的经验也提供了有价值的见解。作者还感谢 Nick Allen 和 Adam Rosenfield 的审阅和校对。

趋势导致成熟型城市的公共交通使用量增加（Hurdle，2014），而人口增长和城市扩张促使发展中城市扩展其公共交通网络。随着乘客数量的增加，人群聚集和拥挤程度也会增加，这可能会使系统性能和客户满意度下降（Z. Li and Hensher，2011）。面对不断增长的公共交通需求，一个本能反应是增加运力，但这样的改善需要较长时间和大量资源。相反，需求管理可以通过整合现有资源在较短时间内为客户提供更好的服务。传统上，出行需求管理（TDM）主要针对道路拥堵，它在理论和方法上为公共交通的出行需求管理提供结构化的参考。

出行需求管理对汽车使用的影响已得到充分研究。例如，从研究三个市区范围内的出行需求管理项目，即洛杉矶奥运城、奥兰治县收费公路和檀香山的弹性工时政策中得出的结论是，有重要激励措施的出行需求管理项目可以对个人的出行选择产生很大的影响，但它们对交通的影响通常很小（Giuliano，1992）。弗格森（Ferguson，1990）讨论了出行需求管理对不同利益相关者的作用和评估方法，发现针对交通管理机构（TMAs）、出行减少条例（TROs）和协商协议的项目可以成功地塑造出行模式。一些研究还报告了用（通常）有限的现成数据和工具识别并测算相关出行需求管理性能指标的重要性（Dale、Frost、Ison and Warren，2015；Rose，2007；Smith and Moniruzzaman，2014；Taylor、Nozick and Meyburg，1997）。

另一类关于出行需求管理的研究关注政策特征与出行决策的行为基础之间的关系。加尔林等人（Gärling et al.，2002）利用群体行为理论建立一个框架，在该框架中，出行需求管理的干预措施既直接影响出行链的特征，又通过与用户个人特征、目标和公共信息的交互作用影响出行链的特征。虽然它们可以被一般化，但其情景示例仅适用于汽车交通。洛科帕罗斯（Loukopoulos，2007）提出了一个出行需求管理结构，它将出行需求管理措施的八个设计特征与三个结果变量相关联：有效性、政治可行性和公众接受度。

汽车道路拥堵的原因、特点和解决办法不能直接适用于公共交通系统。公共交通使用者的出行目的往往不如汽车用户多样，且受服务时刻表的约束，加之避免高峰使用的好处更少（Maunsell，2007），公共交通需求管理会受到更大的限制。公共交通机构一般不想让客户流失到其他交通方式；他们更愿意在时间上或在不同路线之间重新分配需求（Maunsell，2007）。此外，公共交通是一项公共服务，因此阻止或不鼓励人们使用公共交通在政治上的说服力不足

(Henn、Douglas and Sloan, 2011)。传统的出行需求管理和公共交通需求管理不一定是互补的，在拥堵时段将人们从汽车转移到公共交通工具可能与公共交通需求管理鼓励非高峰出行的政策相悖。

有效和高效率的公共交通政策尚未得到充分研究或广泛实施。差异化票价在应对高峰时段拥堵方面已经司空见惯（Cervero，1990；Mark and Phil，2006；Wang、Li and Chen，2015；J. Zhang、Yan、An and Sun，2017；Z. Zhang、Fujii and Managi，2014），并且研究表明人们愿意以花钱的方式避免拥挤（Prud'homme、Koning、Lenormand and Fehr，2012）。李铮和亨舍（Z. Li and Hensher，2011）对拥挤评估研究的回顾发现，虽然大多数研究仅考虑车内拥挤，但乘客表现出愿意为进出通道、入口、站台/车站和车内拥挤的减少付费。许多研究使用智能卡或调查数据预估了公共交通拥堵的数值（Batarce、Muñoz and Ortúzar，2016；Hörcher、Graham and Anderson，2017；Kroes、Kouwenhoven、Debrincat and Pauget，2014；Tirachini、Hurtubia、Dekker and Daziano，2017；Yap、Cats and van Arem，2018）。例如，霍希等人（Hörcher et al.，2017）得出的结论是，列车上每平方米增加一名乘客造成的负效用，平均相当于其出行时间延长 11.92%。这与克罗斯等人（Kroes et al.，2014）基于对巴黎公交用户的调查报告得出的负效用一致。

公共交通特定的出行需求管理策略包括在新加坡和墨尔本的高峰前时段免票价项目（Currie，2009；Pluntke and Prabhakar，2013），以及用于香港地铁系统的基于路线的激励机制（S. M. Li and Wong，1994）。华盛顿、伦敦、东京和悉尼等城市也实施了类似的折扣或高峰附加费。其他公共交通需求管理选项包括与雇主合作（LTA，2014）、彩票/回扣奖励计划（Pluntke and Prabhakar，2013），或提供公共拥堵信息（旧金山湾区捷运系统 BART 和东日本旅客铁路公司 JR East）。最近，旧金山湾区捷运系统测试了补贴奖励计划，该计划鼓励乘客在早上高峰时段外出行。参加该计划的旧金山湾区捷运系统乘客每乘坐 1 英里，即可自动赚取 1 积分。在高峰时段之前和高峰时段之后（上午 6：30—7：30，以及上午 8：30—9：30），他们最多可以赚取 6 倍积分。可以将积分兑换成少量的现金奖励或彩票（Greene-Roesel、Castiglione、Guiriba and Bradley，2018）。

对此类公共交通需求管理策略有效性的实证研究表明，2%—5% 的用户会因非高峰折扣而离开高峰时段（Currie，2009；Halvorsen、Koutsopoulos、Lau、

Au and Zhao, 2016)。最近对旧金山湾区捷运系统补贴奖励实验的评估显示，高峰时段的出行发生了 10% 的变化（Greene-Roesel et al. , 2018）。实证研究还得出结论，乘客对公共交通需求管理策略（如折扣、免费旅行等）的时间转换行为受许多因素的影响，包括灵活性、调换时间、行程长度、票价和折扣水平、社会人口特点等（Anupriya、Graham、Hörcher and Anderson, 2018；Halvorsen et al. , 2016）。调查研究得出的结论是，乘客愿意在早高峰期间改变出行时间，以获取票价折扣和/或更快的出行（Henn et al. , 2011；Kroes et al. , 2014；Z. Li and Hensher, 2011；J. Zhang et al. , 2017）。

公共交通中自动数据采集系统（ADCS）的广泛应用，如智能卡数据，把过去不可能的研究变为可能（Koutsopoulos、Ma、Noursalehi and Zhu, 2018；Pelletier Trépanier and Morency, 2011），包括支持公共交通需求管理设计和评估的研究。除了用户和车辆在何时何地出行的总体趋势外，这些数据还提供了特定群体甚至个人出行模式的详细信息，可以为项目设计提供参考。本研究聚焦于将用户划分为更多聚类的方法。通过区分不同类型的用户及其对公共交通需求管理策略的响应，决策者可以更好地理解导致策略成功（或失败）的因素，以及如何瞄准特定的客户。若仅使用有限的调查数据，这样的分析要困难得多。自动数据采集系统还简化了政策评估的监控阶段；由于数据是连续收集的，因此可以将行为变化与任何先前阶段进行比较，并进行追溯性评估。

本文在综合以往的出行需求管理文献和实际的公共交通需求管理经验的基础上，讨论了开发公共交通需求管理项目框架的主要步骤。在每个步骤中制定详细的协议/方法超出了本文的范围，因为并非所有这些都与特定系统相关并需要解决具体的问题。本文在分析香港地铁推行折扣策略的案例中，阐述主要步骤。我们提出了利用自动收费采集系统（AFC）数据评估公共交通需求管理有效性的一种多层次、多尺度的新方法，并特别关注用户行为，这是公共交通需求管理中的一个重要但仍缺乏理解的领域。

本研究的主要贡献如下：

- 利用 AFC 数据提供的信息，制定和讨论公共交通需求管理开发所需的步骤，以实现问题识别、高效设计、有效评估和监控。
- 使用香港地铁网络推行的非高峰折扣策略讨论公共交通需求管理的主要步骤，重点是评估用户的行为反应。
- 基于 AFC 数据，创造一种全新的多层次（系统、群组和个人层面）公共交通需求管理策略评估方法。

- 提出一种变点方法（change-point method），用于识别为响应公共交通需求管理策略而改变行为的乘客；构建离散选择模型，识别和量化导致行为改变的最重要因素。

本文的其余部分安排如下：第2节讨论开发公共交通需求管理项目框架的主要步骤。第3节将此框架应用于港铁“早鸟”折扣优惠，介绍港铁的背景和设计，并对政策进行评估。第4节讨论了主要发现，并提出了公共交通需求管理项目的三个改进领域。第5节是全文的总结。

2. 公共交通需求管理的概念框架

出行需求管理项目的开发包括以下主要阶段［摘自 Loukopoulos（2007），以更充分地理解政策设计的程序和公共交通的核心特点］：

- 问题识别和项目目标
- 设计
- 评估
- 监测

自动采集的数据是我们能够采用这个框架的一个关键因素。AFC 系统对于需求管理应用尤其有效，因为它们有助于详细了解个人出行模式的空间、时间特征。有了更详细的数据，我们就可以更深入地分析现有条件，构建模型以预测公共交通需求管理项目设计的影响并估计其成本，以及评估缓解拥堵的措施。此外，AFC 数据有助于对用户进行面板分析（panel analysis），从而深入了解公共交通需求管理策略引入前后的用户行为变化。不过，这些匿名数据可能不足以分析某些因素，如人口特征和用户对政策的看法，因此可能仍需要调查数据来补充这些数据。

2.1　问题识别和项目目标

一般来说，公共交通需求管理项目的首要动机是减少交通网络中的拥堵，但是稳健的政策设计必须考虑本地环境及其需求问题的特定性质。为了给项目设定具体的目标和用户对象，主要考虑的因素应包括拥堵模式、涉及的利益相关者和时间范围。

拥堵模式：从本质上讲，拥堵是服务供给和用户对服务的需求（在空间和时间上）失衡的结果。在公共交通需求管理中，供给水平是固定的，用户特征（如社会人口概况和生活方式偏好）也是固定的。然而，如果公共交通需求管理策略可以更好地选择目标用户，则该策略可能导致用户行为的改变。

AFC 数据提供了与用户使用公共交通系统的时空特性相关的有用信息，这些信息对公共交通需求管理项目有重要意义。从 AFC 数据中可以得出衡量拥堵问题的维度，包括它在模式、时间和单个设施之间的分布，以及对公共交通系统满足出行需求能力产生影响的特定资源约束。这些都是重要的方面，因为它们会影响适用于解决拥堵问题的公共交通需求管理策略的性质和类型。AFC 数据（尤其是结合了社会人口统计特征的数据）使我们可以洞悉用户的约束条件、态度以及可能影响他们对公共交通需求管理做出反应的其他因素，进而影响公共交通需求管理策略获得成功的可能性。

利益相关者：除公共交通机构外，潜在的利益相关者还包括现有（和潜在）乘客、规划机构和其他政府机构、雇主和企业，以及其他当地交通运营商。虽然公共交通机构可以自行开发公共交通需求管理项目，但与其他团体合作可以提供额外的机会。政府与所有地方公共交通部门合作，并从社会团体和企业那里获得意见的综合型项目在方法和目标上很可能不同于主要由单一机构领导、监督范围有限的项目。

时间范围：可以在短期内制定需求管理政策，以应对预期的需求激增，如伦敦奥运会的交通计划；或者在中期内重新分配需求，并更有效地利用可用承载量直到有可能扩大运力。从长远看，公共交通需求管理可与额外运力结合使用，也可通过更广泛的交通运力增长模式影响需求。对未来需求的预测、对运力的预测以及制约可行拥堵管理计划的预算约束，都可以用来了解给定项目的合适规模。

上述方面为公共交通需求管理项目的具体目标提供了信息。尽管不同的利益相关者可能对项目有不同的优先考虑，但机构的目标可能包括在特定时间或地点（在特定预算约束内）减少客流。了解拥堵问题的时空特征以及用户属性，指导决策者做出决策，例如将用户转移到一天中不同时间、不同路线或不同（公共交通）模式。目标还可能包括更多的定性指导，例如深受用户欢迎或易于理解的政策。时间期限不仅有可能影响实现这些目标的速度，设置各种里程碑的时间，还会与利益相关者一起，影响可行的项目设计和结果。

2.2 设计

基于对问题的理解，图1从需求和供给两方面描述了公共交通需求管理设计过程和需要考虑的关键因素。虽然这些因素的重要性因背景和机构的目标而异，但每一个因素都涵盖了我们考虑的整个设计，并增大了产生积极影响的可能性。

公共交通需求管理设计的第一步是确定干预的维度，然后设置各种参数。如果有相关数据可用，则可以将它们用于预测以确保效果接近预期。在检查设计是否可行后，最后一步是确定如何通过公共信息和营销材料推广该设计。设计过程可能是一个迭代过程，因为利益相关者的反馈会影响最终设计。

文献中已经提出了不同的方法来描述各种干预措施。一个经常被引用的方案区分了影响出行需求的先导因素，将政策划分为实质性改变、法律政策、经济政策以及教育和宣传运动（Steg，2003）。此外，干预措施可能是“硬性的”，也可能是“软性的”，前者改变不同选择的特征（例如票价差异或影响土地利用），后者通过营销或出行规划工具改变用户对其出行选择的看法（Bamberg、Fujii、Friman and Gärling，2011）。硬性措施又分为市场导向型政策和管制型政策，前者通过价格影响用户，后者以立法的形式要求或促进某些行动，不过这类政策在公共交通中不那么普遍。根据其强制水平，干预措施又可分为“推动”型或“拉动”型（Gärling et al.，2002）。推动型措施降低了一个选项的吸引力，使用户远离它（例如高峰附加费），而拉动型措施使另一个选项更具吸引力，以吸引用户（例如非高峰折扣）。通常，推动型措施更有效（Eriksson、Nordlund and Garvill，2010），但用户不太能接受（Steg and Vlek，1997）。加尔林等人（Gärling amd Fujii，2006）认为，组合措施有助于激活更多与行为改变相关的心理变量（认知技能、道德义务等）。

此外，交通管理当局还可以通过多种途径管理用户需求：

客户：直接影响客户的措施可以应用于全部用户，也可以只作用于满足特定条件的用户，或者只选择在项目中注册的用户。它们可能属于定价机制（高峰/非高峰差价、基于路线的票价），其他福利（彩票、优惠券）或信息提供（行程规划师、拥挤数据）。

雇主：由于雇主和其他大机构设定了许多用户出行活动的时间，因此交通主管当局可以帮助它们实施内部的公共交通管理需求项目，例如弹性工时政

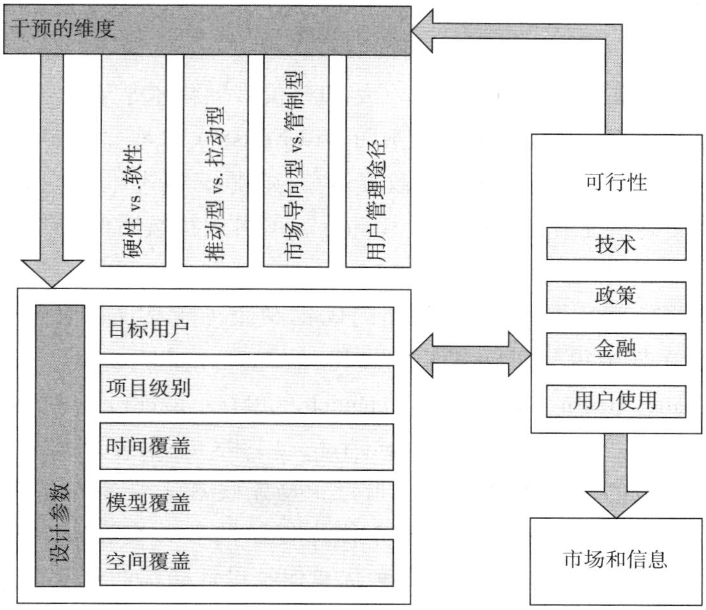

图 1　公共交通需求管理设计的考虑因素

策。对于主要雇主，量身定制的需求管理激励措施可能会使整个公共交通系统受益。

更广泛的渠道：一些政策，如影响土地利用模式或直接规范交通网络使用的政策，可能会更广泛地影响区域出行模式，而不是直接影响公共交通的使用。这些措施通常涉及更多的利益相关者，并需要更多的时间来产生明显的影响。

设计参数界定了政策的实施方式。一个关键的参数是目标用户群体：针对特定用户的公共交通需求管理干预比一般政策更有成效或效率更高（Bamford、Carrick、Hay and MacDonald，1987），尤其是如果它们采取了激励的形式。理论上每个用户都有他自己的行为改变阈值，即“改变意愿”。识别这个特征并只给某人最低限度的必要激励，交通管理当局就可以提高其效率（为相同的结果花费更少的钱）或有效性（在相同的资源下有更高的响应率），但这样的方案在政治上既不可行也很困难。不过，这个问题可以通过利用同质群体来解决。政策既可以通过识别特定群体的需求来诱导行为改变，也可以依靠自我选择，这就需要给那些可能做出反应的用户提供激励。有许多方法可以对用户进行分类，例如根据社会经济特征、按路线或时间划分的公共交通系统使用情况等。确定适当的分类条件是设计过程的重点。

公共交通需求管理项目的规模（例如票价差异化水平或参与者人数）也是一个关键参数，尤其是对于硬政策而言（Eriksson et al.，2010）。在问题识别阶段进行的拥堵分析可用于确定政策的实施时间、模式和空间覆盖范围，确保覆盖公共交通系统最拥挤的时段和部分。项目的持续时间也是一个重要的因素。

虽然有关车辆交通出行需求策略的优化设计（涉及收费地点和定价水平的优化）在文献中得到了一些关注（Ekström、Sumalee and Lo，2012；Hamdouch、Florian、Hearn and Lawphongpanich，2007；Kachroo、Gupta、Agarwal and Ozbay，2017；Wie，2007；Wie and Tobin，1998），但公共交通需求管理策略通常是在试错的基础上开发的。最近，马振良和考特索帕罗斯（Ma and Koutsopoulos，2018）提出了一种基于优惠促销的公共交通需求管理策略的“最优”设计方法，系统地评估了各种优惠促销设计结构的有效性，并用实证数据证明了其适用性。杨海和唐伊丽（2018）描述了一个票价奖励计划（FRS），构建了一个简单的公交网络系统，在高峰时段付费出行达到一定额度后，在边缘时段奖励通勤者一次免费出行。

从技术促进因素和实施成本看，设计的实用性和可行性是一个重要的考虑因素。近年来移动传感器的出现和智能卡的广泛使用增加了技术选择以支持创新。然而实施这些方案可能会产生成本，包括损失票价收入、增加员工工时、技术采购和营销成本等。然而，一些政策也可以通过吸引新客户来增加收入，或者允许交通管理当局购买新的基础设施来降低成本（Currie，2009）。

政策应该得到公众和决策者的必要支持。政策的接受度由许多因素决定，包括问题意识、对有效性和公平性的看法、对问题的责任感以及社会规范和价值观（Schade and Schlag，2003；Schlag and Teubel，1997）。政治接受度通常取决于公众意见（Gärling and Schuitema，2007），尽管施拉克和托贝尔（Schlag and Teubel，1997）指出，政客可能并不总能准确地感知公众意见。

政策设计还必须确认在政策到位的情况下人们将如何使用公共交通系统：用户是否能够利用漏洞？在服务中断的情况下，该政策将如何发挥作用？它是否过于复杂，以至于它的有效性可能会降低？有学者（Maruyama and Sumalee，

2007）认为，复杂的设计在理论上可能是最优的，但是更容易理解的设计可能会有更高的参与度和认可度。一旦设计完成，一份营销和宣传计划可能有助于鼓励用户快速采用和广泛参与。

2.3 评估

公共交通需求管理项目的评估包括许多维度，如图 2 所示。

- 项目实现预期效果的有效性
- 从交通管理当局的角度或从更广泛的社会角度实现收益大于成本的效率
- 公众和地方决策者的可接受性

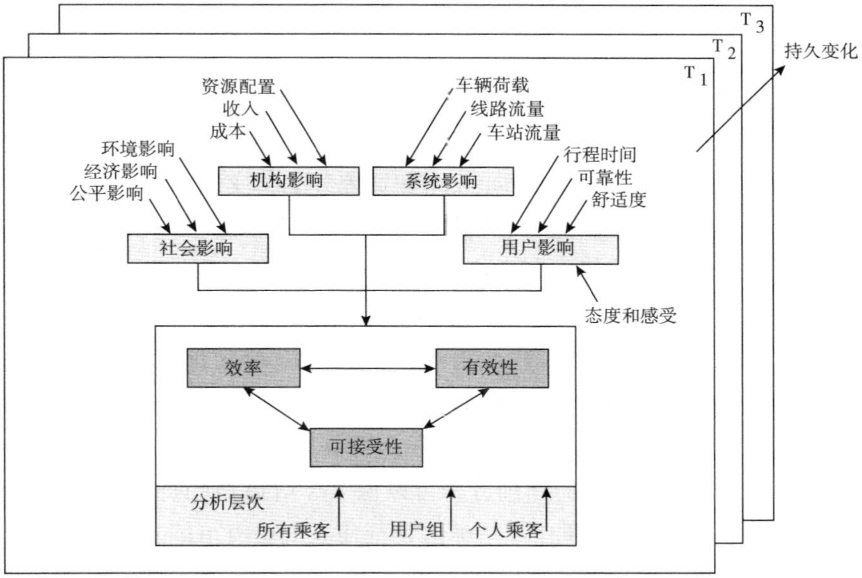

图 2　公共交通需求管理的评估

虽然每个因素本身都很重要，但这些因素也是相互关联的。例如，看到一个项目有效果的用户可能会更容易接受它，而且在相同的资源下，一个更有效果的项目也会更有效率。项目对交通系统的影响（以下简称系统影响）与有效性最直接相关，但也可以与机构影响和/或社会影响结合起来研究效率。项目对客户的影响也可以用来研究项目的有效性，也可以让交通管理当局了解人们对项目的看法。

许多指标可用来衡量这些因素。这些指标被划分成：系统影响，这与减少拥堵目标直接相关；对用户的影响（以下简称用户影响），它反映了用户在服务中看到的因项目对系统产生影响而发生的其他变化，以及用户如何看待这些结果；对交通管理当局的影响，它反映了资源的使用情况；对社会的影响（以下简称社会影响），它反映了更广泛的结果。根据出行需求管理项目的目标，可以制定并优先考虑由 AFC 数据支持的不同指标。例如，对于减少拥堵这一目标有用的指标包括：

- 系统影响：系统中累计的乘客（系统中任何给定时点车站和列车上的乘客总数；根据 AFC 数据计算，系统的累计进入量减去累计流出量）、关键车站出入口流量、线路流量或按时间、方向划分的平均车辆荷载。
- 用户影响：每个区域的乘客/站立人数、未上车/在站台等候（Ma、Koutsopoulos、Chen and Wilson，2019；Zhu、Koutsopoulos and Wilson，2017a，2017b）、行程时间可靠性（Koutsopoulos et al.，2018；Ma、Ferreira and Mesbah，2014）。
- 机构影响：项目成本、资助/收入和资源分配的变化。
- 社会影响：对不同类型乘客的影响分布（平等和公平）。

应用 AFC 数据为我们在三个不同的聚合层次上进行评估提供了新的方法：

- 全系统（所有乘客）：从操作的角度看，在系统层面（即线路或车站流量）上完全聚合的乘客数据很有用。它可以帮助理解总需求的变化，潜在地反映服务质量和典型用户的体验。对于缺乏详细乘客数据的交通管理当局来说，这是唯一可能的分析类型。
- 用户组：对用户行为的详细分析可以深入了解策略的特定影响。监控特定用户群体的行为有助于了解哪些特征使人们更有可能对干预做出反应，以及如何调整策略以适应不同的行为。基于群体分析的有效性取决于对适当群体的识别。利用一段时间内的 AFC 数据，基于与公共交通需求管理干预设计相关的特征向量的聚类方法可以用来识别利益相关的群体。
- 个人乘客：使用 AFC 数据构建的匿名个人用户的面板数据，为公共交通需求管理策略实施前后的乘客行为监控提供了独特的工具。这是一种强有力的手段，通过它，我们了解个人面对新政策时其出行模式是如何变化的，获得有益的洞见，为改进设计提供信息，而改进后的设计可以更好地反映用户的差异以及个人行为变化能自我持续多久。变点分析方法可用于系统地识别面对公共交通需求管理策略而改变其行为的用户。

离散选择模型基于对改变行为的用户所做的统计推断，可用于识别对乘客改变其行为的决策产生影响的主要因素，从而为将来更有效率的设计方案提供依据。

2.4 监测

公共交通需求管理项目的有效性可能会随时间而变化。在初始评估之后，应继续监测项目的影响如何发生变化，以反映策略变化引发的中长期变化（Currie，2011；Maunsell，2007）。它的影响可能会有季节性的变化，这取决于节日和天气等事件。更重要的是长期的用户接受度可能会发生变化，该理论认为干预会改变人们对出行的满意度，但随着时间的推移他们会调整并回到以前的满意水平（Brickman and Campbell，1971）。从这个意义上说，对目标用户进行监测意义重大。同样，公众或政治上的接受程度可能会发生改变，从而使得公共交通需求管理的影响会随着时间而减弱。

3. 应用

为了示范本文提出的架构，我们以香港轨道交通系统作为案例研究对象。港铁公司试验和引进了公共交通需求策略，以应对日益增加的需求，使其在可行的情况下改善运营情况并扩展系统网络。最近的公共交通需求管理策略是，2014 年 9 月 1 日上午高峰前出行的用户可以享受 25% 的折扣。这一策略是本文分析的主题。匿名智能公交刷卡记录是本节描述和分析的主要数据源。港铁是一个封闭的地铁系统，要求使用者在进出港铁时刷卡，以便获得完整的行程记录。匿名数据包括出入口站、出入口时间和票价类型。本文采用 2013 年 7—10 月和 2014 年 7—10 月的数据进行分析。本节中描述的方法也适用于开放系统，针对这类系统，学者们开发了起始站矩阵估计方法来推断单个乘客的目的地（Gordon、Koutsopoulos、Wilson and Attanucci，2013）。

3.1 问题识别

这一阶段的主要目的是识别轨道交通系统拥堵的时空特征，并更好地理解用户的使用模式。在需求管理中，需要关注的是站点和线路的需求模式，如图 3 所示。在上午高峰时段，虽然站点和线路之间存在一定的差异，但全系统的入口在 8：15 达到峰值，出口在 8：45 达到峰值，列车负荷在 8：30 达到峰值。

特别是图3a显示，在高峰时段，出口有一个主要的分叉：有一大组站点在7：45达到峰值，而大多数站点在8：45达到峰值（可能这两组站点的服务遵循不同的时间表）。这些数据表明，公共交通需求管理策略试图激励乘客改变其通过出口的时间。此设计是减少拥堵的一个有力的备选方案，尤其是在8：15—9：15的时间段。入口和出口的时间集中也表明，如果缓解车站拥挤是公共交通需求管理策略设计的初衷，基于出口的公共交通需求管理策略在上午可能更有效。

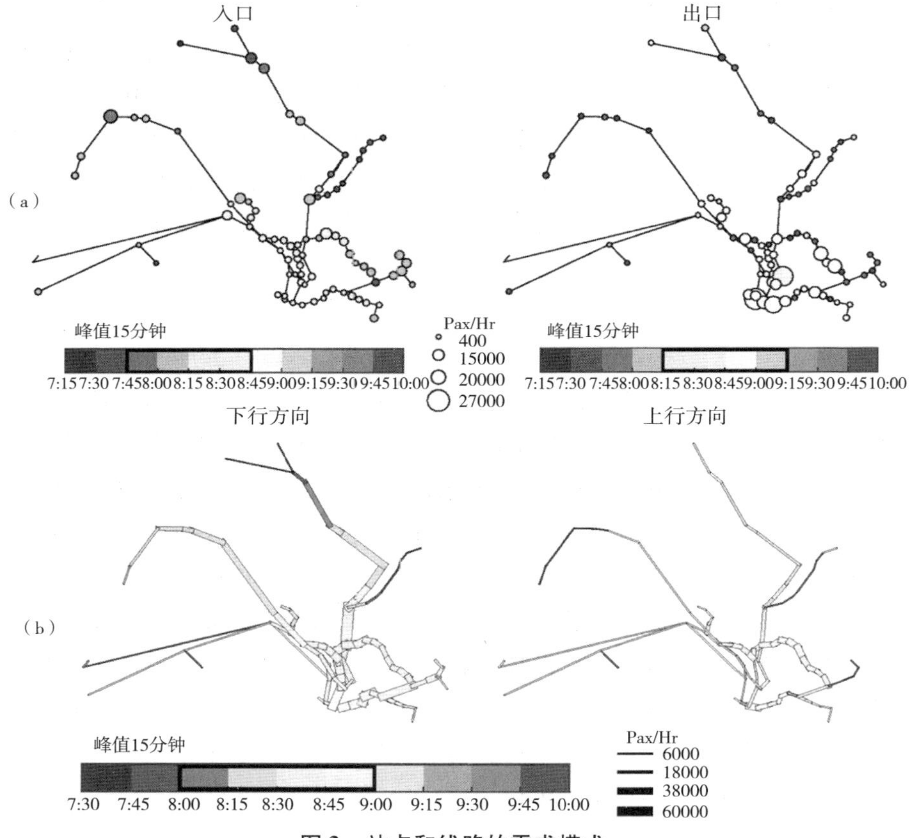

图3 站点和线路的需求模式

注：(a) 在各站点；(b) 在各线路（圆的大小和线的宽度分别代表需求和流量；灰度表示15分钟的峰值）。

3.2 设计

表1列出了实施公共交通需求管理策略的细节，列出方式与上一节提出的

设计框架一致。

表 1 “早鸟”优惠设计的维度

干预类型	票价差别化：高峰前优惠、硬性措施、经济型措施、拉动型措施，直接针对用户。 它降低了高峰前的出行成本，成为吸引人们提早出行的拉动型措施。它以用户为基础，因为它不直接涉及雇主，也不依赖于其他政府政策。
目标用户	只有成人卡用户才有资格使用（有其他优惠的用户则不适用）。其他任何群体都不是明确的目标对象。
幅度	25%票价折扣（1—12 港元，或 0.13—1.5 美元，视行程而定）。
时间覆盖	在早上 7：15 到 8：15 之间出站的行程。如第 3.1 节所述，列车负荷高峰在早上 8：00—9：00 左右，最高峰在 8：30—8：45 左右。选择 7：15—8：15 的折扣期，不仅是为了让高峰时间提前（但也不是提前到太早，以至于没有高峰时间的旅客愿意改变他们的出发时间）。第 3.1 节显示，不同的线路和站点在不同的时间达到峰值，但是所有站点都使用相同的折扣时间。这突出了简单性和有效性之间的权衡。为不同站点设置不同时段可以更好地管理网络不同部分的需求，但如果令乘客感到困惑，则可能无法达到潜在的效果。由于香港没有实行弹性工作时间，因此交通管理当局并没有考虑高峰时段后的价格折扣，因为可能没有足够的弹性让乘客改期上班。
空间覆盖	以香港市区中心的 29 个拥挤站点为终点的行程（在 87 个站点中，见图 4）。我们的分析发现，在这 29 个站点出站的行程中，有 80% 的行程都经过一条拥堵的路线。虽然其他策略可能更有效，但为了简单起见，折扣是基于在某些站点出站的乘客。起始站折扣可能是效率更高的设计，因为它们能更有效地锁定目标乘客，但在实际执行中没有被采纳。区域化折扣方案考虑简单化原则，即选择一个边界内的所有站点对用户来说更容易理解。
模型覆盖	仅限地铁。 港铁营运的其他轨道交通（例如轻轨、机场快线）并不是公共交通需求管理项目的目标。尽管有传闻表明轻轨系统过于拥挤，但它缺乏与地铁系统相同的 AFC 技术，因此从实施的角度来看，统一的策略并不那么可行。未来的激励设计还应考虑这些系统之间的相互作用，以及在一种轨道交通上的额外激励如何能增强对其他轨道交通的影响。
实施	通过改变 AFC 系统，政策能够很容易地得到实施。在高峰前后分别添加缓冲时间，以考虑略微延迟和用户/系统的时间差异。实施成本是可管理的。
市场营销	宣传活动包括新闻发布、港铁网站公告、站内广告和社交媒体推广。

总之，该项目定位在早高峰时段，因为这一时段的公共交通系统运力承受最大的压力，乘车需求急剧增长，而且有可能在不给乘客太多激励的情况下影响后续行程。折扣水平的选择是基于其他城市的经验，以及拥堵的时间和空间覆盖。高峰前时间与系统中的关键线路达到峰值载客量之前的时间一致，而选择的29个站点可使80%的乘客在早高峰时段使用至少一条关键路线（由运行到达或接近系统运力上限决定）并以折扣价出站。这些站点是连续的，所以简化了设计以便于用户理解和接受（参见图4）。

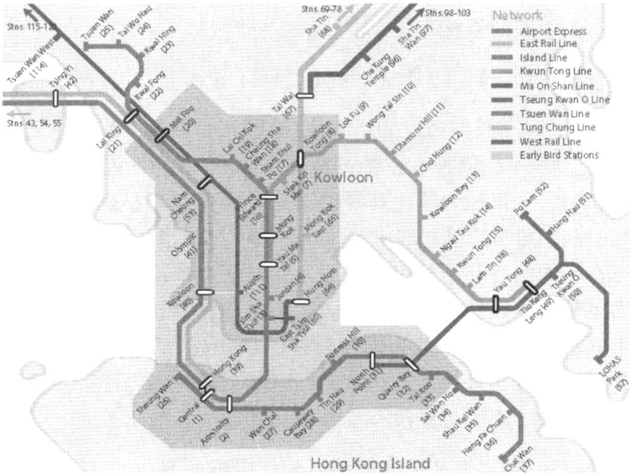

图4　有资格获得优惠的车站（网络已于研究后扩展）

马振良和考特索帕罗斯（2018）最近提出了一种系统性方法，用于最优化地设计公共交通需求管理项目的操作特性。该方法旨在帮助决策者在给定网络、需求、预算和实施可行性约束条件下，就公共交通需求管理设计的时空和折扣特性（站点折扣 vs 基于起始站的折扣，参与站点或起始站，特定站点折扣时段等）做出决策。

3.3　评估

在三个评估维度中，本文着重使用详细的AFC刷卡数据，来推断折扣前后的用户总体行为和个人行为，从而评估项目的有效性。正如港铁的已用案例所示，AFC数据可以帮助我们深入了解用户对公共需求管理项目的反应行为，这对指导未来的政策制定具有重要价值。

系统范围的影响

符合条件的行程（成人乘坐到29个站点之一的行程）的出口时间分布显示，2014年9月与折扣前几个月相比有不同的模式。最明显的变化是在高峰前一小时的两端出现小高峰，因为用户会等到折扣时间开始后才出站，或者只是在折扣时间结束前几分钟才出站。在早上7：00—9：30点的所有行程中，约有2.5%偏离了峰值。随着早晨更多的行程转移到高峰前时段，大约有3%早上7：00—9：30的行程转移到高峰前时段。这意味着高峰前出行增加了10%。不符合条件的乘客或站点之间的行程则没有出现相应的变化。图5显示了线路载客量的变化，其中折扣覆盖的区域的变化尤为明显（更详细的结果可参见 Halvorsen et al.，2016）。

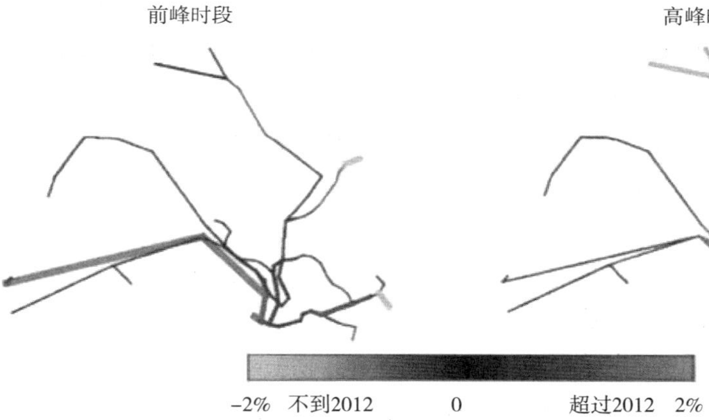

图5　2012年9月至2014年下行方向的客流变化

资源来源：Halvorsen et. al.（2016）。

用户群

粗粒度的汇总分析有助于确定折扣方案的影响，但它不研究其中的作用机制。了解不同用户群体对折扣的反应，以及各种出行行为对高峰分散策略的反应，可以帮助交通管理机构完善和关注未来的策略。特别是，分析细分用户的能力对提高项目的效率有启发意义。超过27%的成年人在早上7：00—9：30前往符合条件的站点，会因为在高峰前出站而获得折扣，但上述分析发现，只有约2.5%的上午出行实际上转移到高峰后。大多数得到折扣的用户并没有改变他们的行为。市场细分有助于识别对折扣反应更灵敏的用户群体，提供在时间和地点上更有针对性的设计，从而提高项目效率。例如，聚类的方法可以识别一个较小但对折扣敏感的群体，这个群体与较大但对折扣不感兴趣的群体在影响人们的出行方式使之达到系统优化方面有同样高的价值。

为了了解乘客的一般行为模式，本文使用 AFC 数据进行了聚类分析。这使我们可以测算每个群体对交通网络流量的影响，并进一步分析不同群体如何响应需求管理策略。由于这一分析的目标是需求管理策略的整体使用情况，所以 AFC 数据就足够了，尤其是数据的质量较高。被选用于聚类的变量是因为它们可以识别整个地铁系统的广泛使用模式，特别是识别与公共交通需求管理响应相关的模式。

本文的研究使用了三份跨两个月的 AFC 业务样本。在 2013 年 9—10 月、2014 年 7—8 月和 2014 年 9—10 月期间，抽取约 40 万名用户（约占同期所有用户的 4%），每段时间共计 1100 万次出行。下面列出了用于聚类用户的变量，根据人们出行的频率、出行发生的时间以及他们在网络中的访问地点等主要特征进行分组。上述分组旨在刻画出行的时空特征：特定用户使用地铁系统的频率和规律，他们在网络中出行的范围，是否使用特别感兴趣的站点，以及通常的出行时间（高峰或非高峰）。

1. 频率特征

- 行程范围（首次与最后一次行程之间的天数；变量指数 =1）
- 工作日/周末出行次数（6，10）
- 工作日/周末出行次数（7，11）
- 出行间隔时间（用户至少一天不乘坐地铁的次数；15）
- 平均/最小/最大间隙长度（16，17，18）

2. 时间特征

- 平日/周末首程出发时间中位数（8，12）
- 平日/周末末程出发时间中位数（9，13）
- 起始时间中位数 30 分钟内的起始天数（14）

3. 空间特征

- 第一个和最后一个起始站的不同数目（2，3）
- 不同起始站的出行数量（4）
- 与内地过境的首次出行天数（19）

使用主成分分析（PCA）降低数据集的维数（Jolliffe, 2011）。主成分分析为聚类分析提供了一组不相关的向量，从而防止这些向量的值源自相似行为的变量主导分析结果，并可以使较少的数据输入仍能刻画数据的大部分变化。主成分分析是减少特征空间维度、进行聚类分析的有效工具，已被应用于不同背景下的轨道交通客流分析（Goulet-Langlois、Koutsopoulos and Zhao，2016；Luo、Cats and Lint，2017）。

在这个应用中，前六个主成分用于聚类分析。它们解释了 85% 的数据变化量（图 6a）。添加其他成分对结果的影响很小。图 6b 说明了成分如何与原始数据（与上面列出的指数）相关联。第一个成分主要与出行的“数量”相关（出行次数、天数、不同的起始站等），第二个成分与间隙长度相关，接下来三个成分与时间相关，第六个成分与到内地的出行相关。第六个之外的主要成分与任何特定特征的相关性较小。

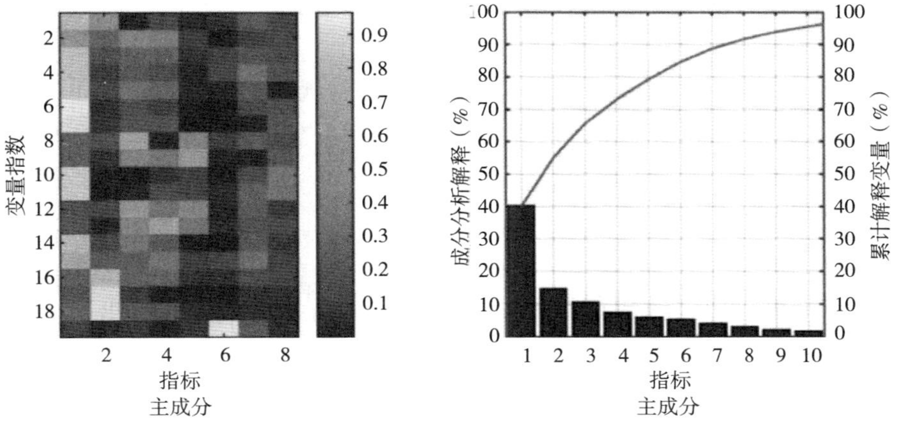

图 6　主成分分析

注：(a) 变异的分析；(b) PC 与原始数据的相关性。

采用 k－means＋＋聚类方法确定各组（Arthur and Vassilvitskii，2007）。本文的分析采用欧几里得距离作为一种距离度量。基于轮廓标准（silhouette criterion）的分析（Rousseeuw，1987；Tibshirani、Walther and Hastie，2001）提出了六个聚类。这三个时段的分组都显示出相似的属性，因此聚类随着时间推移是一致的。这些聚类的特征及其与公共交通管理需求策略的相关性总结如下：

1. 香港通勤者：他们的平均行程几乎是整段时间内最频繁的行程，是使用地铁系统最频繁的乘客。他们大部分的行程都是在上午和下午的高峰期，所以这一组别可以假定包括在香港境内上下班的人士。

2. 香港普通用户：这类用户的行程较长，但较第一组少，特别是在上午高峰时段。他们可同时使用地铁和其他交通工具，或只在非通勤的情况下使用，例如下班后外出。

3. 间歇性的香港用户：这群人的出行范围适中，大约每周乘坐两次地铁，使用整个地铁系统的车站。他们可能是主要依赖其他出行方式的香港用户，但也可能是在多张智能卡之间切换的用户。

4. 短期乘客：这类用户的出行范围较小，常从上午晚些时候到晚上，到商业活动较多的地区。这类人士很可能包括只在香港短暂度假的旅客；不过，这一数字也可能包括那些只使用八达通搭乘数天地铁的香港居民。

5. 偶尔跨境旅行者：与第三组有点类似，这些用户使用范围适中，但相对不频繁。他们从边境检查站开始行程的天数比例明显更高。他们通常去旅游或购物中心附近的车站，并在一天的晚些时候开始他们的旅程。这个群体可能包括每月来港一至两次的游客。

6. 跨境通勤者：这一群体的行程较长，出行天数相对较多。像上班族一样，他们的第一次出行通常是在清晨，最后一次是在傍晚，但他们一天的大部分时间是从某个过境站开始的。这个群体可能包括经常往来于香港和内地买卖商品的“水货商人”。

实际出行的时空模式如图 7 所示，它说明了一天中每一小时每一群组在每个车站开始旅行的相对数量（即该组在每小时内某一站点开始出行的百分比）。浅色表示更常见的入口点。站台按其编号顺序排列；有资格享受早鸟优惠的 29 个站点，用灰色框或黑色线条标出。

第四组和第五组在一天的中午出行更多，他们的出行主要集中在旅游或购物目的地。第五组的人早上在边境检查站更常见，这表明他们更有可能来自内地，而单次入境的人背景更多样化。第六组是最频繁的跨境用户，他们实际上几乎只在早上从边境出发。他们的下午入口站显示，他们通常把自己限制在东铁路线的末端，在地铁系统的其他地方只出行了很少的几次。事实上，在早上，他们只有 25% 的行程是去有优惠资格的车站，而其他所有群体的比例是 40%—50%。这三个群体只占前往有优惠资格车站上午行程的 3%。对于第四组和第五组来说，这可能是因为该群体中很少有成员在这些时间出行。至于第六组，则是因为该组人数较少，以及其成员倾向于在东铁北端出行，远离九龙和香港岛的中部地区。

第一组表现出的峰值规律与地铁系统使用情况的总体特征相似：在 8：00—

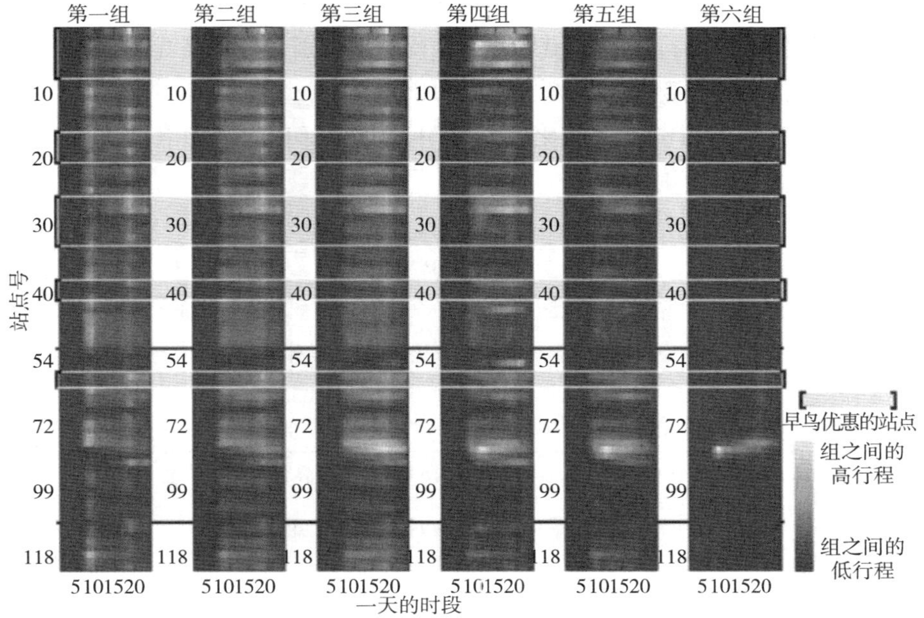

图7　每一站每天每小时的相对进站人数按组划分

9：00或18：00—19：00之间有很多进站人数，而在一天的中午，人们可能在工作或上学，因此出行的次数更少。第一组的主导站台（dominant station）也较少；其出行在整个系统中更加分散。它占据了大部分（80%）到有优惠资格车站的行程。第三组是间歇性的香港用户，仅在晚上达到高峰，尽管其出行在网络中比第四至六组更分散，但它仍主要来自晚上的商业中心和过境站（即到深圳的一日游）。第二组介于第一组到第三组之间。从商业中心出发的行程在晚上很常见，但跨境出行较少，而且在早高峰行程中的占比也较高。这两组人（第二组和第三组）上午行程中有不可忽略的18%发生在早鸟站。

这些规律还提供了对总体拥堵模式的进一步了解。上午的高峰主要是由于通勤者，而晚上的高峰比较平缓是所有群组出行的结果。虽然在上午和下午高峰期，公共交通需求管理政策可能有用，但这些不同类型的乘客，加上下午的高需求持续时间较长，意味着在每个时间段可能需要不同的政策。在决定是否利用优惠措施时，用户面临灵活性和激励之间的权衡。作为经常出行的人，通勤者获得的总折扣会很大，但通勤的时间约束更强，使提早出行的负担更重，特别是弹性上班时间并不常见。其他一些群体，比如偶尔乘坐地铁的人，出行时间的约束可能较少，但如果他们不经常在早上乘坐地铁，25%的折扣可能不足以吸引他们提早出行。旅游团是不可忽视的，特别是在晚高峰期，但有效的推广活动和信息是重要的，以确保他们知道这些折扣。

表3汇总了2014年9月相比于2014年8月和2013年9月各组高峰时和高峰前的行程变化，使用比率：

$$r = \frac{\%\,Trips_{sep14,i}}{\%\,Trips_{m,i}} \tag{1}$$

其中% *Trip* 是2014年9月或基准月 *m* 早上7：00—9：30之间在第 *i* 小时，即高峰前（7：15—8：15）或高峰时（8：15—9：15）发生的所有出行的百分比。

表2　2014年9月高峰前和高峰时的出行与前几个月的比率

	高峰前（上午7：15—8：15）		高峰时（上午8：15—9：15）	
	2014年9月/2013年9月	2014年9月/2014年8月	2014年9月/2013年9月	2014年9月/2014年8月
第一组	1.11	1.13	0.96	0.96
第二组	0.99	1.01	1.00	1.00
第三组	1.07	1.11	0.96	0.94
第四组	1.07	1.10	0.98	1.00
第五组	1.18	1.02	0.90	0.92
第六组	0.94	1.04	1.05	1.05

两小时高峰时段（上午7：15—9：15）的上午行程和其余时间（上午7：00—7：15、9：15—9：30）行程的百分比，每月相对一致。然而第一组作为通勤组和第六组都有一些乘客从清晨转到高峰前，第三组和第五组的高峰后客流量增加，可能是由于夏季即将结束，而不是优惠活动。与上一年9月相比，高峰时段客流量降幅最大的是第一组和第三组，高峰前客流量增幅也较大。虽然第五组似乎有很大的反应，但这组人在这些时期很少出行，这使得他们的数值不太可靠。第六组确实出现了变化，但不是按预期的方向；与上一年9月相比，高峰客流量增加，高峰前客流量减少。这些变化可能是由于跨境出行模式的不相关变化。第二组在9月没有变化，但在10月确实减少了高峰出行。这表明这一群体的另一个特点：他们可能同时依赖于公共汽车和轨道交

通。当它的成员在9月的一段时间内不能再乘坐巴士时（香港的示威活动中断巴士服务，他们转而乘坐轨道交通。无论是由于他们通常的公交时间还是高峰时的拥挤，他们都更有可能在高峰前出行）。

对基于群体的早鸟优惠策略影响的分析，为针对特定群体的潜在改进提供了有益的见解。通勤者显然是需求管理的一个重要目标：他们出行频繁，似乎对优惠活动有所反应。未来可以考虑与主要雇主合作的项目（类似于新加坡的智能出行项目）。另外第三组也可以被优先考虑，因为它表现出相对较大的变化，可能比通勤者有更多的灵活性。强调减少拥挤和高峰前被拒绝登车的可能性对这些用户可能更有效。虽然确实有一些证据表明第五组的行为正在改变，但不值得将这些用户作为目标。他们和第四组的人出行很少，也不太可能住在香港，这使他们更难被找到。考虑到第二组的随意使用者，一系列跨出行方式的激励（inter-modal incentive）可能更有效。最后，面向深圳通勤者的东铁专线优惠也许能锁定第六组乘客。

个体分析

个体分析使用的是一组在我们研究的时段内、在优惠前和优惠结束后都分别通过地铁系统出行的乘客。它可以识别因优惠活动而改变出站时间的乘客，并利用它们来了解影响乘客行为的因素。

A. 乘客面板

通过在优惠活动开始之前和之后跟踪相同的个人，就可以研究在总体和群体层面上看到的变化与每个乘客的行为之间的关系。假设乘客使用同一智能卡，随着时间的推移，可以很容易观察到他使用地铁系统的情况。这使得我们可以长时间地研究出行行为的持续变化。此外，这也有助于控制香港人口因季节性及外源性变化而引起的客流量变化。

我们选取了从2014年8月至今的2万名经常在高峰时段出行的乘客作为初始样本。这些乘客在高峰时段（8：15—9：15）至少出行15次，前往29个符合条件的站点之一。剔除那些从未在2014年9月高峰前（7：15—8：15）出行的人，以及那些持有通行卡（对通行卡覆盖地区不收费）的人，留下来的共计4591人。因此，该面板分析关注那些经常在高峰时段前往有优惠资格站点的乘客，并确保面板中的成员有足够多的出行以提供有关其使用趋势的相关信息。由于用户组分析显示常出行用户占主导地位，而高峰出行用户是优惠活动的目标，更好地了解影响他们对促销反应的因素可以为更新优惠设计提供有用的见解。从清晨转到高峰前一小时或之前没有使用地铁的用户不在分析范围之内。

B. 识别行为改变者

为了了解行为改变的程度以及与响应优惠相关的特殊因素，本文使用断点检测分析（breakpoint detection analysis）来识别“行为改变者”：表现出与优惠活动相关的行为改变的用户（Bai，1994）。断点检测是变点分析的一种特殊情况，用于识别时间序列的变化。在我们研究的港铁案例中，焦点是平均出口时间的变化：一个人的典型出站时间的变化是否与优惠活动相关？

行为改变者识别分析包括两个部分：个体断点分析，以确定每个用户的一组变化点；以及对行为改变的推断，以识别其行为改变与优惠活动相对应的人。

我们为4591名面板成员生成了时间序列数据集，其中分析的时段每天都与上午的出站时间相关。设置如下：

- 日期：使用4个月（2014年7— 10月）的工作日数据。周末和非常规日子（节假日或极端天气）除外。
- 自变量：在面板成员的所有行程中，我们最感兴趣的是可以合理转移到高峰前的行程。“上午行程”指的是那些在上午10：30之前完成的行程（10：30之后出站数量较少且相对稳定，不太可能将出发时间改变两小时以获得25%的折扣）。为了处理每天早上多次出行的用户，我们选择7：15后到达合格站点的用户第一次出站作为每天的数据点。

有学者使用R语言的“strucchange”程序包中的断点函数进行了个体断点分析（Zeileis、Kleiber、Krämer and Hornik，2003）。断点分析对时间序列进行分段，并用普通最小二乘回归对各分段进行拟合。给定最小分段长度（h）和最大断点数（m）的参数，该方法在一组线性回归中识别断点。对于这里考虑的出站时间的变化，本文采用一维模型寻找最佳的截距，即每个分段的均值（连续几天的退出时间不变）：

$$y_{in} = \beta_{0,n}^{j} + \varepsilon_{in}(i = i_{j-1} + 1, \cdots, i_j, j = 1, 2, \cdots, m + 1) \qquad (2)$$

y_{in} 是用户 n 在 i 天的出站时间，$\beta_{0,n}^{j}$ 是用户 n 在分段 j 中的出站时间，ε_{in} 是误差项。j 表示分段指数，i_j 是分段 j 和分段 $j+1$ 之间的断点（日期）。

实验后，最小段长度 h 被设定为10天，断点 m 最大数量是2（3段）。图8展示了两个人的结果，第一个变化可能与优惠活动有关（在优惠开始时出站时间明显提前)，第二个变化与优惠活动不相关（跨分段的出站时间略有变化）。

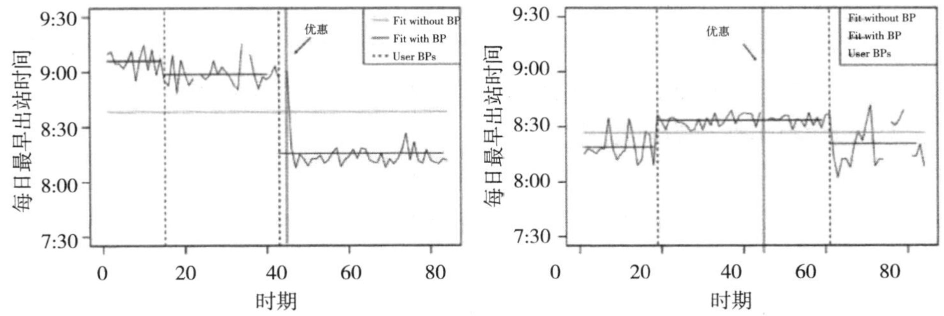

图 8　两个用户的断点分析结果

注：（a）可能由于优惠而发生的更改，以及（b）更改可能与优惠不相关。

为了确定可能因为优惠活动而改变行为的用户，我们将他们的断点与优惠活动开始日期进行了比较，并将回归结果（每个分段的平均出站时间）进行相互比较，同时对回归结果与优惠活动的时间也进行了比较。我们使用了四个标准：

- 日期：用户在 8 月底到 9 月中旬之间有一个变化点。这个更大的范围捕获了那些可能在一开始就没有响应优惠活动的用户，这也解释了数据中存在的干扰。
- 趋势：在指定的日期范围内，在一个断点上的平均出站时间降低：用户应该在早上更早而不是更晚开始出站。
- 变化幅度：在满足上述两个标准的前提下，用户出行行为变化出现后的平均出站时间是 8：25 之前（即使对优惠活动有相当强烈意愿的用户也不大可能保证每天都能在早鸟计划设定的高峰之前出行）。
- 出行次数：在断点满足上述所有条件后，用户继续出行，并且从断点到 10 月底之间至少出行了 4 次。这可以更好地控制由于频率变化而不是出站时间变化引起的断点。

根据这些标准，两万名成员中有 794 人被确定为行为改变者。这相当于占整个小组的 3. 94% ，这与总体和通勤小组的调查结果一致。在 4591 名曾在高峰前出行的用户中，这 794 人占了 17. 3% 。仅从 AFC 数据无法识别用户行为背后的实际原因，比如其中一些用户的生活方式发生了变化，影响了他们的出行方式。优惠活动可能也对他们在多大程度上改变出入站时间产生了影响；如果没有优惠，从8：30切换到8：10的用户可能只会切换到8：20。另一方面，不管导致这种行为改变的因素是什么，这些用户都从优惠中获益，并使整个地铁系统受益。未来的研究可以考虑结合调查进行面板分析，以便进一步确定用户的反应，并更好地理解外部生活方式特征和社会人口统计的影响。

C. 对用户出行行为的建模

使用二元logit模型来估计改变出入站时间的概率，作为各种解释因素的函数。它的系数可以用来量化在节省费用和其他边际效应方面的需求弹性。下面的模型设置最好地解释了行为改变。

$$U_{shift,n} = \beta_0 + \beta_1 \mathrm{SAVE} + \beta_2 \mathrm{DT} + \beta_2 \mathrm{SAVE} \times \mathrm{DT}_{High} + \beta_4 \mathrm{SAVE} \times \mathrm{DUR}_{High} + \beta_5 \mathrm{VAR} + \beta_6 \mathrm{DISC} + \varepsilon_{shift,n} \quad (3)$$

$$U_{nonshift,n} = 0 \quad (4)$$

β_0 是替代特定常数，β_1，…，β_6 是解释变量的系数向量。ε 表示影响人们选择的、所有未观察到的因素的影响。解释变量的定义如下：

- SAVE：在给定2014年8月的典型票价（按距离计算）的情况下，由高峰前出行带来的费用节省。
- DT：调换时间，也即给定乘客在8月上午出站时间的中位数，他们必须把出发时间提前的时间量［8月用户出站时间的中位数和8：15（高峰前的结束时间）之间的差值］。
- DT_{High}：如果用户的调换时间大于15分钟，则哑变量值为1。
- DUR_{High}：如果用户的行程持续时间大于25分钟，则哑变量值为1。
- VAR：8月上午行程出发时间的标准差。它被用作衡量出发时间灵活性的一个指标。
- DISC：乘客获得另一项港铁优惠的行程数（在位于各购物中心的“车费优惠”终点站中转及刷卡）。这个变量可以作为个人价格敏感性的一个指标。

由于只有AFC数据可用于估计与模型相关的变量，因此不能将社会人口特征或就业纳入其中，尽管它们可能对改变行为的决策很重要。

估计结果如表3所示。从行为的角度看，数据的结果合乎情理。正如预期，票价节省的加大增加了用户改变出发时间以利用折扣的可能性，但节省费用对所有用户的影响是不同的，对于出发时间需要提前15分钟以上才能获得折扣的用户来说，节省的金额并不重要。

随着行程时间的延长，用户对促销活动做出反应的可能性减少，可能的原因是长途旅行的用户不希望更早出发（Wood，2015）。此外，居住在离市中心较远的用户的社会经济和就业特征也可能影响他们的行为（行程在有折扣站点结束，持续时间超过 25 分钟，通常收入较低，工作的灵活性不大）。

表 3　模型估计结果

调换的效用	估计	t 值
Intercept	-2.197	-13.780***
SAVE	0.138	1.997*
DT	-1.865	-9.157***
SAVE × DT_{High}	-0.025	1.890*
SAVE × DUR_{High}	-0.076	-2.195*
DISC	0.034	4.681***
VAR	1.366	4.593***
对数似然：	-2990.6	
调整 R^2：	0.123	
似然比检验：	$\chi2 = 686.6$（$p < 2.2e-16$）	
观察值：	4591	

变量的符号都与我们的预期一致，且都在 0.05 水平上显著。如果常数为负，则表示乘客不愿意改变其行为。正如预期的那样，调换时间变量非常重要，且系数为负。行程时间变化较大的用户更有可能改变其行为。这可能意味着需要不同的激励措施来影响日常行程有严格安排的用户，也可能意味着弹性工作时间政策对于补充这种公共交通需求政策的重要性。寻求并获得其他折扣的用户也更有可能改变其行为。多数获得这些折扣的用户使用的是地铁特惠站（Fare Saver，在指定位置刷卡可获得 2 港元的折扣），而不是可享受折扣优惠的公交车换乘轨道交通，这意味着对价格更敏感并寻求折扣的用户也更有可能利用这一激励措施。交互项表明，人们在符合优惠条件的时段接近尾声（较短的调换时间）且行程持续时间较短时，对票价节省的弹性更大。当人们的行程较长且需要更多的调换时间时，他们对票价节省往往没有弹性。

3.4 监测

利用 AFC 数据有助于对公共交通需求管理策略的监测和对长期有效性的评估。正如本文引言所述，优惠活动只能在短期内激励乘客改变其行为，一段时间后他们会回到原来的行为。我们将前几节中识别到的且在此后 24 个月中继续使用地铁系统（无论其出行时段）的行为改变者的数量作为纵向分析（longitudinal analysis）的面板，以监测他们随时间发生的行为变化。

持续的行为改变者是那些早期的行为改变者，他们保持了自身的行为变化，并在优惠活动期间一直出行。图 9 显示了在 2014 年 10 月至 2016 年 10 月继续使用地铁系统的持续的行为改变者占初始行为改变者的百分比。我们可以看到一个下降的趋势，即大约 65% 的早期行为改变者在两年后仍维持他们的出行行为。大多数早期行为改变者在优惠的头两个月（10 月和 11 月）还会保持这种行为，但在第三个月就会大幅下降。此后，下降趋势趋于稳定。2015 年 7 月和 2016 年 8 月的大幅下降可能与暑假有关。

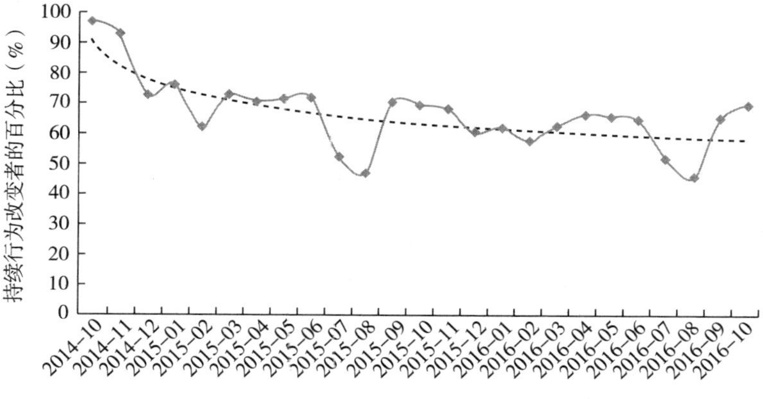

图 9　每月持续行为改变者的百分比

我们的研究结果充分表明公共交通需求管理策略的持续监测和偶尔的改进十分必要，保持公众对该策略的关注，并避免“快乐水车”效应（Brickman and Campbell，1971）。

4. 讨论

案例研究的结果表明，交通管理机构可以通过以下几种方式设计简单的票价折扣方案。下面列出的建议面向特定群体，或者放宽了用户的时间置换约束，以此说明用户的不同特征。交通管理机构可以选择是否面向某一群体，但也可以面向不同群体进行不同程度的干预。这些干预措施的可行性取决于乘客对复杂性、合作机会以及财务影响的态度。

- 定价结构：折扣结构可以模仿消费回扣，在一段时间内（例如每周）提供一次大额返还。这可能会吸引那些忽视小额以及定期折扣的用户，凸显节约总量。另一种选择是引入彩票政策，而不是保证返还。通过让注册用户有机会中彩，造成只有那些对价格更敏感或对参与感兴趣的用户才会参加，这意味着不改变行为的用户中彩的人数更少。注册要求可以让交通管理机构给用户更高的回报或更高的中彩几率，特别是如果它愿意支付与用户票价差价相同的金额。
- 定价基础：与其仅根据终点站提供折扣，不如针对起始站、特定线路或替代线路提供优惠。这些选项分别能更好地管理出行时间、车内拥挤或更改出发时间的不确定性。在不太拥挤的线路上打折可以平衡整个交通网络的需求，提高运力利用率。智能手机和位置服务与公共交通支付的一体化，使得采用这种基于线路的策略成为可能。
- 目标客户信息：提供更个性化的信息将帮助乘客做出更好的出行决策，显示最符合其需求的非高峰出行收益。可能的策略包括针对站点或用户的市场营销，或者让在线出行规划者看到特定时间的票价和拥挤数据。用户还可以通过交通管理机构网站上的个性化页面获得具体的出行建议（可能会根据用户所属群组的信息，或者用户特征与面板分析中的各因素之间的关系）。

相比于用新基础设施增加运力，需求干预见效更快、效率更高，但在公共交通中，需求干预通常被视为临时解决方案，直至运力得到增加。然而，即使在运力增加之后，交通管理机构仍可以将公共交通需求管理策略作为补充，为寻找解决其拥堵和业务需求的最佳方案提供更多工具。

5. 结论

本文为公共交通系统需求管理策略的设计与评估提出了一个框架。了解与拥堵有关的需求模式和政策实施的背景，可以帮助决策者基于各种参数设计出更有效的政策干预策略。公共交通需求管理策略的评估和监测不仅要考虑需求的总体变化，同时需要详细分析乘客反应，通过反馈指导该策略的不断优化。AFC 数据是持续动态评估的可靠数据来源，相较于过去的数据源，AFC 数据可用于更精准地研究需求模式。相较于汇总数据分析，聚类分析和面板分析可以更好地洞察用户对所实施策略的反应，且不同于调研数据，它们可以运用在大规模的应用分析上。

本文利用一个公共交通系统的拥堵数据进行了实例研究，验证了本文提出的评估框架的有效性。结果表明，定价激励能有效地将用户转移出高峰时段，导致需求在时间上的再分配。我们对所有用户需求模式的变化进行分析后发现，早鸟优惠对错峰出行有影响，尽管可能不足以逆转外源客流的增长。此外，更多的分解分析（disaggregate analysis）表明，应关注通勤者和间歇用户，优惠活动的目标行程在他们的行程中占相当大的量，而且他们愿意接受票价差异。本研究中其他群组的出行次数太少，不是优惠活动的优先考虑对象，或者需要其他类型的激励措施鼓励他们在非高峰时段出行。面板分析进一步表明，考虑到用户强烈反对改变出行时间，部分设计可能需要调整。增加用户出行的灵活性，改进多式联运，更好地瞄准对价格敏感的用户，都是提高效率的有效方法，通过纵向分析进行监测可以为长期干预提供信息。

本文对行为改变者的识别分析依赖于智能卡数据，将行为改变与优惠活动的设计相关联。考虑在调查的同时进行面板分析的未来研究将使我们可以更精确地预测用户的反应，并更好地控制其他因素，如生活方式特征和社会人口特征。此外，我们还可以对用户行为改变的程度进行更详细的建模，例如序贯选择模型可首先用于对用户是否改变行为的决策建模，其次对有行为改变的行程建模（Ben-Akiva、Lerman and Lerman，1985）。

（国务院发展研究中心资源与环境政策研究所　李继峰　译）

参考文献

Anupriya，A.，Graham，D.，Hörcher，D.，& Anderson，R. J.（2018）. The Impact of Early Bird Scheme on Commuter Trip Scheduling in Hong Kong：A Causal Analysis Using Travel Card Data. Paper presented at the Transportation Research Board 97th Annual Meeting，Washington DC，United States.

Arthur，D.，& Vassilvitskii，S.（2007）. K-means ++：the Advantages of Careful Seeding. Paper presented at the Proceedings of the Eighteenth Annual ACM – SIAM Symposium on Discrete Algorithms, New Orleans, Louisiana.

Bai, J. (1994). Least Squares Estimation of a Shift in Linear Processes. *Journal of Time Series Analysis*, 15 (5), 453 –472. doi: 10. 1111/j. 1467 –9892. 1994. tb00204. x.

Bamberg, S. , Fujii, S. , Friman, M. , & Gärling, T. (2011). Behaviour Theory and Soft Transport Policy Measures. *Transport Policy*, 18 (1), 228 –235. doi: https: //doi. org/10. 1016/j. tranpol. 2010. 08. 006.

Bamford, C. G. , Carrick, R. J. , Hay, A. M. , & MacDonald, R. (1987). The Use of Association Analysis in Market Segmentation for Public Transport: a Case Study of Bus Passengers in West Yorkshire, *UK. Transportation*, 14 (1), 21 –32. doi: 10. 1007/BF00172464.

Batarce, M. , Muñoz, J. C. , & Ortúzar, J. d. D. (2016). Valuing Crowding in Public Transport: Implications for Cost–benefit Analysis. *Transportation Research Part A: Policy and Practice*, 91, 358378. doi: https: //doi. org/10. 1016/j. tra. 2016. 06. 025.

Ben–Akiva, M. E. , Lerman, S. R. , & Lerman, S. R. (1985). *Discrete Choice Analysis: Theory and Application to Travel Demand* (Vol. 9): MIT press.

Brickman, P. , & Campbell, D. (1971). *Hedonic Relativism and Planning the Good Society*: New York: Academic Press.

Cervero, R. (1990). Transit Pricing Research. *Transportation*, 17 (2), 117 – 139. doi: 10. 1007/BF02125332.

Currie, G. (2009). Exploring the Impact of the "Free before 7" Campaign on Reducing Overcrowding on Melbourne's Trains. Paper presented at the 32nd Australasian transport research forum, Auckland, New Zealand.

Currie, G. (2011). Design and Impact of a Scheme to Spread Peak Rail Demand Using Pre – peak Free Fares. Paper presented at the European Transport Conference Glasgow, Scotland.

Dale, S. , Frost, M. W. , Ison, S. G. , & Warren, P. (2015). Evaluating Transport Demand Management Interventions. Paper presented at the Transportation Research Board 94th Annual Meeting, Washington DC, United States.

Ekström, J. , Sumalee, A. , & Lo, H. K. (2012). Optimizing Toll Locations and Levels Using a Mixed Integer Linear Approximation Approach. *Transportation Research Part B: Methodological*, 46 (7), 834 –854. doi: https: //doi. org/10. 1016/j. trb. 2012. 02. 006.

Eriksson, L. , Nordlund, A. M. , & Garvill, J. (2010). Expected Car Use Reduction in Response to Structural Travel Demand Management Measures. *Transportation Research Part F: Traffic Psychology and Behaviour*, 13 (5), 329 –342. doi: https: //doi. org/10. 1016/j. trf. 2010. 06. 001.

Ferguson, E. (1990). Transportation Demand Management Planning, Development, and Implementation. *Journal of the American Planning Association*, 56 (4), 442 – 456. doi: 10. 1080/01944369008975448.

Gärling, T. , Eek, D. , Loukopoulos, P. , Fujii, S. , Johansson – Stenman, O. , Kitamura, R. , ... Vilhelmson, B. (2002). A Conceptual Analysis of the Impact of Travel Demand Management on Private Car Use. *Transport Policy*, 9 (1), 59 – 70. doi: https: //doi. org/10. 1016/S0967 –070X (01) 00035 – X.

Gärling, T., & Fujii, S. (2006). Travel Behavior Modification: Theories, Methods, and Programs. Paper presented at the 11th international conference on travel behavior research, Kyoto, Japan.

Gärling, T., & Schuitema, G. (2007). Travel Demand Management Targeting Reduced Private Car Use: Effectiveness, Public Acceptability and Political Feasibility. *Journal of Social Issues*, 63 (1), 139 – 153. doi: 10. 1111/j. 1540 – 4560. 2007. 00500. x.

Giuliano, G. (1992). Transportation Demand Management: Promise or Panacea? *Journal of the American Planning Association*, 58 (3), 327 – 335. doi: 10. 1080/01944369208975811.

Gordon, J., Koutsopoulos, H., Wilson, N., &Attanucci, J. (2013). Automated Inference of Linked Transit Journeys in London Using Fare–Transaction and Vehicle Location Data. Transportation Research Record: *Journal of the Transportation Research Board*, 2343, 17 – 24. doi: 10. 3141/2343 – 03.

Goulet–Langlois, G., Koutsopoulos, H. N., & Zhao, J. (2016). Inferring Patterns in the Multi–week Activity Sequences of Public Transport Users. *Transportation Research Part C: Emerging Technologies*, 64, 1 – 16. doi: https://doi. org/10. 1016/j. trc. 2015. 12. 012.

Greene–Roesel, R., Castiglione, J., Guiriba, C., & Bradley, M. (2018). BART Perks: Using Incentives to Manage Transit Demand. *Transportation Research Record: Journal of the Transportation Research Board*. doi: 10. 1177/0361198118792765.

Halvorsen, A., Koutsopoulos, H. N., Lau, S., Au, T., & Zhao, J. (2016). Reducing Subway Crowding: Analysis of an Off–Peak Discount Experiment in Hong Kong. *Transportation Research Record: Journal of the Transportation Research Board*, 2544, 38 – 46. doi: 10. 3141/2544 – 05.

Hamdouch, Y., Florian, M., Hearn, D. W., & Lawphongpanich, S. (2007). Congestion Pricing for Multimodal Transportation Systems. *Transportation Research Part B: Methodological*, 41 (3), 275 – 291. doi: http://dx. doi. org/10. 1016/j. trb. 2006. 04. 003.

Henn, L., Douglas, N., & Sloan, K. (2011). Surveying Sydney Rail Commuters' Willingness to Change Travel Time. Paper presented at the 34th Australasian Transport Research Forum Adelaide, Australia.

Hörcher, D., Graham, D. J., & Anderson, R. J. (2017). Crowding Cost Estimation with Large Scale Smart Card and Vehicle Location Data. *Transportation Research Part B: Methodological*, 95, 105 – 125. doi: http://dx. doi. org/10. 1016/j. trb. 2016. 10. 015.

Hurdle, J. (2014). Use of Public Transit in US Reaches Highest Level Since 1956, Advocates Report. Retrieved from https://www. nytimes. com/2014/03/10/us/use–of–public–transit–in–us–reaches–highestlevel–since–1956–advocates–report. html.

Jolliffe, I. (2011). Principal Component Analysis. In *International Encyclopedia of Statistical Science* (pp. 1094 – 1096): Springer.

Kachroo, P., Gupta, S., Agarwal, S., & Ozbay, K. (2017). Optimal Control for Congestion Pricing: Theory, Simulation, and Evaluation. *IEEE Transactions on Intelligent Transportation Systems*, 18 (5), 1234 – 1240. doi: 10. 1109/TITS. 2016. 2601245.

Koutsopoulos, H. N., Ma, Z., Noursalehi, P., & Zhu, Y. (2018). Transit Data Analytics for Planning, Monitoring, Control and Information. In C. Antoniou, L. Dimitriou, & F. Pereira

(*Eds.*), *Mobility Patterns, Big Data and Transport Analytics* (1 ed., pp. 448): Elsevier.

Kroes, E., Kouwenhoven, M., Debrincat, L., & Pauget, N. (2014). Value of Crowding on Public Transport in Île-de-France, France. *Transportation Research Record: Journal of the Transportation Research Board*, 2417, 37–45. doi: 10.3141/2417–05.

Li, S. –M., & Wong, F. C. L. (1994). The Effectiveness of Differential Pricing on Route Choice. *Transportation*, 21 (3), 307–324. doi: 10.1007/BF01099216.

Li, Z., & Hensher, D. A. (2011). Crowding and Public Transport: A Review of Willingness to Pay Evidence and Its Relevance in Project Appraisal. *Transport Policy*, 18 (6), 880–887. doi: https://doi.org/10.1016/j.tranpol.2011.06.003.

Loukopoulos, P. (2007). A Classification of Travel Demand Management Measures. In *Threats from Car Traffic to the Quality of Urban Life: Problems, Causes and Solutions* (pp. 273–292): Emerald Group Publishing Limited.

LTA, S. (2014). Travel smart. Retrieved from http://www.lta.gov.sg/content/ltaweb/en/publictransport/mrt–and–lrt–trains/travel–smart.html.

Luo, D., Cats, O., & Lint, H. v. (2017, 26–28 June 2017). Analysis of Network–wide Transit Passenger Flows Based on Principal Component Analysis. Paper presented at the 2017 5th IEEE International Conference on Models and Technologies for Intelligent Transportation Systems (MT–ITS).

Ma, Z., Ferreira, L., & Mesbah, M. (2014). Measuring Service Reliability Using Automatic Vehicle Location Data. *Mathematical Problems in Engineering*, 2014.

Ma, Z., & Koutsopoulos, H. N. (2018). Optimal Design of Promotion Based Transit Demand Management Strategies. Working paper.

Ma, Z., Koutsopoulos, H. N., Chen, Y., & Wilson, N. H. M. (2019). Estimation of Denied Boarding in Rrban Rail Systems: Alternative Formulations and Comparative Analysis. *Transportation Research Record.*

Mark, S., & Phil, C. (2006). Developments in Transit Fare Policy Reform. Paper presented at the 29th Australasian Transport Research Forum Queensland, Australia.

Maruyama, T., & Sumalee, A. (2007). Efficiency and Equity Comparison of Cordon–and Area–based Road Pricing Schemes Using a Trip–chain Equilibrium Model. *Transportation Research Part A: Policy and Practice*, 41 (7), 655–671. doi: https://doi.org/10.1016/j.tra.2006.06.002.

Maunsell, F. (2007). Demand Management Techniques–peak Spreading. Retrieved from Department for Transport, Transport for London and Network Rail, London, United Kingdom.

Pelletier, M. –P., Trépanier, M., & Morency, C. (2011). Smart Card Data Use in Public Transit: A Literature Review. *Transportation Research Part C: Emerging Technologies*, 19 (4), 557–568. doi: https://doi.org/10.1016/j.trc.2010.12.003.

Pluntke, C., & Prabhakar, B. (2013). INSINC: A Platform for Managing Peak Demand in Public Transit. *JOURNEYS, Land Transport Authority Academy of Singapore*, 31–39.

Prud'homme, R., Koning, M., Lenormand, L., & Fehr, A. (2012). Public Transport Congestion Costs: The Case of the Paris Subway. *Transport Policy*, 21, 101–109. doi: http://doi.org/10.1016/j.tranpol.2011.11.002.

Rose, G. (2007). Appraisal and Evaluation of Travel Demand Management Measures. Paper presented at the 30th Australasian Transport Research Forum, Melbourne, Victoria, Australia.

Rousseeuw, P. J. (1987). Silhouettes: A Graphical Aid to the Interpretation and Validation of Cluster Analysis. *Journal of Computational and Applied Mathematics*, 20, 53 – 65.

Schade, J., & Schlag, B. (2003). Acceptability of Urban Transport Pricing Strategies. Transportation Research Part F: Traffic Psychology and Behaviour, 6 (1), 45 – 61. doi: https://doi.org/10.1016/S13698478 (02) 00046 – 3.

Schlag, B., & Teubel, U. (1997). Public Acceptability of Transport Pricing. *IATSS Research*, 21, 134 – 142.

Smith, B., & Moniruzzaman, M. (2014). Review of TDM Appraisal and Evaluation Tools. Retrieved from Perth, Australia.

Steg, L. (2003). Factors Influencing the Acceptability and Effectiveness of Transport Pricing. In *Acceptability of Transport Pricing Strategies* (pp. 187 – 202): Pergamon Press.

Steg, L., & Vlek, C. (1997). The Role of Problem Awareness in Willingness-to-change Car Use and in Evaluating Relevant Policy Measures. Paper presented at the Traffic and Transport Psychology: Theory and Application, Amsterdam, Netherlands.

Taylor, C., Nozick, L., & Meyburg, A. (1997). Selection and Evaluation of Travel Demand Management Measures. *Transportation Research Record: Journal of the Transportation Research Board* (1598), 4960.

Tibshirani, R., Walther, G., & Hastie, T. (2001). Estimating the Number of Clusters in a Data Set via the Gap Statistic. *Journal of the Royal Statistical Society: Series B* (Statistical Methodology), 63 (2), 411 – 423.

Tirachini, A., Hurtubia, R., Dekker, T., & Daziano, R. A. (2017). Estimation of Crowding Discomfort in Public Transport: Results from Santiago de Chile. *Transportation Research Part A: Policy and Practice*, 103, 311 – 326. doi: https://doi.org/10.1016/j.tra.2017.06.008.

Wang, Z. – j., Li, X. – h., & Chen, F. (2015). Impact Evaluation of a Mass Transit Fare Change on Demand and Revenue Utilizing Smart Card Data. *Transportation Research Part A: Policy and Practice*, 77, 213224. doi: https://doi.org/10.1016/j.tra.2015.04.018.

Wie, B. – W. (2007). Dynamic Stackelberg Equilibrium Congestion Pricing. *Transportation Research Part C: Emerging Technologies*, 15 (3), 154 – 174. doi: http://dx.doi.org/10.1016/j.trc.2007.03.002.

Wie, B. –W., & Tobin, R. L. (1998). Dynamic Congestion Pricing Models for General Traffic Networks. *Transportation Research Part B: Methodological*, 32 (5), 313 – 327. doi: http://dx.doi.org/10.1016/S01912615 (97) 00043 – X.

Yang, H., & Tang, Y. (2018). Managing Rail Transit Peak-hour Congestion with a Fare-reward Scheme. *Transportation Research Part B: Methodological*, 110, 122 – 136. doi: https://doi.org/10.1016/j.trb.2018.02.005.

Yap, M., Cats, O., & van Arem, B. (2018). Crowding Valuation in Urban Tram and Bus Transportation Based on Smart Card Data. *Transportmetrica A: Transport Science*, 1 – 20. doi: 10.1080/23249935.2018.1537319.

Zeileis, A., Kleiber, C., Krämer, W., & Hornik, K. (2003). Testing and Dating of Structural Changes in Practice. *Computational Statistics & Data Analysis*, 44 (1), 109 – 123. doi: https://doi.org/10.1016/S01679473 (03) 00030 – 6.

Zhang, J., Yan, X., An, M., & Sun, L. (2017). The Impact of Beijing Subway's New Fare Policy on Riders' Attitude, Travel Pattern and Demand. *Sustainability*, 9 (5), 689.

Zhang, Z., Fujii, H., & Managi, S. (2014). How Does Commuting Behavior Change Due to Incentives? An Empirical Study of the Beijing Subway System. *Transportation Research Part F: Traffic Psychology and Behaviour*, 24, 17–26. doi: https://doi.org/10.1016/j.trf.2014.02.009.

Zhu, Y., Koutsopoulos, H. N., & Wilson, N. H. M. (2017a). Inferring Left Behind Passengers in Congested Metro Systems from Automated Data. *Transportation Research Part C: Emerging Technologies*. doi: https://doi.org/10.1016/j.trc.2017.10.002.

Zhu, Y., Koutsopoulos, H. N., & Wilson, N. H. M. (2017b). A Probabilistic Passenger – to – Train Assignment Model based on Automated Data. *Transportation Research Part B: Methodological*. doi: https://doi.org/10.1016/j.trb.2017.04.012.

更正启示

《比较》总第109辑（2020年第4辑）第1页，康德应为孔德，特此更正，并向作者和读者致歉。

《比较》编辑室

法和经济学

Law and Economics

Comparative

REITs的制度变迁与我国试点制度的完善

王娴

不动产投资信托（Real Estate Investment Trusts，以下简称REITs），是向公众发行的、以商业地产、基础设施等不动产为投资标的的金融产品。1960年REITs制度正式诞生，现在已经在全球普及。2020年4月24日，中国证监会、国家发改委发布《关于推进基础设施领域不动产投资信托基金（REITs）试点相关工作的通知》，8月6日，中国证监会正式发布《公开募集基础设施证券投资基金指引（试行）》（以下简称《REITs指引》），标志着我国在证券投资基金法律框架下的公募REITs试点即将启动。本文将梳理REITs的制度起源及其在全球的变迁，将之与我国“证券投资基金＋资产支持证券”的REITs试点制度进行比较，而后对我国REITs试点制度完善提出意见和建议。

一、文献综述

20世纪，以科斯1937年《企业的性质》① 为肇始，制度经济学把交易成本引入了经济学分析。此后，诺思又将科斯提出的交易成本概念引入制度研究，以解释人类历史上的制度对经济发展的影响。诺思认为，制度是“一个

* 作者供职于清华大学国家金融研究院。

① Coase，R. H.（1937），The Nature of the Firm. *Economica*，4，386－405.

社会的博弈规则，更正式地说，是人为制定的用以规范人们互动行为的约束条件”。作为人们行动选择的约束，不同的制度对人们交易成本的影响是不同的，因而不同的制度，绩效也不同。① 诺思在《西方世界的兴起》② 中指出，“一个有效率的经济组织在西欧的发展正是西方兴起的原因所在”。制度是经济增长的关键，一种能够对个人和组织提供有效激励的制度是经济增长的决定性因素。其中，产权最为重要，因为产权界定了人们在财产支配、使用和分配等方面的权利和义务。

诺思还在《经济史中的结构与变迁》③ 中提出了包括产权理论、界定实施产权的国家理论以及影响人们对制度反应的意识形态理论在内的制度变迁理论。诺思把制度变迁分为两类，即诱致型制度变迁和强制型制度变迁。在两类制度变迁中，政府的作用是不同的。诱致型制度变迁以市场需求作为主要的制度变迁诱发因素，人们为争取获利机会自发倡导并组织实施对现行制度安排的变更或替代。它是人们在追求由制度不均衡引致的获利机会时进行的自发性制度变革，也是人类为不断降低交易成本而努力变革制度的过程。

制度及其实施机制是政府提供的最重要的公共品。这种正式制度决定的产权结构，可能导致经济增长、衰退甚至停滞，诺思也因此把自己的国家理论称为“界定实施产权的国家理论”。

从制度的角度看，金融产品本质上是界定参与金融交易各方权利义务的合同。在充满不确定性、信息不对称和外部性的金融市场中，清晰界定权利义务，并建立有效的制衡与激励机制，才能有效缓解信息不对称问题、代理问题，降低交易中的不确定性和风险，减少因利益冲突而导致的摩擦和交易成本。这样的金融产品，才是罗伯特·希勒在《金融与好的社会》④ 中所说的实现“好的社会”的重要工具。

金融机构和金融市场在各国都受到监管，金融监管的法律法规就形成了金融制度和产品创新的“初始行动集合”，市场主体在这一集合下从事金融

---

① North, D. C. (1990), *Institutions, Institutional Change and Economic Performance*. Cambridge: Cambridge University Press.

② North, D. C., & Thomas, R. P. (2009), *The Rise of the Western World: A New Economic History*. Cambridge: Cambridge University Press.

③ North, D. C. (1983), *Structure and Change in Economic History*. New York: W. W. Norton & Company.

④ 罗伯特·希勒.《金融与好的社会》[M]. 北京：中信出版社，2012.

创新，寻求更具效率的金融产品。正因如此，金融创新往往对“旧制度”有依赖性，使金融创新并非总是有效率的或者能够实现帕累托改进的。不仅如此，由于人的有限理性、信息问题、代理人问题、外部性等因素，金融制度和产品创新的设计也难以在一开始就达到“最优”。而且，新制度和新产品在未来发展过程中也并不总是像人们预期的那样，朝着好的方向发展，甚至还可能进入“低效率”的路径，并形成路径依赖，即布莱恩·阿瑟（W. Brian Arthur，1988）基于技术演进的自我增强机制和路径依赖研究提出的，如果制度变迁走上了某一路径，自我增强机制会使其在发展和变迁中自我强化。① 某些技术、产品或制度中的次优或短暂的优势，可能对资源最终配置产生重要和不可逆转的影响，即使在个体可自由选择并以实现最优化结果为目标的制度环境中，也是如此。而且一旦陷入低效率的“锁定”状态，要摆脱就十分困难②，换言之，人们过去做出的选择会决定现在可能的选择。

诺思指出，制度变迁过程与技术变迁过程一样，存在着边际报酬递增和自我强化的机制，其原因包括：（1）随着制度实施和推进，制度设计的单位初始成本、追加成本都会下降；（2）为了适应新制度而产生的组织及其适应制度而获得的“技能”，会形成制度惯性和黏性；（3）这些组织还会与其他组织缔约，并制定新的制度和建立新的组织，导致与原有制度具有互补效应的制度产生；（4）适应性预期，随着以特定制度为基础的合同盛行，该制度能够持续的不确定性就会降低。以上效应还会相互强化并形成制度矩阵以及相互联系的网络，形成递增的报酬，并使特定制度的轨迹持续。

运用非线性动态模型对路径依赖的研究得出了一个关键发现：“对初始条件的敏感性依赖”，这意味着单个行为人的边际调整可能无法保证制度的优化或修改次优的结果，也意味着存在市场失灵。这就是诺思所说的“过去对现在和未来的强大影响”，他说“历史确实是起作用的，人们今天的各种决定、各种选择实际上受到历史因素的影响”，即锁定在历史事件依赖中。

---

① Arthur, B. (1988), Self-Reinforcing Mechanisms in Economics. In *The Economy as an Evolving Complex System*, edited by P. W. Andersen, K. J. Arrow, and D. Pines (pp. 9 - 31). Readwood City, CA: Addison-Wesley.

② North, D. C. (1983), *Structure and Change in Economic History*. New York: W. W. Norton & Company.

除此之外，制度演进过程中还会形成利益集团。那些通过学习和协同效应建立起来的具有核心竞争力的市场组织，以及通过立法获得行政权力的政府机构，都可能成为既得利益者，它们作为“在位者”往往不希望改革制度。市场机构甚至会“俘获”立法者，以巩固既得利益，强化了路径依赖和改革阻力。西方学者的研究发现，政客可能利用银行信贷以及税收等手段实现本利益集团的目的，金融机构也可能与政府“结盟”或“俘获”政客，诱使监管机构采取对自身有利的监管，例如实施准入限制，以保护垄断（Becker and Stigler，1974①；Rajan and Zingales，2003②）。

从路径依赖的视角看，初始的制度设计至关重要，它可以为后续的制度演变创造良好的条件，防止陷入低效率的路径而不能靠市场的力量“迁徙”到高效率的制度上。本文将分析 REITs 制度在全球的两种路径变迁，即美国特殊税收实体 REITs 制度的建立及其演变，以及其他国家和地区以另类集合投资计划引入的 REITs 制度及其演进。之后，梳理中国从资产证券化到“类 REITs”的发展，再到中国公募 REITs 试点制度设计。在此基础上，对下一阶段中国 REITs 制度的完善提出相关意见和建议。

二、美国特殊税收实体 REITs 制度的建立与演变

19 世纪末萌芽于美国的 REITs 制度，到 1960 年以联邦立法的方式确立其特殊税收实体地位和监管制度。在其后的 60 年间，又通过多次政策调整，增强了制度的灵活度，使美国成为 REITs 制度最灵活的国家。

1. 因“税”而生的 REITs

19 世纪末，马萨诸塞州的州法禁止公司拥有房地产。为达到持有房地产的目的，1880 年，第一只以特殊信托结构设立的REITs成立，最终持有人通过信托持有不动产，以避免通过公司持有不动产而使股东面临双重征税问题。但是，1935 年最高法院对“Morrissey 诉 Commissioner of Internal Revenue”案的判例，使信托失去了作为税收穿透管道（pass through conduit）的作用。

---

① Becker，G. & Stigler，G. （1974），Law Enforcement，Malfeasance，and Compensation of Enforcers. *Journal of Legal Studies*，3，1 – 18.

② Zingales L. & Rajan R. G. （2003），Banks and Markets：The Changing Character of European Finance. No 9595，NBER Working Papers，National Bureau of Economic Research，Inc.

1929年，股市大萧条使共同基金（mutual fund，它是美国最流行的、投资于股票等有价证券的集合投资计划）受到很大打击，联邦政府希望通过立法规范这类产品的运作。

1936年，国会通过《税收法案》（Revenue Act of 1936），该法案推动了《1940年投资公司法案》（Investment Company Act of 1940）的诞生。该法案规定了共同基金和其他投资公司的结构和日常运作，赋予了共同基金的基金持有人与直接投资证券的投资者具有相同的税后待遇，即所谓的税收中性，共同基金作为税收穿透管道，如果满足把90%的净投资收入（net investment income）向股东分配的条件，分配给股东的部分就可从公司应税收入（corporate taxable income）中扣除。《1936年税收法案》还要求将共同基金纳入联邦监管，最重要的就是投资组合的多元化。在《1936年税收法案》的基础上，制定并颁布了《1940年投资公司法案》。按照《1940年投资公司法案》，在美国证监会注册的投资公司（Regulated Investment Companies，RIC）才享有"税收管道"的税收待遇，同时，还颁布了《1940年投资顾问法案》，这两部法律共同确立了集合投资计划的"外部管理模式"，即由按照《1940年投资顾问法案》在美国证监会注册并接受监管的投资顾问负责投资公司的投资组合管理。美国的集合投资计划模式成为其他国家和地区引入集合投资计划以及在其框架下引入REITs的基本制度安排，即集合投资计划作为"税收中性"的"投资管道"，只要将当前应税收入的相当比例分配给持有人即可享受相应免税政策。美国1940年的两部法律就成为全球REITs制度的起点，对REITs此后的发展和演变产生了重要影响。

1940年的立法之后，不动产投资信托业者积极游说国会，为其提供类似于《1940年投资公司法案》的税收待遇。1960年，《国内税收法案》的修改获得国会通过，同一年，比照《1940年投资公司法案》的做法，颁布了《1960年不动产信托投资法案》（Real Estate Investment Trust Act of 1960）①，该法案将"税收中性"的税收政策赋予了"合格REITs"②，REITs从此成为一般公众投资者投资商业地产等不动产的"投资管道"。REITs也可以从其应

① Chan Suhan et al.（2003），*Real Estate Investment Trusts*，*Structure*，*Performance*，*and Investment Opportunities*（p. 15）. New York：Oxford University Press.

② 根据所有权分散度的要求，REITs必须在纳税年度的365天内拥有至少100位股东，前5名大股东持股不得超过50%。

税收入中扣除支付给股东的股息①，与受美国证监会监管的投资公司具有平等的税收待遇。

从公众“投资管道”的角度看，《1960年不动产信托投资法案》与《1940年投资公司法案》② 一样，具有动员储蓄、促进投资的作用，公众投资者可以间接地投资于大型商业地产以获得稳定持续的现金流。

2. 税收等制度的持续调整

在《1960年不动产信托投资法案》之后，美国又通过了一系列既包括对REITs的专门立法，也包括税法等的调整，使REITs的运行环境更加完善。

20世纪70年代初，REITs以抵押贷款为主要投资标的，这是因为当时银行受利率上限的监管限制，设立REITs为银行提供了“上限利率套利”（cap rate arbitrage）③ 工具。但是随后的几年，美国遭遇滞胀，抵押贷款型REITs面临极度困难，1973年到1975年底，REITs的总资产下降了40%，REITs股票的总市值下降了68%，投资回报率下降了60%。《1976年税制改革法案》允许新注册的REITs和现存的REITs将其亏损结转至未来五年，以消除抵押贷款型REITs在经营困难时期无法保持REITs身份面临的问题。④ 但是，这一政策调整对REITs的影响较为有限，1974年到1981年，REITs的总资产从204.8亿美元降到了71亿美元。⑤

1980年，里根政府推出了一系列经济自由化的改革措施。《1981年经济复

---

① 由于这种特殊的税收待遇，实际操作中大多数REITs会将应税收入的100%都分配给股东，从而免缴公司税。

② 《国内税收法案》第851—855条、第860条和第4982条规定了受监管的投资公司（Regulated Investment Companies）的税收政策。根据《1940年投资公司法案》的规定，在证券交易委员会登记为投资公司，在满足其收入来源及其资产多样化的要求后，就可以享有受监管的投资公司的相关税收政策。受监管的投资公司作为其股东投资于证券的“投资通道”，在计算受监管的投资公司的应税收入时会扣除其支付给股东的股息。

③ 当时，银行以相当高的利率提供商业贷款，如建筑贷款。与此同时，储户的存款利率却很低，银行就发放了大量的抵押贷款，但由于银行的资本/贷款比例有监管要求，REITs的投资就自由很多，它们可以以10%或11%的利率发放贷款，仅向投资者支付7%或8%的投资收益，将300个基点的利差作为收购、处置和管理费用。

④ 按照《1960年不动产信托投资法案》的规定，抵押贷款型REITs获得了不动产的“取消抵押品赎回权”，但在两年内出售则可能失去其REITs身份。

⑤ Chan Suhan et al. (2003), *Real Estate Investment Trusts, Structure, Performance, and Investment Opportunities* (p. 26). New York: Oxford University Press.

苏法案》(Economic Recovery Act of 1981) 允许经营损失结转和缩短折旧期，为不动产投资者提供了重大的税收减免。该法案推动了房地产有限合伙企业(Real Estate Limited Partnerships，RELP) 的设立，但对 REITs 却是“噩耗”，很多投资者转向投资 RELP。①

《1986 年税制改革法案》是里根执政期间发布的重要改革措施，旨在降低税收、提高供给，它也调整了个人、公司等在不动产投资收益方面的税收，这部法案与此后关于经营损失结转和折旧等税收政策改革，提升了 REITs 的优势。②

《1993 年综合预算调节法案》(Omnibus Budget Reconciliation Act of 1983) 颁布，允许养老金投资 REITs。在此之前，REITs 必须满足前 5 名股东持有量不得超过 50%，即 5/50 规则。该法案允许将养老金的受益人视为 REITs 持有人。REITs 投资者结构的改善、投资银行及其证券分析师对 REITs 的研究，扩大了 REITs 的影响，也改善了其透明度和流动性。③ 学者认为，如果国会希望通过 REITs 鼓励个人参与不动产投资，就应该简化要求让其高效运作。④

《2017 年减税和就业法案》(Tax Cuts and Jobs Act of 2017，TCJA) 为收入中包括 REITs 股息在内的穿透性支付提供 20% 的减税。全额减免适用于收入低于 157000 美元的个人，或低于 315000 美元的联合报税人等。对外国 REITs 的预扣税从 35% 下降到 21%，进一步提高了 REITs 的吸引力。

除此之外，法律还逐步扩大了 REITs 的“合格资产”范围。《1960 年不动产信托投资法案》是为了支持不动产的⑤ (2016 年，美国国税局发布了有关不动产定义，包括土地、附着的永久性结构和结构组成部分的投资)。为了支持相关基础设施的发展，美国国税局陆续批准了通信塔 (1964 年)、铁路轨道 (1969 年)、林地 (2003 年)、输电基础设施和天然气管道 (2007 年) 成为

---

① 尽管 REITs 在 1981 年至 1984 年的年均回报率超过了 20%，且 REITs 通过创新，推出有限期限的 F-REITs (finite-life REITs) 与 RELP 竞争，但由于 REITs 债务结构的变化以及保守的投资策略，创新的收效有限。

② Knight and Lee (1992) 指出，除其他事项外，《1986 年税制改革法案》消除了利用 RELP 使用被动收入损失来抵消其他主动或被动收入收益的能力这一主要优势。

③ Chan Suhan et al. (2003), *Real Estate Investment Trusts*, *Structure*, *Performance*, *and Investment Opportunities* (p. 30).

④ 同上，第 249 页。

⑤ 美国税法第 I. R. C. § 856 (c) (5) (B) 定义的不动产 (real estate assets) 包括在不动产上的权益和以房地产为抵押的权益。

REITs 的“合格资产”。

3. 法律调整使 REITs 向内部管理型和积极管理型过渡

《1960 年不动产信托投资法案》将 REITs 定义为非公司化的联合体。它由多个受托人作为管理人，并可发行可交易的收益凭证。对于 REITs 的管理，该法案规定 REITs 由“受托人和董事”管理①，但没有对内部管理型还是外部管理型 REITs 做出明确规定。在当时“投资顾问”为投资公司提供外部管理的模式已经较为盛行的情况下，这一规定就被“解释”为外部管理模式，“有意”向投资公司的管理模式“靠拢”。②

解释为“外部管理”有其“合理成分”，因为 REITs 的立法初衷是成为公众投资不动产的“投资管道”，无须对持有的资产进行主动管理。聘请外部管理人管理，由其做出并购和融资等决策，管理人与投资顾问一样按管理资产规模收取管理费。③ 值得一提的是，《1960 年不动产信托投资法案》并不要求 REITs及其管理人接受美国证监会的监管，而是将 REITs 作为特殊税收实体，在税务机关申报并接受其监管。

但是，从《1960 年不动产信托投资法案》颁布后美国 REITs 的发展看，被动投资和外部管理却形成了一定的路径依赖，直到 1986 年④美国国税局的私信裁决（private-letter rulings）⑤ 才得以根本改变。这一时期，外部管理型 REITs的利益冲突影响了绩效，受到学界和业界的质疑。舒尔金（Schulkin，1971）就指出，利益冲突是 20 世纪 70 年代初 REITs 市场崩溃的一个原因。⑥麦克马汉（McMahan，1994）⑦ 指出，这种早期的 REITs 结构，因管理顾问与

---

① William L. MARTIN（1978），*Federal Regulation of Real Estate Investment Trusts：A Legislative Proposal*，127. 316 –390.

② Chan Suhan et al.（2003），*Real Estate Investment Trusts，Structure，Performance，and Investment Opportunities*（p. 15）. New York：Oxford University Press.

③ 同上，第 55 页。

④ Internal Revenue Service（I. R. S.）. Private Letter Ruling. https：//www. irs. gov/pub/irs-tege/plr_8616067. pdf.

⑤ 私信裁决是“国税局向纳税人发出的书面声明，就税法的一些规定做出解释。从而使纳税人在预期交易之前能够知悉裁决所规定情形的税收待遇”。

⑥ Schulkin，Peter A.（1971），Real Estate Investment Trusts. *Financial Analysts Journal*，27，33 –40.

⑦ McMahan，John（1994），The Long View：A Perspective on the REIT Market. *Real Estate Issues*，19，1 –4.

持有人利益不一致造成了潜在的利益冲突，REITs 的顾问也不太可能对其管理的 REITs资产进行任何重大投资或调整。卡波扎和塞金（Capozza and Seguin，2000）研究发现，相比内部管理型 REITs，外部管理型 REITs 的业绩低 7%。① 《1986 年税制改革法案》对此做出了回应，它规定 REITs “可以直接选择、雇用和补偿为 REITs 提供的、与其不动产相关的个性化服务，而不是雇用独立的合同服务商”。② 此外，还允许 REITs 对其持有的不动产拥有更大的管理控制权，可以对资产进行主动管理。这次修改，使管理层与股东利益更趋于一致，REITs朝着集合化经营迈出了重要的一步③，从此美国大量外部管理型 REITs 转为了内部管理型。根据卡波扎（2005）的研究，外部管理型 REITs 的市场份额从 1986 年的 48% 下降至 1992 年的 26%，2005 年跌至 10% 以下。

1989—1990 年，美国房地产市场再次遭遇困境，REITs 的名义收益率从 1988 年的 10% 降到了 -24%。而 1990 年底到 1995 年底迎来了一轮强劲的反弹，REITs 收益率上升了 149%，REITs 股票总市值从 85 亿美元上升到 560 多亿美元，其中，大部分收益来自股价上涨和新股发行。REITs 资产总额从 440 亿美元上升到 970 亿美元。这一时期，新进入的 REITs 都是内部管理型的，管理层还可以持有 REITs 的股权。麦克马汉（1994）④ 指出，REITs 管理团队中的许多人在 REITs 的 IPO（首次公开募股）之前就在该行业工作多年，他们更了解业务管理，其利益与持有人利益的一致，促进了管理效率和盈利能力的提高。内部管理型 REITs 的增加也促进了专业化 REITs 的发展，专门投资于公寓、办公、工业物业、购物中心、自储物业、旅馆和汽车旅馆等不动产的 REITs 数量和规模显著增长。⑤

一些学者把 REITs 在 20 世纪 90 年代的蓬勃发展归因于 1986 年的税法调

① Capozza & Seguin (2000), Focus, Transparency and Value: The REIT Evidence, *Real Estate Economics*, 27 (4), 587 - 619.

② Private-letter Rulings from the IRS (1986), Chan Suhan et al. (2003), *Real Estate Investment Trusts, Structure, Performance, and Investment Opportunities* (p. 59). New York: Oxford University Press.

③ Chan Suhan et al. (2003), *Real Estate Investment Trusts, Structure, Performance, and Investment Opportunities* (p. 28). New York: Oxford University Press.

④ McMahan, John (1994), The Long View: A Perspective on the REIT Market. *Real Estate Issues*, 19, 1 - 4.

⑤ Chan Suhan et al. (2003), *Real Estate Investment Trusts, Structure, Performance, and Investment Opportunities* (p. 31). New York: Oxford University Press.

整，由于其允许 REITs 采取内部管理型①，有助于降低运营成本和缓解利益冲突。里德（Reeder，1992）指出，在改革后的 12 个月内，7 只 REITs 的经营费用减少了约 350 万美元。安布罗斯和林尼曼（Ambrose and Linneman，2001）指出，在 1990—1996 年，大多数内部管理型 REITs 通过收购和开发不动产推行积极增长战略。奥莫科霍米恩等人（Omokhomion et al.，2018）采用 Scopus 方法②，系统分析了选定学术期刊上发表的关于管理结构对 REITs 绩效影响的文献，结论也是内部管理型 REITs 优于外部管理型 REITs。

另外，《1997 年 REITs 简化法案》（REIT Simplification Act of 1997，REIT-sA），放宽了 REITs 的经营范围，包括允许 REITs 提供少量以前被禁止的服务，例如安装有线电视；放宽 REITs 利用衍生品对冲利率风险的规则，也优化了 REITs 的管理结构。

对 REITs 管理影响很大的还有《1999 年 REITs 现代化法案》（REIT Modernization Act of 1999，RMA），它做出了两项重大修改：一是 REITs 向股东分配的比例降为 90%；二是 REITs 可以持有应税 REITs 子公司（taxable REIT subsi-diary，TRS）100% 的股份。应税 REITs 子公司可以向承租人提供服务，通过积极管理持有的不动产为股东创造价值，这就为以主动管理为特征的现代型 REITs 的发展提供了空间。

20 世纪 90 年代中期以后，REITs 的合并开始增加，从而实现了以下优势：（1）提高业务效率和增加业务资金流动；（2）实现规模经济，降低成本；（3）投行分析师的关注度提高；（4）提高股票流动性。应该说，这一系列改革为 REITs 发展松了绑，也拉开了美国 90 年代之后 REITs 市场大繁荣的序幕。

进入 21 世纪，美国还在持续地完善 REITs 制度。2001 年 6 月 4 日，美国国税局发布了收入裁决（Revenue Ruling，No. 2001-29），重申 REITs 可以开展“积极管理”等业务。《2003 年 REITs 改进法案》（REIT Improvement Act of 2003，RIA）放宽了 REITs 贷款限制和外国人的 REITs 投资限制。《2007 年房地产投资多样化和赋权法案》（REIT Investment Diversification and Empowerment Act of 2007，RIDEA）使 REITs 持有应税 REITs 子公司的比例提高到总资产的

---

① Chan Suhan et al.（2003），*Real Estate Investment Trusts，Structure，Performance，and Investment Opportunities*（p. 39）. New York：Oxford University Press.

② Omokhomion et al.（2018），Real Estate Investment Trusts（REITs）：Management Structure and Performance. *International Journal of Real Estate And Land Planning*，（1），143－154.

25%，允许其更加便利地收购和处置不动产。

美国对REITs的法律和政策调整的趋势是明确的，使REITs从被动管理向主动管理、从外部管理向内部管理转变，REITs变得更像经营性公司。①

4. REITs税收实体身份的申报与测试

在美国，REITs法律组织形式与《1940年投资公司法案》的规定相同，它可以采取税法规定的任何组织形式，包括公司、合伙企业、商业信托、有限责任公司等。作为税收实体，可以随时通过向税务当局申报"选择"（elect）成为享受《国内税收法案》（Internal Revenue Code）投资管道税收政策的REITs，而无须事先批准或事先提交申报。它们只需要完成美国国税局"测试表"（check the box）就"选择"了"REITs身份"。"测试表"的主要测试是《国内税收法案》第856条和第857条规定的REITs需要满足的条件，包括：（1）分配测试。REITs须根据《国内税收法案》第856（a）条至856（c）条的规定，将至少90%的应税收入作为股息支付给股东；（2）资产测试。持有合格资产比例不低于75%，合格资产包括不动产、政府证券或现金；（3）收入测试。90%的总收入必须来自房地产相关来源和被动的投资收益。

获得REITs身份后，须向国税局提交该年的特殊纳税申报表，即1120-REIT表（Form 1120-REIT），还须每年向其股东发送信函使他们知悉其所持股份的分红信息，以便于纳税。如果违反规定，例如，未按照要求发函通知持有人收入分配情况、未按规定分配收入、未通过资产测试等，将视情节处以罚款等处分，甚至是丧失REITs身份。失去身份的，需在连续五年遵守REITs规定后才能重新申请。

三、以另类集合投资计划引入的REITs及其普及

1969年，荷兰发行了首个REITs，成为美国之外第一个建立REITs的国家，从此REITs在全球普及开来。

1. 以另类集合投资计划引入REITs

集合投资计划是将投资者的资金汇集起来交由专业的管理人管理的"投

① Chan Suhan et al.（2003），*Real Estate Investment Trusts，Structure，Performance，and Investment Opportunities*（p. 250）. New York：Oxford University Press.

资管道”。集合投资计划的起源是英国1868年的海外和殖民地投资信托。而世界上第一个关于集合投资计划的立法是前面介绍过的美国1940年的两部法律，其他国家与地区大都以美国《1940年投资公司法案》为蓝本建立了本国的集合投资计划制度，也大都在本国的集合投资计划制度框架下参考美国的REITs制度，建立了自己的REITs制度（IOSCO，2008）①，其基本制度与美国的REITs都有一个共同点，即将净收入的一定比例（例如90%）分配给持有人，就可以对持有人征税而非对REITs征税，即税收穿透（Chan et al.，2003；Wolfgang Speckhahn，2017）。②

1985年，欧盟发布《证券集合投资计划指令》（Undertaking for the Collective Investment of Transferable Securities，UCITs③），其成员国的REITs也大多在此框架下建立，即投资于不动产的“另类”集合投资计划，例如英国的“另类UCITs”（non-UCITs retail schemes，NURs）④可以投资于流动性不高的房地产等“非可交易证券”，NURs可以向英国居民销售，受金融监管当局的监管。英国还于2008年建立了“不动产授权投资基金”（Property Authorized Investment Funds，PAIFs）⑤制度，该类基金向税务当局申报成立，只能向特定投资

---

① IOSCO（2008），Review of The Regulatory Issues Relating to Real Estate Funds，https：//www.iosco.org/library/pubdocs/pdf/IOSCOPD275.pdf.

② Chan Suhan et al.（2003），*Real Estate Investment Trusts*，*Structure*，*Performance*，*and Investment Opportunities*. New York：Oxford University Press；Wolfgang Speckhahn（2017）. *Real Estate Investment Trusts In Europe-Europeanising Tax Regimes*（p. 75）. Verlag：Kluwer Law International B. V.

③ EU，Undertakings for the Collective Investment in Transferable Securities（UCITs）-Directive 2009/65/EC，https：//ec.europa.eu/info/law/undertakings-collective-investment-transferable-securities-ucITs-directive-2009-65-ec_en.

④ Non-UCITs retail funds（NURs funds）属于授权投资基金（Authorised Investment Funds，“AIFs”）而非UCITs计划，也非合格投资者投资计划（Qualified Investor Schemes），它受到的投资限制低于UCITs，可以向公众投资者销售，但仅限于英国居民。NURs可投资各类金融资产，包括股票、债券、黄金、衍生品、不动产，等等。英国金融行为监管局发布PS19/24规则，修改了NURs的规则，使之适用于不动产等流动性较差的开放式基金。修改后的规则将于2020年9月实施，对NURs的管理人和投资经理、托管人、辅助服务提供商等做出了规定。

⑤ PAIF制度结构的基础是一个基本概念，类似于英国的RETIs，出于公司税目的，PAIFs的免税业务是一种独立且与众不同的业务，只有规定范围内的业务才可以豁免。根据IFM04130和《财产收入手册》（Property Income Manual），用于农业生产或用于高尔夫俱乐部业务的土地不包括在内，以下不动产的收入也不包括在内，例如石油和天然气管道的租金。PAIFs的组织形式既可以是信托型也可以是公司型，它不同于常规的集合投资计划，其投资标的更加宽泛，投资于不动产的比例不低于60%（https：//www.gov.uk/hmrc-internal-manuals/investment-funds/ifm04310）。

者销售。①

根据国际证监会组织（IOSCO）的问卷调查②，成员国的 REITs 监管制度框架可以分为两大类：一是对集合投资计划的规则进行修改，可以直接投资不动产，例如，澳大利亚、荷兰、德国（开放式不动产基金）、法国、爱尔兰、意大利、日本、卢森堡、瑞士、英国的 NURs；二是在集合投资计划框架下发布特别规定，如香港地区、葡萄牙。在 IOSCO 的问卷中，唯一明确回答不适用集合投资计划监管制度的是美国。需要引起注意的是，其他国家引入美国的 REITs 制度时，大多因循的是美国《1940 年投资公司法案》确立的集合投资计划框架，而不是美国《1960 年不动产信托投资法案》确立的特殊税收实体以及 1986 年税收法律调整后发展起来的内部管理制度。

2. REITs 在金融监管部门的监管下运作

集合投资计划监管框架下的 REITs 制度，基本包括以下内容：

一是由金融监管机构负责 REITs 的监管。在集合投资计划框架下建立的 REITs，大都由集合投资计划监管部门负责监管，例如，日本金融服务局、香港证监会、法国金融监管局、比利时金融服务和市场局、意大利央行、荷兰金融市场局。英国是混合体制，按照集合投资计划设立的 NURs，由金融行为监管局监管，REITs 和 PAIFs 则由税务机关监管。③

二是 REITs 的注册与监管。（1）REITs 的注册：REITs 需要在监管部门注册才能够向公众发行，还需要遵守投资范围、会计、净值核算和信息披露等方面的规定；（2）托管制度：独立第三方托管制度及对托管人的资格和行为监管；（3）管理人：REITs 由持牌管理人管理，其行为受到监管。欧盟于 2011 年发布《另类投资基金管理人和修正指令》④，它适用于对冲基金、私募股权基金和 REITs 的管理人。

---

① PAIF 的概念于 2008 年首次提出，PAIFs 使投资者可以避免双重征税。同样，在分配要求上也有不同。REITs 只需分配其收入的 90%，而 PAIFs 必须分配其收入的 100%。由于 PAIFs 属于 QIS，仅面向机构投资者及专业投资者。

② IOSCO（2008），Review of The Regulatory Issues Relating to Real Estate Funds，https：//www. iosco. org/library/pubdocs/pdf/IOSCOPD275. pdf.

③ 同上。

④ Alternative Investment Fund Managers and Amending Directives，https：//eur-lex. europa. eu/LexUriServ/LexUriServ. do？ uri = OJ：L：2011：174：0001：0073：EN：PDF.

三是法定的 REITs 治理。REITs 在治理上沿袭了集合投资计划的基本框架，例如，OECD 2005 年发布的《集合投资计划治理白皮书》① 倡议，REITs 的治理结构重点是：（1）集合投资计划的财产独立性，并要求独立第三方托管；（2）集合投资计划要明确治理实体，并监督管理人；（3）管理人的注册与监管制度。

四是对管理人的监管。参照美国《1940 年投资顾问法案》的监管框架，对外部管理人的监管是集合投资计划框架下引入 REITs 制度国家的通行做法。

3. 英德引入特殊税收实体的 REITs 制度

尽管绝大多数国家和地区都以集合投资计划的框架引入了 REITs 制度，但是英德两国都于 2007 年通过专门立法引入了特殊税收实体 REITs，其模式与美国的模式更加接近。

在 2007 年，英国建立了正式的 REITs 制度，它是封闭式公司。与英国 NURs 的监管不同，英国的 REITs 与美国的 REITs 一样，是在税务局申报成为特殊税收实体的。税收实体只需在转换前向税务和海关总署（HM Revenue & Customs，HMRC）申报，通过测试的就可以成为《公司税法案》规定的 REITs②，REITs 公司的相应业务活动的收入可不缴纳公司税③，与其他在监管部门注册的集合投资计划，例如 UCITs、NURs 和 PAIFs 享有基本相同的税收政策。④ REITs 须每年提交两份纳税申报表、三套财务报表（证明符合各种合格测试和条件）。2007 年 1 月 1 日《REITs 法案》颁布实施的当天，就有 9 家知名的不动产公司转换为 REITs 公司，并在伦敦交易所上市。⑤ 2012 年还进行了

---

① OECD（2005），White Paper on Governance of Collective Investment Schemes（CIS），http：//www. oecd. org/finance/financial-markeTs/34572343. pdf. 白皮书旨在为 OECD 国家的政策制定者和集合投资计划的相关管理等机构建立有效的治理、完善监管提供建议。市场参与者和政府部门可以按照白皮书对本国的实践和监管进行分析评估并改进集合投资计划的治理。

② 在英国，成为 REITs 的测试条件包括：是英国纳税法人；其股票获准在证券交易所交易；不是开放式投资公司；母公司将编制财务报表等。REITs 净利润的至少 75% 必须来自物业租赁业务；必须至少持有三种独立的房地产资产；任何一项不动产的价值不得超过总资产的 40%；可以投资英国境外不动产。不动产租赁业务（免税）收入的 90% 必须在会计期结束后的 12 个月内分配。

③ HM Revenue & Customs（2016），Company Taxation Manual. https：//www. gov. uk/hmrc-internal-manuals/company-taxation-manual/ctm48853.

④ HM Revenue & Customs（2011），Authorised Investment Funds Gudance. https：//www. gov. uk/guidance/authorised-investment-funds.

⑤ Nine Property Companies Poised to Convert to REITs. https：//www. telegraph. co. uk/finance/2953091/Nine-property-companies-poised-to-convert-to-REITs. html.

规则修改，废除了转换为 REITs 的转换费（按不动产总市值 2% 征收），降低了转换为 REITs 的成本。在英国上市的 REITs，则需要遵守招募说明书指引和英国上市规则的规定。

德国经历了类似的过程，2007 年《德国 REITs 法案》实施。在颁布 REITs 法的同时还修改了相关的税法，包括收入税法和投资税法，德国税务当局还发布了 REITs 商业登记的行政规章，符合条件的公司可以在商务注册处注册成为 REITs 股份公司，上市的 REITs 则要遵守交易所的上市规则和披露规定。

四、REITs 制度变迁的借鉴

从 19 世纪末市场主体自发利用信托法律架构建立了集合投资房地产的制度安排，到 1960 年全球第一部正式的 REITs 立法在美国诞生，如今 REITs 已成为全球重要的公众投资工具。REITs 的制度变迁，既呈现诱致型制度变迁的特征，也呈现强制型制度变迁的特点。这其中，市场与政府的力量都是不可忽视的。

1. 市场的力量

REITs 的萌芽首先是市场的力量，英美两国市场主体利用信托制度建立“税收通道”。当政府的法律、判例让这种方式无法实施时，他们积极推进立法的调整，这是 1960 年美国立法的背景。

市场的力量还在法律法规提供的空间内创新，金融市场中的创新很多属于这一类，也被称为“监管套利”。例如，美国 20 世纪 70 年代的“上限利率套利”，以及 90 年代利用“应税 REITs 子公司”进一步推进积极管理等。

20 世纪 90 年代的 REITs 结构创新，即伞形合伙 REITs（umbrella partnership REITs，UPREITs），其目的是规避转换为 REITs 的成本。伞形合伙 REITs 由两层实体构成，即 REITs 和运营合伙人（operating partnership，OP）。它们都可以发行股份，REITs 以发行股票筹集的资金购买物业或者运营合伙人股权，通常是控股股权。运营合伙人可以采用美国国税局的延税交换规则 731（tax-deferred exchange rule 731），伞形合伙 REITs 结构允许运营合伙人延迟缴纳资本利得税，从而降低了将不动产移入伞形合伙 REITs 的成本。①

---

① Chan Suhan et al.（2003），*Real Estate Investment Trusts*，*Structure*，*Performance*，*and Investment Opportunities*（pp. 30 – 31）. New York：Oxford University Press.

2. 政府的力量

在REITs制度变迁中，政府的力量也至关重要。尽管市场的力量会在法律法规的空间内创新以降低交易成本、提供市场所需的产品和服务。1960年美国的REITs立法，尽管目的是为不动产投资提供“投资管道”，但也考虑了REITs投资并非金融产品投资，在制度设计时没有“路径依赖”地走向《1940年投资公司法案》的制度框架，而是通过税法的调整和颁布独立的REITs立法，“自上而下”推进强制型制度变迁，建立了“特殊税收实体”REITs制度。

制度设计并非一蹴而就，也非一劳永逸。市场变化、人们偏好的改变、技术进步都会使制度不适应新的市场环境，更何况初始的制度设计本身也因人的认识等多方面原因而不可能完美。当一个制度体系形成了路径依赖，依靠市场自身的力量很难或者是需要很长时间才可能打破并转到新的制度体系中。此时，强制型制度变迁就是必要的，政府通过立法，自上而下地推动制度变革。否则，将长期锁定在低效率的制度中难以退出。以美国为例，在实务界和学界对于外部管理型提出质疑之后，终于在1986年的税收法律修改时打破了路径依赖，使内部管理型成为可能，而市场的选择是越来越多的REITs采取了内部管理型，其数量从1993年的41个增长到1997年的164个，而外部管理型则显著下降。①

在既有的集合投资计划制度框架下引入REITs，虽然避免了立法程序烦琐、多个政府部门协调等的成本，但由此形成的外部管理型和金融监管部门监管的模式，却形成了路径依赖，外部管理型REITs变得流行②，欧盟大多数国家的REITs是外部管理型的，奥莫科霍米恩等人（2018）的研究也发现③，亚太地区（香港地区、新加坡、日本、马来西亚）的REITs完全是外部管理型结构。值得注意的是，英德两国通过自上而下的强制型制度变迁，在2007年以独立立法引入了“特殊税收实体”REITs制度。

政府在制度供给上的介入，还有一个原因就是各国之间的竞争。例如，

---

① Chan Suhan et al.（2003），第57—58页。

② 是指20世纪90年代以后引入REITs的国家和地区，主要以外部管理型为主。

③ Omokhomio et al.（2018），Real Estate Investment Trusts（REITs）：Management Structure and Performance. *International Journal of Real Estate and Land Planning*，1，143 - 154.

欧盟的金融市场一体化程度较高，1985年，欧盟的《证券集合投资计划指令》发布后，在欧盟任一个成员国注册的集合投资计划都能获得“欧盟护照”，可以在欧盟各国销售。通过金融、税收制度调整，增强本国市场的吸引力和竞争力就成为REITs税收制度需要考虑的内容①，一些国家的政府还“被动”陷入“REITs税收优惠竞争”中，并可能出现税收方面的“逐底竞争”。

由此可见，政府的作用也是不容忽视的，党的十八届三中全会提出“使市场在资源配置中起决定性作用和更好发挥政府作用”，其中一个重要的方面就是要通过结构性改革，提供能使市场发挥决定性作用的“制度”。当市场自发的创新因初始制度环境制约而形成低效率的路径依赖时，立法机构和监管部门应及时通过法律法规的调整，提供高效率的制度或者解除管制、放松管制，使高效率的制度可以成为市场的“选择”。

五、中国公募REITs制度的形成及下一阶段的改革与完善

我国的REITs试点，也是在市场和政府两方面力量的推动下形成的。2020年，国家发改委和中国证监会以“证券投资基金+资产支持证券”的模式引入REITs试点，制度变迁的过程，既有诱致型制度变迁，又有政府发挥作用的强制型制度变迁。但是，REITs试点制度，在没有系统调整税收、基金等立法情况下的试点方案，存在诸多不足，需要及时改革和完善。

1. 资产证券化和类REITs的制度演进

20世纪90年代后期，资产证券化在我国萌芽，市场机构通过信托或者合伙等组织形式构建特殊目的载体（SPV），实现资产证券化的税收中性，以及规避基础资产“真实出售”的税收等成本。以2004年证监会《关于证券公司开展资产证券化业务试点有关问题的通知》②、2005年人民银行和银监会联合

① Wolfgang Speckhahn（2017），*Real Estate Investment Trusts In Europe-Europeanising Tax Regimes*（p. 99）. Verlag：Kluwer Law International B. V.

② 《关于证券公司开展资产证券化业务试点有关问题的通知》：“资产证券化业务，是指证券公司面向境内机构投资者推广资产支持受益凭证（以下简称受益凭证），发起设立专项资产管理计划（以下简称专项计划或计划），用所募集的资金按照约定购买原始权益人能够产生可预期稳定现金流的特定资产（即基础资产），并将该资产的收益分配给受益凭证持有人的专项资产管理业务活动。”

发布的《信贷资产证券化试点管理办法》① 为开端，资产证券化进入了大规模发展时期。2013 年 3 月，证监会发布《证券公司资产证券化业务管理规定》②，标志着证券公司资产证券化业务由试点业务开始转为常规业务，证监会 2014 年的《证券公司及基金管理公司子公司资产证券化业务管理规定》合并了证券公司和基金管理公司子公司的管理规则。③ 保监会 2015 年颁布了《资产支持计划业务管理暂行办法》。④

同时，为了配合国家的产业政策需要，资产证券化的基础资产类型也在逐步扩大，尤其是 2012 年 5 月银监会发布《关于进一步扩大信贷资产证券化试点有关事项的通知》，明确符合条件的国家重大基础设施项目贷款等信贷资产可以作为基础资产。2012 年 8 月，银行间交易商协会发布《银行间债券市场非金融企业资产支持票据指引》，资产支持票据（ABN）正式诞生。2013 年 3 月，上海证券交易所出台《证券公司资产证券化业务管理规定》，其中第八条规定："基础资产可以是企业应收款、信贷资产、信托受益权、基础设施收益权等财产权利，商业物业等不动产财产，以及中国证监会认可的其他财产或财产权利。"

同一时期，银行、券商、保险资产管理业务蓬勃发展，也为资产证券化的发展提供了充足的"买方"力量。特别是对资管产品的规范，例如，2013 年 3 月银监会《中国银监会关于规范商业银行理财业务投资运作有关问题的通知》，明确限制理财资金非标资产范围；2014 年 5 月 16 日，央行和金融监管部门《关于规范金融机构同业业务的通知》，通过约束买入返售

① 2005 年 4 月 20 日颁布的《信贷资产证券化试点管理办法》第二条第一款规定："在中国境内，银行业金融机构作为发起机构，将信贷资产信托给受托机构，由受托机构以资产支持证券的形式向投资机构发行受益证券，以该财产所产生的现金支付资产支持证券收益的结构性融资活动，适用本办法。"

② 《银行间债券市场非金融企业资产支持票据指引》第二条规定："本指引所称资产支持票据，是指非金融企业（以下简称企业）在银行间债券市场发行的，由基础资产所产生的现金流作为还款支持的，约定在一定期限内还本付息的债务融资工具。"

③ 《证券公司及基金管理公司子公司资产证券化业务管理规定》第二条第一款规定："本规定所称资产证券化业务，是指以基础资产所产生的现金流为偿付支持，通过结构化等方式进行信用增级，在此基础上发行资产支持证券的业务活动。"

④ 《资产支持计划业务管理暂行办法》第二条第一款规定："本办法所称资产支持计划（以下简称支持计划）业务，是指保险资产管理公司等专业管理机构作为受托人设立支持计划，以基础资产产生的现金流为偿付支持，面向保险机构等合格投资者发行受益凭证的业务活动。"

业务、限制同业存款业务，使结构化融资产品受到重大影响。特别是2018年4月《关于规范金融机构资产管理业务的指导意见》，监管层对理财产品规范和投资非标的整顿，使作为“标准化”产品的资产支持证券成为规避监管的“通道”，经“多层嵌套”的“非标”投资标的变身为“标准化”的资产证券化产品。

2014年以“中信启航”REITs的设立为标志，“类REITs”启航。“类REITs”是指根据《证券公司客户资产管理业务试行办法》《基金管理公司特定客户资产管理业务试点办法》《关于证券公司及基金管理公司子公司资产证券化业务管理规定》中有关专项资管计划发行的规定而设立的“资管计划”。此类计划可作为“投资管道”，向合格投资者发行资产支持证券。

在“一行三会”监管时期，负责“机构监管”的各金融监管部门，分别建立了各自所监管行业的资产证券化监管框架，各类金融机构以“信托型”或“契约型”特殊目的载体发行资产支持证券，为了实现税收中性和规避基础资产转让的增值税等，构建了复杂的交易结构，交易成本较高，也增加了监管的难度。“多层嵌套”、监管“看不穿”、“影子银行”等问题，一直困扰着这一时期的金融监管，也可能埋下系统性风险的隐患。同时，“一行三会”的规范性文件作为部门规章，在一些问题上仍然与《合同法》《信托法》《担保法》等上位法存在冲突，使基础资产的“真实出售”“破产隔离”等并没有真正实现，“剩余风险”有可能没有“出表”。不仅如此，在政出多门、监管竞争的格局下，资产支持证券作为同一属性的金融产品，监管制度不同、监管标准不一，碎片化问题严重。

2. 证券投资基金法框架下的REITs试点方案

1997年，证监会发布《证券投资基金管理暂行办法》，标志着我国集合投资计划——证券投资基金制度的正式建立。2003年全国人大通过的《证券投资基金法》规定，“基金财产投资的相关税收，由基金份额持有人承担，基金管理人或者其他扣缴义务人按照国家有关税收征收的规定代扣代缴”，明确了证券投资基金的“投资管道”地位，实现了“税收穿透”。基金法也确立了我国集合投资计划的基本制度框架，即公募基金在证监会注册后发行，由在证监会取得资格的基金管理公司管理，其资产由获得托管人资格的托管银行托管。

2020年，受新冠疫情等的冲击，我国经济面临较大困难，为促进基础设施投资，中国证监会、发改委发布《通知》，“为贯彻落实党中央、国务院关于防风险、去杠杆、稳投资、补短板的决策部署，积极支持国家重大战略实施，深化金融供给侧结构性改革，强化资本市场服务实体经济能力，进一步创新投融资机制，有效盘活存量资产，促进基础设施高质量发展”，启动“基础设施领域不动产投资信托基金试点（以下简称REITs试点方案）”。① 由于时间紧迫，不可能等待税收等法律的修改，只能在现行法律框架下“创新”，在证监会发布的《公开募集基础设施证券投资基金指引（试行）》（以下简称《基础设施REITs指引》）中，根据《证券投资基金法》第七十二条第二款“国务院证券监督管理机构规定的其他证券及其衍生品种”的授权，对证券投资基金的投资标的做出了扩大解释，纳入了“专项资管计划”发行的资产支持证券，构造了“证券投资基金+资产支持证券”的REITs试点方案。

3. 我国REITs试点方案的不足

我国REITs试点方案，与以另类集合投资计划引入REITs的市场有相似之处，但也有本质的不同，使它既有《证券投资基金法》没有修改而建立“另类证券投资基金”的不足，还有资产支持证券结构复杂的问题。

一是我国的REITs不能直接投资不动产。全球的REITs都可以直接投资不动产。但是，囿于《证券投资基金法》的规定，REITs试点方案的投资标的仍然是“证券”，即资产支持证券，而不是基础设施等不动产。如图1所示，基础资产是通过一层层的“特殊目的载体”，注入了“资产支持计划”，再由证券投资基金认购其发行的资产支持证券。它与之前的“类REITs”的区别在于，“类REITs”只能向机构投资者发行，而“基础设施证券投资基金”则可以向公众发行并上市交易，从而实现了公众可以投资基础设施和为基础设施融资的目的，即《基础设施REITs指引》第二条规定的，“基金通过资产支持证券和项目公司等载体取得基础设施项目完全所有权或经营权利”，基金的持有人以其持有的基金份额享有相应的权利。本质上讲，我国的REITs是借助证券投资基金这个“投资管道”或者“特殊目的载体”，实现了以基础设施为基础资产的资产支持证券的公开发行。为了符合现有法律的规定，REITs试点架构

---

① 中国证监会和国家发改委，《关于推进基础设施领域不动产投资信托基金（REITs）试点相关工作的通知》（证监发〔2020〕40号）。

构建多个法律主体并层层嵌套，REITs 的管理和运作，就涉及图 1 所示的公募基金管理人、资产支持计划管理人、特定载体管理人、原始权益人、托管人等多个主体。即使可以将一些主体的职能由一个主体行使，其结构仍然是很复杂的。

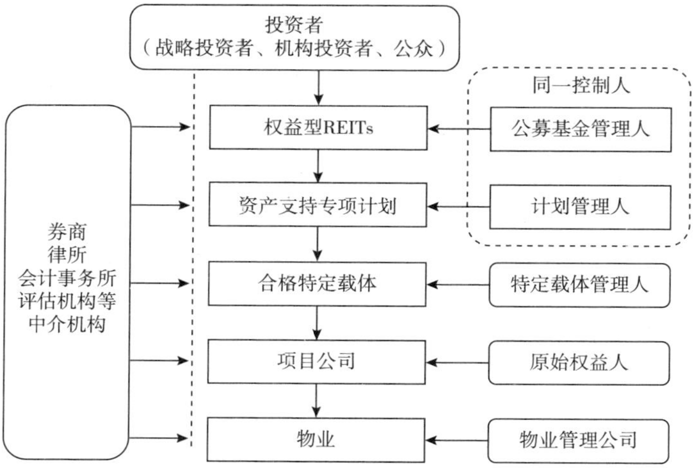

图 1　我国 REITs 试点的架构

二是 REITs 的监管需遵循《证券投资基金法》，而不是《公司法》和《证券法》。为了形式上合法而构建的“特殊目的”证券投资基金，REITs 需要按照《证券投资基金法》运作，监管部门和自律机构也要按照《证券投资基金法》进行监管。而 REITs 的运作，需要持续地注入和剥离资产，需要对管理人有效地激励和约束，需要切实防范利益冲突并对违法违规做出有效处置，这都是按照《证券投资基金法》运行和监管难以实现的。

三是基金管理公司担任外部管理人。试点方案在《证券投资基金法》框架下制定，REITs 必然是外部管理型，并由现有的持牌基金管理公司管理。但是，现有的基金管理公司基本没有不动产方面的管理经验。本次试点的基础资产仅限于基础设施，它不同于商业地产，一些基础设施不动产是原始权益人的“生产资料”，不仅要求专门的管理技术，而且可能只有在原始权益人的经营管理下才可能有协同效应或保证管理效率。在很多正在筹备的试点方案中，基金管理公司都选择将管理职责直接或间接委托给原始权益人或其关联人。这将使 REITs 的结构进一步复杂化，多层嵌套与多层级委托代理，代理链可能比上图所示的更复杂。这将加剧利益冲突和透明度低的问题，也会使监管机构、交易所和市场主体难以有效监督，持有人利益也可能受到侵害。

四是REITs治理的问题。“控制权与所有权分离”，集合投资计划必然存在代理人问题，由此引发的利益冲突是集合投资计划的监管重点，也是监管难点。前文讲到，外部管理型REITs的利益冲突更加严重，而我国REITs试点制度的利益冲突因前两个问题，可能变得更加严重，通过强化持有人的监督与制衡，保护持有人权益就变得很有必要。为此，《基础设施REITs指引》要求压实管理人作为受托人的职责，并赋予持有人大会《基金法》之外新的决策权。但是，《证券投资基金法》没有设立类似于公司董事会这样的“治理主体”，《基础设施REITs指引》是通过赋予持有人大会“事前权利”强化持有人利益保护的。集合投资计划的治理在全球都面临因持有人高度分散、“搭便车”心理严重而使持有人的约束和制衡不足的问题，这在REITs试点中则因《基础设施REITs指引》所要求的“原始权益人持有比例为20%”变得更为复杂。一方面，原始权益人很有可能成为REITs的第一大持有人，在持有人大会上处于“控制地位”，同时，原始权益人还有可能对基础资产实际控制并经营；另一方面，全球REITs治理都面临的共同问题，包括因基础资产估值难、透明度低、流动性差带来的监督问题，“所有权与控制权分离”的利益冲突问题。例如，美国学者曾研究过俘获型REITs（Captive REITs）的治理挑战，这种REITs是由原始权益人发起，同时由它设立的全资子公司担任管理投资顾问，发起人可能通过关联交易损害持有人的利益，代理问题更加严重（Hsieh and Sirmans，1991①）。

从全球范围的发展看，REITs正式制度的建立都是政府推动下的强制型制度变迁，政府制定REITs运作需要的制度，赋予其税收中性地位，以推动相关产业、行业的发展。同时，制度的设计往往不能一蹴而就，政府还需针对运行中反映出来的问题持续地调整和完善改革制度设计。我国的REITs试点方案是在证券、证券投资基金、税收等法律制度没有系统调整的情况下“应时而生”的，不可避免地存在“削足适履”的地方。为防止这种迁就现实法律制度设

① Hsieh，Cheng-Ho. & C. F. Sirmans（1991），REITs as Captive-financing Affiliates：Impact on Financial Performance. *Journal of Real Estate Research*，6，179 – 89.

计形成路径依赖，需要在 REITs 试点启动后，及时总结试点经验，在立法机构和税收等部门的共同努力下，推动相关法律法规的修订，建立完善、独立的 REITs 法律制度。

我们可以借鉴英国和德国的经验，在另类集合投资计划 REITs 之外，建立“特殊税收实体”的 REITs 制度，使符合国家产业政策的基础设施可以通过转换为“特殊税收实体”公开发行，既降低融资成本，又简化结构、完善治理、高效运作，并有效保护公众投资者的利益。

中国竞争政策与结构性改革

郑文通　王雪佳

在新冠疫情冲击、全球经济衰退、中美贸易摩擦等国际大背景下，中国的经济政策正面临改革开放以来前所未有的考验。改革开放前三十年，中国经济的主要驱动因素可以归结为高储蓄率带动的生产要素尤其是固定资本投资的增长。① 但随着固定资本存量相对于劳动力的不断增加，其边际产出效率逐渐递减，导致单纯依赖固定资本投资将无法继续支撑经济的高速增长。② 根据国务院发展研究中心的测算，近年来，固定资本投资对经济增长的贡献率呈显著下降趋势，从2012年的41.3%下降到2016年的31.1%。③ 与此同时，中国经济增长的另一引擎——出口，也因外部市场需求下降以及贸易摩擦而面临很大的不确定性。这些因素使得如何转变经济增长方式、实现可持续高质量的增长成为迫在眉睫的政策议题。

---

* 郑文通，美国佛罗里达大学莱文法学院（University of Florida Levin College of Law）教授；王雪佳，中国贸促会企业权益保护中心副主任。作者感激上海财经大学法学院张占江教授对本文初稿的批评指正。

① Lawrence Lau, What Makes China Grow, IGEF Working Paper No. 49 (2016), 第19—20页, Social Science Research Network, https: //papers. ssrn. com/sol3/papers. cfm? abstract_id = 2824337。

② Paul Krugman, The Myth of Asia's Miracle, *Foreign Affairs*, Vol. 73, No. 6, November/December 1994, 第62—78页。

③ 国务院发展研究中心，《为什么投资增速下降没有拖累经济增长》，2018年1月19日，https: //www. drc. gov. cn/xscg/20180119/182-473-2895393. htm。

为因应这些挑战，我国政策制定部门在党的十八大以来多次做出了强化竞争政策基础地位的表述。同时，在《中共中央关于全面深化改革若干重大问题的决定》的指引下，我国正在进行的供给侧改革拉开了结构性改革的大幕。本文在梳理竞争政策基础地位和结构性改革的含义之后，将着力论证两者之间密不可分的关系。笔者认为，竞争政策基础地位要求的公平竞争或竞争中立，必须以深层次的结构性改革为前提。本文以《反垄断法》三大支柱性竞争政策（企业并购审查、禁止垄断协议、禁止滥用市场支配地位）为例，阐述我国经济生活中存在的结构扭曲如何导致竞争政策的扭曲，并对如何进行结构性改革以实现竞争政策的基础地位提出具体的政策建议。推进深层次结构性改革，实现竞争政策真正的基础地位，将对中国经济向国内大循环、国内国际双循环模式的成功转型起到至为关键的作用。

一、竞争政策的基础地位：公平竞争与竞争中立

改革开放以来，我国一直在努力建立并完善促进市场经济发展的竞争政策体系。2008 年生效的《反垄断法》可以说是这一努力的里程碑式成果。《反垄断法》将现代经济中最常见也最重要的限制竞争行为，即垄断协议、滥用市场支配地位和企业并购，以立法的方式进行规制。① 与西方的反垄断法一样，我国《反垄断法》的这三项支柱性竞争政策针对的都是市场经济中的经营者垄断行为。但是由于我国的计划经济传统，我国经济中相当一部分垄断是政府部门行政权力导致的垄断。因此，除规制企业的垄断行为之外，《反垄断法》还专设一章禁止行政垄断，即政府部门滥用行政权力排除、限制竞争的行为。② 不管是针对企业还是政府的垄断行为，《反垄断法》的目的均是“预防和制止垄断行为，保护市场公平竞争”。③

《反垄断法》之后，2016 年国务院正式颁布了《关于在市场体系建设中建立公平竞争审查制度的意见》（以下简称《意见》）。④《意见》强调了规制政府行政垄断行为的必要性，提出对行政机关和法律、法规授权的具有管理公共

① 参见《中华人民共和国反垄断法》第二章、第三章、第四章。

② 同上，第五章。

③ 同上，第 1 条。

④《国务院关于在市场体系建设中建立公平竞争审查制度的意见》，国发〔2016〕34 号，http://www.gov.cn/zhengce/content/2016-06/14/content_5082066.htm。

事务职能的组织制定的产业发展、招商引资、招标投标、政府采购、经营行为规范、资质标准等涉及市场主体经济活动的规章、规范性文件和其他政策措施进行公平竞争审查的要求。① 公平竞争审查的目的是“规范政府有关行为，防止出台排除、限制竞争的政策措施，逐步清理废除妨碍全国统一市场和公平竞争的规定和做法”。②

2017 年，国务院印发了《“十三五”市场监管规划》（以下简称《规划》），再次强调要把规范和约束政府行为作为实施竞争政策的重要任务。实施并完善公平竞争审查制度。③《规划》首次提出，要强化竞争政策在国家政策体系中的“基础性地位”，发挥竞争政策的“基础性作用”，把竞争政策贯穿到经济发展的全过程，推动我国经济转型和体制完善。④ 与此同时，《规划》还首次提出，要充分尊重市场，充分发挥市场的力量，实行“竞争中立”制度，避免对市场机制的扭曲，影响资源优化配置。⑤

《规划》第一次使用的“竞争中立”一词，引起了我国学术界和政策界的讨论和争议，原因乃是“竞争中立”一词有其特定的西方背景。为厘清“竞争中立”在我国的含义，在这里有必要先探讨一下该名词在西方语境中的含义。“竞争中立”起初是西方发达国家在其国有企业改革过程中发展出来的一条原则。20 世纪 70 年代以来，西方发达国家一方面肯定国有企业在解决市场失灵、实现公共政策和公共福利目标中的积极作用，一方面又着手解决国有企业效率低下、与私有经济部门不公平竞争等问题。竞争中立作为一项明确的国企改革政策肇始于20 世纪 90 年代的澳大利亚。1995 年，澳大利亚联邦政府与各个州、地区达成《竞争原则协定》，明确将竞争中立确立为国企改革的基本原则。⑥ 根据该原则，国有企业在经营性商业活动中，在税收、债务及监管政策等方面不应得到比私有企业更多的净竞争优惠，以最大程度消除公有产权对

---

① 《国务院关于在市场体系建设中建立公平竞争审查制度的意见》，第三（一）条。

② 同上，导言。

③ 《国务院关于印发“十三五”市场监管规划的通知》，国发〔2017〕6 号，第四章第一（二）条，http：//www. gov. cn/zhengce/content/2017 - 01/23/content_5162572. hum。

④ 同上，第四章第一（一）条。

⑤ 同上。

⑥ Council of Australian Governments，Competition Principles Agreement，Apr. 11，1995，amended Apr. 13，2017，https：//www. coag. gov. au/sites/default/files/agreements/competition-principles-agreement-amended-2007. pdf.

资源配置的扭曲。①

在澳大利亚之外，欧盟也较早对其成员国国有企业的运作按竞争中立原则做出制度性规范。欧盟基本法律一开始就承认竞争中立原则的重要作用。《欧盟运行条约》第 106 条规定，欧盟竞争法适用于政府所有的国有企业或政府授予特殊独占权力的私有企业，各成员国不得制定与这一规定相抵触的法律法规。② 第 107 条规定，成员国不得向企业提供任何形式的政府补贴或援助来扭曲市场竞争关系。③ 第 108 条进一步赋予欧盟委员会对成员国政府援助（state aid）的审批和否决权，以确保成员国的政府援助政策与促进共同市场的目标一致。④ 除此之外，第 345 条规定，欧盟条约不会以任何形式干涉成员国关于财产所有权的制度安排，从而保证对不同所有权的企业一视同仁，实现“所有权中性”。⑤ 在《欧盟运行条约》之外，欧盟还通过 2006 年颁布的《关于成员国政府与国有企业之间财务关系透明化指令》，要求成员国政府与国有企业之间的资金往来做到公开透明，⑥ 并要求成员国国有企业为商业经营业务和公共服务业务设立分离账户，对不同业务的成本和收入进行准确核算。⑦

竞争中立起初在澳大利亚和欧盟的实践基本以境内国有企业为着眼点和出发点，但是这一政策取向在 2008—2009 年金融危机之后发生了显著的改变。西方国家尤其是美国在应对金融危机的过程中采取了有力的市场干预，对诸多金融机构及汽车公司施行救助并取得其所有权，使得“国有企业”在一段时间内不再局限于邮政等公共事业。⑧ 与此同时，金融危机之后新兴市场国家国有企业的崛起，改变了国有企业低效、低投资回报的传统形象，使国有企业成为世界经济舞台上不可或缺的重要力量。据相关统计，全球 2000 家最大的上

---

① 同上页脚注⑥，第 3（1）条及 3（4）（b）条。

② 《欧盟运行条约》，第 106 条。

③ 同上，第 107 条。

④ 同上，第 108 条。

⑤ 同上，第 345 条。

⑥ Commission Directive 2006/111/EC of 16 November 2006 on the transparency of financial relations between member States and public undertakings as well as on financial transparency within certain undertakings，OJ L 318，17 November 2006，第 1. 1 条。

⑦ 同上，第 1. 2 条。

⑧ 美国政府在金融危机中先后取得了房利美、房地美、AIG、通用汽车公司和克莱斯勒汽车公司的所有权。

市公司中，有204家可以界定为国有企业。① 中国国有企业的崛起在全球国有企业的转型过程中起到了尤其重要的作用。2019年，中国企业有129家进入《财富》全球500强，其中80.2%的企业都是国有企业。② 很明显，中国国有企业代表的“北京共识”已经开始挑战基于自由市场原则的“华盛顿共识”，使西方发达经济体不得不重新审视对国有企业的政策工具，并使国有企业从以前一个单纯的国内政策议题开始转变成一个具有系统意义的国际政策议题。

美国在竞争中立从国内政策走向国际政策的过程中起到了至为关键的推动作用。早在20世纪90年代末，美国就开始将竞争中立规则纳入其对外签订的双边自由贸易协定和双边投资协议中。③ 金融危机之后，美国进一步将竞争中立规则引入《跨太平洋伙伴关系协定》（以下简称TPP）和《跨大西洋贸易与投资伙伴关系协定》（以下简称TIIP）的谈判中，推动建立竞争中立原则在国际贸易和投资体系中的地位。2018年12月，由修改而来、没有美国参加的《全面与进步跨太平洋伙伴关系协定》（以下简称CPTPP）正式生效。CPTPP完整保留了原TPP中的国有企业章节，向成员国政府提出了禁止对国有企业提供非商业性资助、平等对待国有企业和私人企业、提高信息透明度等诸多要求。④

除美国之外，竞争中立政策国际化的另一重要推动者是经济合作与发展组织（以下简称OECD）。在美国和欧盟的主导下，OECD自金融危机之后对竞争中立进行了大量的研究和推广，并在2011年以来连续发布了一系列关于竞

---

① 见 Przemyslaw Kowalski et al., State-Owned Enterprises: Trade Effects and Policy Implications, OECD Trade Policy Paper No. 147 (2013)，第20页。

② Zheng Yanpeng, In a First, China Has More Companies on Fortune Global 500 List Than the US, *South China Morning Post*, Jul. 22, 2019, https://www.scmp.com/business/companies/article/3019632/first-china-has-more-companies-fortune-global-500-list-us.

③ 美国在其与新加坡、智利、澳大利亚、秘鲁、哥伦比亚和韩国等国家签订的双边自由贸易协定里都加入了关于国有企业的条款。见 Julien Sylvestre Fleury & Jean-Michel Marcoux, The US Shaping of State-Owned Enterprise Disciplines in the Trans-Pacific Partnership, *Journal of International Economic Law* 19, pp. 445, 451 (2016)。2012年美国贸易代表办公室颁布的《双边投资协议范本》也包含了关于国有企业的条款。见 USTR, Fact Sheet: Model Bilateral Investment Treaty, https://ustr.gov/about-us/policy-offices/press-office/fact-sheets/2012/april/model-bilateral-investment-treaty.

④ 见《全面与进步跨太平洋伙伴关系协定》第17章（国有企业及制定垄断企业），https://www.mfat.govt.nz/assets/Trans-Pacific-Partnership/Text/17.-State-Owned-Enterprises-and-Designated-Monopolies-Chapter.pdf。

争中立的研究报告及政策指引。① OECD 界定的竞争中立概念比以往更加宽泛："当经济市场中任何经济实体均不存在不当竞争优势或劣势时，就实现了竞争中立。"② OECD 将竞争中立的要求归结为"八大基石"，对国有企业的组织形式、会计核算以及对国有企业补贴、政府采购等问题做出了具体规定。③

由此可见，竞争中立原则在西方语境中规制的是政府和不同所有制类型企业之间的关系。由于竞争中立的起源及国际化过程的特殊背景，国内不乏对西方国家尤其是美国推动竞争中立真实动机的怀疑。④ 但是仔细研究《规划》对竞争中立的表述后可以发现，《规划》中所提的竞争中立其实是竞争政策基础性地位的另一种表述，旨在强调理顺政府和市场的关系，限制政府对市场的不当干预。因此，《规划》阐述的竞争中立的范围比西方语境中的竞争中立的范围要宽泛得多。竞争中立在我国不仅是指政府在国有和私有企业之间保持中立，还是指政府在其他方面也保持中立，比如在国企内部、私企内部、不同组织形式、地域、经营规模、财政贡献度的企业之间保持中立。⑤ 这一点也得到了市场监管总局官员在官方场合发言的确认。⑥

2020 年 5 月 18 日，中共中央和国务院印发了《关于新时代加快完善社会

---

① 见 OECD，Competitive Neutrality and State-Owned Enterprises：Challenges and Policy Options (2011)；OECD，Competitive Neutrality：Maintaining a Level Playing Field Between Public and Private Business (2012)；OECD，Competitive Neutrality：National Practices (2012)；OECD，Competitive Neutrality：A Compendium of OECD Recommendations，Guidelines and Best Practices (2012) 等。

② 见 OECD，Competitive Neutrality：Maintaining a Level Playing Field Between Public and Private Business (2012)，第 15 页。中文见经济科学出版社 2015 年版，第 4 页。

③ 对 OECD 竞争中立"八大基石"的具体讨论，见史际春、罗伟恒，《论"竞争中立"》，《经贸法律评论》2019 年第 3 期，第 105 页。

④ 见张斌、王睿麟，《TPP 谈判剑指国企，国资委研究对策》，《经济观察报》2014 年 1 月 3 日（"从战略上看，美国推动'竞争中立'的目的是为了修改国际经贸合作规则，削弱中国不断增长的对外贸易和投资优势，提高中国经济融入世界的门槛。"）；史际春、罗伟恒，《论"竞争中立"》，第 107 页（"'竞争中立'貌似以'公平'为价值追求，究其实质，却是针对特定国家、使国家之间不公平竞争的规则，当然不应被中国整体上认可。"）

⑤ 见张一武，《中国竞争中立的新内涵：以"十三五"规划为视角》，《中国价格监管与反垄断》，2019 年第 7 期，第 36 页。

⑥ 2018 年 11 月 6 日，国家市场监管总局局长在中国国际进口博览会上说："今后将采取'竞争中立'政策，对内资外资、国有企业和民营企业、大企业和中小企业一视同仁，营造公平竞争的市场环境。"见李晓喻，《中国官方明确将采取竞争中立政策》，中国新闻网，2018 年 11 月 6 日，http：//www. chinanews. com/gn/2018/11-06/8669434. shtml。

主义市场经济体制的意见》(以下简称《意见》)。① 与以往的纲领性文件一样，《意见》再次强调了竞争政策在中国经济政策体系中的基础地位。但与《“十三五”市场监管规划》不同的是，“竞争中立”一词在《意见》中不再出现。《意见》转而强调“公平竞争”，指出新时代完善社会主义市场经济体制的一项基本原则是“完善竞争政策框架，建立健全竞争政策实施机制，强化竞争政策基础地位。强化公平竞争审查的刚性约束，修订完善公平竞争审查实施细则，建立公平竞争审查抽查、考核、公示制度，建立健全第三方审查和评估机制”。②

笔者认为，不管是“竞争中立”还是“公平竞争”，二者均强调竞争政策的基础地位，均要求政府以中立的身份维护市场公平竞争。一方面，政府需要通过严格执法，防止企业对竞争的破坏；另一方面，政府需要约束自身，防止行政权力对竞争的破坏。因此，“竞争中立”与“公平竞争”，抛开字面上的差别，其范畴应当是一致的，我国没有必要由于“竞争中立”一词的西方含义而刻意回避这一表述。③

二、结构性改革

十八大以来，我国经济领域的重点工作是全方位的结构性改革。2013 年 11 月，党的十八届三中全会通过《中共中央关于全面深化改革若干重大问题的决定》(以下简称《深改决定》)，正式拉开了全面改革的大幕。《深改决定》指出，经济体制改革是全面深化改革的重点，核心问题是处理好政府和市场的关系，使市场在资源配置中起决定性作用和更好发挥政府作用。④《深改决定》还对完善市场体系的改革做出了具体部署：要求建立公平开放透明

---

① 见新华网，2020 年 5 月 18 日，http://www.xinhuanet.com/politics/zywj/2020-05/18/c_1126001431.htm。

② 同上。

③ 有学者认为竞争中立原则与公平竞争原则相悖，因为公平竞争允许政府对不同情形下的企业进行差别对待，而竞争中立则要求严格的“一视同仁”。见史际春、罗伟恒，《论“竞争中立”》，第 115—116 页。笔者认为这种观点是基于对竞争中立的误解。竞争中立仅仅要求政府在补贴、监管政策等各方面不创造净竞争优势，而并非要求政府在任何时候对所有企业都一视同仁。在竞争中立的原则下，政府仍可以为促进非商业公共政策目标而实施差异化政策。

④《中共中央关于全面深化改革若干重大问题的决定》，第一(3)条，http://www.gov.cn/jrzg/2013-11/15/content_2528179.htm.

的市场规则，实行统一的市场准入制度，在制定负面清单的基础上，各类市场主体可依法平等进入清单之外领域。《深改决定》还要求改革市场监管体系，实行统一的市场监管，清理和废除妨碍全国统一市场和公平竞争的各种规定和做法，严禁和惩处各类违法实行优惠政策行为，反对地方保护，反对垄断和不正当竞争，健全优胜劣汰市场化退出机制，完善企业破产制度。这些改革事项均是牵一发而动全身的结构性改革。

《深改决定》提出的市场化结构性改革目标，与2015年开始推进的供给侧改革相辅相成。供给侧改革的出发点，是中国经济的问题不仅仅是可以用财政和货币政策手段管理的需求侧问题，更多的是供给侧的结构性问题。供给侧改革的目标是通过优化生产要素资源配置、淘汰落后产能、降低税费负担等措施，促进生产要素自由流动，提高企业的生产效率。① 就具体政策而言，一般认为供给侧改革的主要着眼点在于化解产能过剩及降低企业生产成本。②

但与此同时，结构性改革一词也由于中美贸易摩擦的原因而富有争议。在贸易摩擦中，美国对中国提出的诸多要求，除了削减贸易顺差之外，还包括产业政策、补贴、知识产权保护等深层次问题。③ 西方媒体一般将这些深层次问题笼统地称为结构性改革问题。尽管如此，由于结构性改革已经在事实上成为我国经济改革的方向和主流，我国完全可以抛开这一术语在西方语境中的特定含义，而赋予其符合中国国情的全新含义。与竞争中立一样，结构性改革是我国经济改革的重中之重，其能否成功是我国能否实现经济转型的关键。

三、竞争政策与结构性改革：《反垄断法》的启示

上文所述的竞争政策和结构性改革，有着相辅相成、密不可分的关系。要真正实现竞争政策的基础地位，政府首先需要严格执行现行的竞争法律和政策，公平对待不同企业，确保公平有序的市场环境。做到这一点，就可以说实现了“表面竞争中立”。但是由于我国特殊的国情和长期的计划经济传统，经

---

① 纪念改革开放40周年系列选题研究中心，《重点领域改革节点研判：供给侧与需求侧》，《改革》，2016年第1期，第36页。

② 同上。

③ David J. Lynch, Initial U. S. – China Trade Deal has Major Hole: Beijing's Massive Business Subsidies, *Washington Post*, Dec. 31, 2019, https://www.washingtonpost.com/business/economy/initial-us-china-trade-deal-has-major-hole-beijings-massive-business-subsidies/2019/12/30/f4de4d14-22a3-11ea-86f3-3b5019d451db_story.html.

济生活中还存在各种结构性扭曲。这些扭曲导致了即使政府能完全做到表面竞争中立，企业之间也不可能实现完全的公平竞争。要实现这一“深层竞争中立”，就必须进行深层次的结构性改革。

本文接下来将以《反垄断法》三大支柱性竞争政策为例，论述我国经济生活中的结构性扭曲如何导致政府无法真正成为中立的市场裁判者。具体来说，在企业并购审查领域，我国竞争政策执法还未能做到对所有企业一视同仁，还没有完全实现表面上的竞争中立。在垄断协议和滥用市场支配地位领域，即使竞争政策得到贯彻，也会由于深层次的结构性扭曲问题而使政府无法做到深层竞争中立。下文将详细探讨这三个领域内的结构性扭曲和竞争非中立现象。

（一）企业并购审查

《反垄断法》自 2008 年生效以来，在企业并购（或称经营者集中）审查领域的成就最受世人瞩目。至 2019 年底，共有 3276 件经营者集中案例申报，审结 2998 件，其中 2952 件被无条件批准，44 件被附条件批准，2 件被禁止。在所有申报的案件中，有 80%—90% 涉及至少一家境外企业。① 在中国申报反垄断审查的企业并购案件囊括了近年来国际市场上规模最大的并购案，包括拜尔收购孟山都案、陶氏化学与杜邦合并案、AB InBev 与 SABMiller 合并案等。可以不夸张地说，世界最大的跨国企业在考虑并购时，除要获得美国和欧盟这两大反垄断巨头的审查通过之外，能否通过中国的反垄断审查也成为越来越重要的一个风险因素。

尽管《反垄断法》并购审查在国际上取得了显著的影响，但它对国内企业的并购审查还存在一个明显的漏洞，即对中央企业重组的反垄断审查机制缺失。《反垄断法》第四章对经营者集中的规定，并未对国有经营者提出豁免。但是在执法实践中，从反垄断执法机构发布的并购审查公告看，中央企业重组并未向反垄断执法机构申报经营者集中审查。也就是说，反垄断执法机构在这方面还未能做到表面竞争中立。不仅如此，某些中央企业重组属于把市场上仅有的两家经营者重组为一家，如 2014 年 12 月的南车、北车合并及 2019 年 10

---

① *Davis Polk Client Memorandum*, https://www.davispolk.com/files/2019-01-31_china_antitrust_review_2018.pdf.

月的南船、北船合并。这样的重组对市场竞争和消费者福利的负面影响是重大的，但是这些负面影响并未得到充分考虑。更有甚者，减少中央企业之间的竞争反倒成了推动部分中央企业重组的一个重要考虑因素。①

（二）垄断协议

与企业并购审查中的表面竞争非中立相比，垄断协议领域的竞争非中立现象则非常隐蔽。垄断协议是《反垄断法》禁止的主要垄断行为之一。不管是横向还是纵向，不管是价格垄断协议还是产量垄断协议，只要是有排除、限制竞争效果的，都被《反垄断法》严格禁止。② 但是在《反垄断法》执法中，执法机构深受我国经济中长期存在的产能过剩、恶性竞争等结构性问题困扰，无法有效地禁止变相起价格稳定器作用的垄断协议行为。

产能过剩是我国经济生活中一个久拖不决的问题，也是《深改决定》和供给侧改革强调的改革攻坚难题。导致我国产能过剩的原因很多，但最根本的原因还是结构性问题。首先，我国总体经济结构中储蓄及投资占 GDP 的比例过高。2018 年，我国的投资占 GDP 的比重接近 45%，为全球最高。③ 其次，政府部门尤其是地方政府在投资过程中发挥的作用过大。改革开放以来，地方政府的经济自主权为我国的经济起飞做出了重大贡献，但是同时也为投资过度埋下了伏笔。同时，对地方官员的晋升激励导致了普遍的以经济增长为目标的横向政府间竞争。④ 在中央和地方关系的“委托—代理”模式下，地方政府官员经常进行超过自身财政能力的投资活动，导致地方政府过度负债。⑤ 地方政府投资冲动的结果，则是大量的重复性产能。最后，过剩产能退出机制的匮乏也导致了产能的过度累积。在正常的市场情况下，过剩产能会通过市场竞争逐渐淘汰，但在我国，应被淘汰的过剩产能经常会因税收、就业等原因受到政府尤其是地方政府的保护，而导致产能过剩成为经常性的问题。

---

① 见《央企整合再下一城国资委直管企业降至 105 家》，《人民网》，2016 年 7 月 12 日，http://finance. people. com. cn/n1/2016/0712/c1004 - 28545370. html。

② 见《反垄断法》，第二章。

③ 见《中国 - GDP 各细项比重》，《财经 N 平方》，https：//sc. macromicro. me/collections/22/cn-gdp-relative/984/cn-gdp-percentage。

④ 见李永友、沈坤荣，《辖区间竞争、策略性财政政策与 FDI 增长绩效的区域特征》，《经济研究》，2008 年第 5 期。

⑤ 见周黎安，《中国地方官员的晋升锦标赛模式研究》，《经济研究》，2007 年第 7 期。

我国各部门广泛存在的产能过剩，对产品价格造成了持久的下行压力。为应对产能过剩下的价格竞争，企业及行业协会都有动机达成正式或非正式的价格同盟或其他方式的垄断协议。① 这就使反垄断执法机构陷入两难困境。一方面，《反垄断法》禁止垄断协议的规定需要遵守，但另一方面，产能过剩的背后是深层次的经济结构性问题，作为垄断协议实施方的企业或行业协会其实也是受害者。因此，反垄断执法机构不得不在这一政策难题中取舍，无法有效地禁止危害竞争的垄断协议。

产能过剩给执法部门造成的两难在《反垄断法》前 10 年的执法数据中可见一斑。《反垄断法》自 2008 年生效至 2017 年，执法部门没有对源自国内的垄断协议案件采取系统性的执法行动。《反垄断法》在垄断协议领域最引人注目的案件是 2012 年对韩国 LCD 液晶面板制造商和 2014 年对日本汽车配件和轴承制造商垄断协议的处罚。但这两起案件均源自国外，并且是对国外反垄断执法机构已经裁决的案件进行的追加处罚。执法机构对源自国内的垄断协议的执法仅仅是零星的、非系统的。这一点直到 2017 年才有所改观。2017 年，反垄断执法机构罕见地在一年之内对 16 起垄断协议案件发起调查，调查的行业包括电力、PVC（聚氯乙烯）、造纸、水泥、航运、电信和汽车等。② 2018 年，反垄断执法机构继续对垄断协议加强执法，对制药和航运行业多家企业的操纵价格、划分市场等行为施以重罚。③

虽然不能从一两年的执法数据判断长期的趋势，但是对垄断协议加大执法力度的时间点正是在国家大力推进供给侧改革、淘汰过剩产能的时候。笔者认为这并非巧合，而是供给侧改革减轻了反垄断执法机构在垄断协议领域的政策两难，使执法机构更容易执行《反垄断法》对垄断协议的禁止。执法机构不用再担心禁止垄断协议会加大价格下行压力，加重结构性扭曲下企业和行业的负担。这是因为供给侧改革的目标，恰恰是削减这部分企业和行业的过剩产能。因此，供给侧改革为《反垄断法》垄断协议领域的执法重新注入了活力，

---

① Wentong Zheng, Transplanting Antitrust in China: Economic Transition, Market Structure, and State Control, 32 U. Pa. . J. Int'l. L. 643 (2010)。

② Susan Ning et al. , *Antitrust Enforcement of the NDRC and SAIC: Retrospect and Prospect*，第 2 页，https: //www. competitionpolicyinternational. com/wp-content/uploads/2018/03/CPI-Ning-Han-Menglin. pdf.

③ 见 Davis Polk Client Memorandum: China Antitrust Review 2018，第 5 页，https: //www. davispolk. com/files/2019-01-31_china_antitrust_review_2018. pdf.

也凸显了结构性产能过剩对实现深层竞争中立的阻碍作用。

（三）滥用市场支配地位

《反垄断法》的第三个支柱性竞争政策是禁止企业滥用其市场支配地位。《反垄断法》第三章第十七条明文规定，禁止具有市场支配地位的经营者从事滥用其支配地位的行为，包括高价销售、掠夺定价、拒绝交易、限定交易、搭售、差别待遇等。① 这些滥用市场支配地位的行为除高价销售之外，均是所谓的“排他性行为”（exclusionary conduct），即企业为排除竞争者采取的行为。② 只有高价销售是所谓的“压榨性行为”（exploitative conduct），因为它作用的对象是消费者，是直接损害消费者福利。③ 同时，《反垄断法》总则中第六条又明文规定：“具有市场支配地位的经营者，不得滥用市场支配地位，排除、限制竞争。”④ 可见，第六条与第十七条并不完全一致，而是把《反垄断法》禁止的滥用市场支配地位行为限于排他性行为。

排他性滥用市场支配地位行为的前提是要有竞争对手的存在。如果根本没有竞争对手，企业也就没有必要采取以排除竞争对手为目的的行为。但是在我国的诸多垄断行业，如电信、电力、石油、铁路等，为数不多的大型或巨型国企占据了行业的支配地位，小企业和民营企业因为各种正式或非正式的市场准入壁垒而无法有效地进入这些行业。⑤ 对这些行业的垄断国企来说，没有必要采取排他性行为，因为它们并不面临真正的竞争者的威胁。垄断国企由于缺乏市场竞争机制的约束，更可能采取的是直接压榨消费者的行为，如高价销售、不合理收费等。这一点可以从《反垄断法》生效后最初两年消费者在各地法院提起的滥用市场支配地位的诉讼性质看出。根据媒体的报道，2008—2010 年，各地法院接受的三起针对垄断国企滥用市场支配地位的诉讼，全部是针对垄断国企的压榨性行为，而非排他性行为。例如，在被媒体称为“银行业反垄断

---

① 《反垄断法》，第三章第 17 条。

② 见 Wentong Zheng，Transplanting Antitrust in China：Economic Transition，Market Structure，and State Control，第 695 页。

③ 同上。

④ 《反垄断法》，第三章第 6 条。

⑤ 垄断行业的准入壁垒主要是国土资源、环境保护、城乡规划、行业管理等部门以及金融机构等种类繁多的审批程序。见陈林，《中国垄断性行业的准入壁垒及其经济绩效》，《财政研究》，2016 年第 6 期。

第一案”中，建行重庆分行因客户未缴纳账户管理费拒绝允许客户从账户取款而被客户告上法庭，理由是违反了《反垄断法》禁止“拒绝交易”的规定，即“没有正当理由，拒绝与交易相对人进行交易”。① 但是此案原告所诉的“拒绝交易”，仅仅是从字面上套用《反垄断法》所用的“拒绝交易”一词，与一般意义的反垄断法所指的排他性拒绝交易行为并没有相通之处。建行重庆分行的拒绝交易行为，充其量是因为竞争缺乏而导致的压榨消费者行为，不是以排除竞争者为目的的拒绝交易行为，并不构成排除或限制竞争。同样，在另外两起针对垄断国企的诉讼中，原告所称的被告滥用市场支配地位的行为其实并不是排他性行为，而是针对消费者的压榨性行为。②

综上所述，《反垄断法》禁止具有市场支配地位的企业滥用其市场支配地位，是保证公平竞争、实现竞争中立的重要法律手段。但是由于垄断行业存在的结构性市场准入限制，法院和执法部门即使能做到表面竞争中立，即能够忠实尽职地执行《反垄断法》关于滥用市场支配地位的规定，也无法做到真正的深层竞争中立。在这里排除竞争的并不是垄断企业的排他性滥用市场支配地位行为，而是各种正式或非正式的准入限制。

因此，要做到真正的竞争中立，除了要依《反垄断法》禁止具有市场支配地位的企业滥用其市场支配地位排除既有的竞争之外，还要采取结构性改革措施“创造”新的竞争。创造新的竞争可以有两条政策路径：一条是在垄断行业内创造新的竞争，另一条是在垄断行业外创造新的竞争。在垄断行业内创造新的竞争需要打破垄断行业的准入壁垒，或分拆垄断行业内现有的国有企业。这两点我国自 20 世纪 90 年代以来都曾尝试过，其中鼓励民营企业进入垄断行业仍然是目前的政策取向。③ 但是国有企业的总体改革方向，已经从 20

---

① 胡俊华，《银行业反垄断第一案建行成被告》，《每日经济新闻》，2008 年 9 月 2 日，http://finance.sina.com.cn/money/bank/bank_hydt/20080912/03005298720.shtml。

② 在另外一起诉讼中，中国网通一客户起诉中国网通只向有北京户口的客户提供折扣，构成了《反垄断法》禁止的“差别待遇”。在第三起诉讼中，中国移动客户状告中国移动只向其全球通用户收取固定月费，也构成了“差别待遇”。见 Wentong Zheng，Transplanting Antitrust in China：Economic Transition，Market Structure，and State Control，第 699—700 页。

③ 国务院于 2005 年发布了《关于鼓励支持和引导个体私营等非公有制经济发展的若干意见》（简称“非公经济 36 条”），旨在促进非公有资本进入垄断行业和领域。2010 年，国务院又发布了非公经济“新 36 条”，鼓励引导民间资本参与交通运输、水利工程、电力、石油天然气、电信等垄断行业的发展。

世纪90年代的分拆转变为最近的兼并重组、做大做强。① 所以至少在近期内，在垄断行业内创造新的竞争可能不会再有很大的政策空间。

相比之下，在垄断行业外创造新的竞争具有更大的政策潜力。我国的垄断行业具有很强的路径依赖，即其行业之所以是由国企垄断，是因为国企是这些垄断行业在计划经济时代的唯一组织形式。作为"在位者"的国企具有获取政府资源的先天优势，所以才最终发展成为垄断国企。但是垄断国企一般缺乏市场的敏锐和创造力，无法引领新兴行业的发展。所以在互联网、高科技等新兴行业，反而是民营企业占据优势。由于新兴行业没有"在位者"，政府只要保持真正的竞争中立，严格公平竞争执法，新兴企业之间就会自然竞争。2014年奇虎360诉腾讯滥用市场支配地位一案，就是这种自然竞争的典型。在该案中，奇虎状告腾讯将其反病毒软件与其社交软件QQ捆绑销售，并禁止QQ用户使用奇虎的服务。② 该案中腾讯被诉的滥用市场支配地位的行为，已经不是垄断行业中常见的对消费者的压榨行为，而是典型的竞争行业中的排他性行为。所以此案从侧面反映了我国互联网行业竞争之激烈。从这个角度看，政府在新兴行业保持真正的竞争中立，可以最小的制度成本，获得最大的创造竞争的收益。

四、政策建议

上文以《反垄断法》为例，揭示了竞争政策和结构性改革的密切关系。在《反垄断法》的三大支柱领域——企业并购审查、垄断协议、滥用市场支配地位——我国经济生活中长期存在的结构性问题导致了政府无法做到表面和深层竞争中立。因此，要实现真正的竞争中立，必须从深层次的结构性改革入手。结合上文对《反垄断法》三大支柱领域结构性扭曲的讨论，下面将就结构性改革的最佳路径提出简要的政策建议。

第一，关于央企重组。如上所述，我国当前尚缺乏可执行的对央企重组的

① 由国资委直接监管的中央企业数量已经由《反垄断法》生效前的149家减少至2019年8月的95家。见国资委，《央企业名录》，http://www.sasac.gov.cn/n2588035/n2641579/n2641645/index.html.

② Beijing Qihoo Technology Co. Ltd. v. Tencent Technology (Shenzhen) Co. Ltd., Guiding Case No. 78, Stanford Law School China Guiding Case Project No. 78, https://cgc.law.stanford.edu/wp-content/uploads/sites/2/2017/04/GC78-ENGLISH.pdf.

反垄断审查机制，这与《反垄断法》强调的促进公平竞争的目标不符。诚然，由反垄断执法机构对央企重组进行反垄断审查可能会遇到行政级别方面的问题。但这一问题可以通过由国务院反垄断委员会或特设一个专门的、高行政级别的机构对央企重组进行反垄断审查来解决，实现表面竞争中立。但不管反垄断审查由哪个机构执行，更重要的一点是竞争政策应该成为央企重组的一个重要考虑因素。促进公平竞争与央企做大做强同属《深改决定》确立的改革目标，二者并无矛盾。在央企重组过程中，不仅要考虑对海外市场竞争的影响，更要考虑对国内消费者的影响。当然，由于国有企业承担的社会负担及其可能有的特殊公共服务功能，对竞争的影响不应该成为央企重组的唯一考虑因素。但是，央企重组应该进行有实质意义的反垄断审查，以确保央企的做大做强不以牺牲国内消费者福利为代价。

第二，关于产能过剩。上文的分析表明，长期性、结构性的产能过剩是阻碍我国在垄断协议领域实现深层竞争中立的首要原因。我国当前进行的供给侧改革，已经把淘汰过剩产能作为首要目标并取得了可喜成就。① 但是，当前供给侧改革去产能的方式，更多的还是依赖行政命令，并没有从根源上建立防范产能过剩复发的市场化机制。②

如上文所述，产能过剩的问题本质上是政府和市场关系的问题。由于政府尤其是地方政府在产能形成（投资）和产能退出（破产）机制中的重要作用，任何产能过剩的解决方案必须要改革地方政府在这两个过程中的角色。笔者认为，在重构中央和地方关系不是很现实这一前提下，比较现实可行的解决方案是改变地方政府官员的业绩评价指标，由原来的经济增长挂帅改为多指标评价体系，引入环境保护和社会保障等经济社会发展广义指标。此改革方案有双重目标：一是降低地方政府的投资冲动，在源头上减少过剩产能的形成；二是加强社会保障体系的建设，促进消费、降低储蓄率，并为过剩产能的退出解决后

---

① 据统计，仅 2018 年一年，我国就削减了 3500 万吨钢铁产能和 2.7 亿吨煤炭产能。河北省一个省在 2018 年将钢铁“僵尸”企业全部出清，钢铁企业减少了一半。见《今年结构性去产能加码兼并重组》，《经济参考报》，2019 年 3 月 20 日，http：//www.xinhuanet.com/fortune/2019－03/20/c_1124258681.htm。

② 2017 年 7 月，中央财经领导小组办公室副主任杨伟民在国新办“就当前经济形势举行新闻发布会”上表示，在今后的去产能过程中，要更多通过市场化和法制化的办法去产能，减少用行政命令的办法去产能。见《中国将对去产能措施微调：减少行政命令，突出市场化、法制化》，《中国网》，2017 年 7 月 27 日，https：//3g.china.com/act/economy/13000604/20170727/31011691.html。

顾之忧。

第三，关于市场准入。如上文所述，市场准入改革是关系到能否在国民经济的关键行业创造竞争、实现深层竞争中立的关键因素。但我国目前的市场准入改革沿用的基本上还是自上而下的命令模式，并没有解决市场准入壁垒产生的根源。笔者认为，市场准入壁垒产生的根本原因，依然是政府与市场的关系问题。在我国当前的体制下，政府掌控的土地、资本等生产要素资源和行政资源过多，片面追求经济增长的评价体系又使政府有动机利用这些资源扶持强势企业。这一动机与企业的寻租动机相结合，必然产生政府和企业限制市场准入的利益共同体。所以市场准入改革的关键，应是降低政府尤其是地方政府对生产要素资源和行政资源的直接控制，真正使市场在资源配置中起决定作用。这一改革方向《深改决定》中已经指明,① 但是应该提升其重要性，把它放在结构性改革的核心地位。

此外，在竞争最为激烈、最有活力的新兴行业，政府应该尤其注意保持竞争中立，避免将这些行业中的佼佼者被扶植成为类似于垄断行业中的“在位者”。政府掌握的生产要素资源和行政资源，对于市场竞争者有天然的吸引力，必然成为它们寻租的对象。如果新兴行业中的企业通过攫取政府资源而成为类似垄断国企的在位者，将大大不利于保持新兴行业的活力。在新兴行业中保持竞争中立，是对政府行政和执法能力的一大挑战。

五、结语

如本文开篇所述，中国经济政策正处于抉择的十字路口。在外部环境急剧变化的情况下，如何通过经济政策的调整实现经济转型，成为我国政策界的重要挑战。如上文所述，以实现竞争政策基础地位为目的的深层次结构性改革，乃是这一经济转型过程的关键。而深层次结构性改革需要超越行政命令模式，通过改革政府和市场的关系来建立以市场为导向的经济政策体系。本文论述了深层次结构性改革在竞争政策领域面临的挑战和解决方法，希望对其他政策领域的改革也能起到抛砖引玉的作用。

---

① 见《深改决定》，第一（3）条。

养老金专题

On Pension

Comparative

新加坡养老金制度及其演进历程

马天禄　李铀　卢满生　顾胥　张尔聪

一、新加坡养老金制度的基本理念与演进

当前，新加坡养老金体制的构建以中央公积金计划为单一支柱，该计划于1953年由当时的英国殖民政府设立，1955年开始施行。建立初期，英国为确保自身利益采取了政府支出最小化的殖民地政策原则，为新加坡选择了以个人账户为基础的具有缴费确定型（DC）特征的个人养老金预筹制度。因此，新加坡养老金制度在设计之初，其理念与英国或欧洲其他福利国家的理念不同，具有在面对老龄化问题时无须对代际公平做出权衡取舍的优势，也具有涵盖范围广、财务可持续性好、激励相容、鼓励消费等优点。

新加坡独立以后，新政府没有将养老金的自主保障模式改变为类似欧洲国家的福利国家保障模式，主要源于以下三方面原因：一是在收入再分配制度设计上更倾向于发挥市场经济的作用，强调个人责任，而不是趋向于收入平均化的再分配制度；二是较低的税务负担是新加坡发展高水平自由贸易港的必要条件，限制了新政府采用更高保障水平的社会福利机制；三是新加坡是一个华人

* 本文为博鳌亚洲论坛研究院、中国金融学会、重庆金融学会和《比较》编辑室“养老金改革：国际经验与中国方案”联合课题组的研究成果，执笔人为中国人民银行重庆营业管理部马天禄、李铀、卢满生、顾胥、张尔聪。

占主导地位的国家，根深蒂固的儒家文化更倾向于发挥家庭以及亲朋在保障个人生活方面的作用，而非通过社会机制进行保障。因此，在高速发展时期，政府没有用财力负担较高水平的保障机制，而是用来促进经济快速发展。

在六十多年的发展过程中，新加坡政府持续完善养老金体系，但始终保持了以缴费确定型为主的强制性储蓄计划，并适当平滑养老金收益率，建立待遇水平与缴费水平非连续挂钩机制，目前已发展成为涵盖退休保障、住房保障和医疗保障三大功能的综合保障体系。例如，1987 年，政府规定了退休账户最低存款额。账户资金过低，政府将按每月最低生活标准（297 新元）提供有限补贴。同时，从政策上通过资产增值调整国民财富分配，允许参保人使用公积金进行产业投资、购买优质股票等，既为国家、产业提供资金，又让参保人分享经济增长的利益。政府还将公民养老作为系统性工程，完善激励机制并提高财务可持续性。在政策制定上，强调个人、家庭、社区和国家各司其职，通过个人以房养老、家庭购房租房优惠、政府提供养老设施投资、社区设施建设等一揽子措施完善养老制度。

综上所述，新加坡在建立和完善包括养老金体制在内的社会保障制度的过程中，综合考量了历史、经济以及文化等多重因素，保留了自主保障模式，该模式经过不断改进，为其实现经济发展提供了强有力的支撑。

二、新加坡养老金制度的主要特点

新加坡养老金制度以中央公积金计划为核心，日常管理由中央公积金局承担。截至 2019 年 9 月，该计划共计拥有 400 万参与人，管理资产规模超过 3000 亿新元，覆盖所有新加坡公民和永久居民的养老金。新加坡男性劳动力的养老金替代率达 70%，女性劳动力的替代率为 64%，充分体现了中央公积金计划的有效性和优越性。中央公积金计划在资产管理上高度市场化。从缴费积累、利息收入、提前支取比例、余额转化为退休收入流等多个因素评估，中央公积金计划的财务可持续性较好。

（一）账户分类及其用途

中央公积金计划的在岗参与者拥有四个账户：特别账户（Special Account）、普通账户（Ordinary Account）、医疗账户（Medisave Account）以及退休账户（Retirement Account）。其中，特别账户设立于 1977 年 7 月，主要用于满足参与者日后的养老需求。医疗账户则设立于1984年4月，主要用于支付参与者的门诊及相关住院治疗费用以及用于购买被中央公积金局认可的医疗保险项目。普通账户设立于1987年1月，其使用方式和使用范围较广，账户余额既可被用作满足参与者的养老需求，也可被当作住房公积金用于满足购房需求，普通账户甚至还可用于参与者及其配偶和子女的全日制教育用途。退休账户则是当参与者达到55岁时，由上述三个账户合并而成，参与者可在退休后支取该账户余额，但必须按照规定留足最低储蓄额度，用于未来每月养老金的发放。此外，普通账户和特别账户余额还可用于购买新加坡政府提供的公积金终身年金项目（CPF LIFE），进一步提高参与者退休生活的保障能力。

（二）费用征缴与养老金待遇

在公积金缴费方面，新加坡政府对不同年龄段施行了不同的费率。其中，对于65岁以下的参与者，要求个人和企业分别承担日工资的17%和20%；65岁以上的参与者若为在职人员，个人和企业仅分别承担7.5%和5%。由于特别账户同时具备住房公积金的职能，该账户在个人公积金储蓄中的占比为72.5%，普通账户和医疗账户分别占10%和17.5%。

中央公积金计划根据特殊账户与普通账户余额水平将养老金分为三个档次：一是基本退休金额（Basic Retirement Sum），退休者需保持特别账户与普通账户总金额达到88000新元，每月可领取养老金790新元；二是全额退休金额（Full Retirement Sum），退休者需保持特别账户与普通账户总金额达到176000新元，每月可领取养老金1450新元；三是增强退休金额（Enhanced Retirement Sum），退休者需保持特别账户与普通账户总金额达到264000新元，每月可领取养老金2110新元。

（三）保值增值

在资产管理上，公积金由政府统一管理，中央公积金管理局委托新加坡政府投资公司（Government of Singapore Investment Corp，GIC）负责中央公积金计划的具体投资运作。目前新加坡政府投资公司已跻身于全球规模最大的基金管理公司行列，它秉持市场化的管理模式和专业化的投资理念，通过200多名投资专家在全球范围内灵活配置投资。在公积金的投资运作过程中，新加坡政府投资公司以在可控风险下追求更高的长期回报为原则，近20年内获得了超过全球通胀率3.7%的平均收益率，确保公积金的保值增值。在实际操作过程中，新加坡政府投资公司分别组建了保守型投资组合（Policy Portfolio）和积极型投资组合（Active Portfolio）以平衡收益与风险。作为公积金保值增值的基石，保守型投资组合的主要目标是确保在20年的投资期内获得足够的风险调整后收益，其投资主要涵盖6类资产：发达市场股权（20%—30%）、发展中国家股权（15%—20%）、名义债券和现金（25%—30%）、通胀挂钩债券（4%—6%）、私募股权（11%—15%）以及房地产投资（9%—13%）。组建积极型投资组合的目的是在保守型投资组合收益的基础上追求更高的收益，在与保守型投资组合保持相同的系统性风险的情况下，其投资标的主要为价格明显低于长期合理区间的标准化和非标准化资产。

中央公积金计划为普通账户余额提供每年2.5%的年化收益，对于特殊账户、医疗账户和退休账户余额分别提供4%的年化收益。中央公积金计划在一定程度上发挥了收入再分配的作用，对于账户中不超过6万新元的部分提供额外1%的年化收益，即这部分余额的年化综合收益高达5%。此外，为应对人口老龄化，提高高龄人群生活保障水平，针对年满55岁的人群，中央公积金为不超过3万新元的再另提供1%的年化收益，使得这部分余额的收益率高达6%；对于特殊账户和普通账户超过6万新元的部分，允许参与人投资于其核准的各项投资计划以获取更高收益，目前经核准的基金数量超过340个，给参与者提供了丰富的投资选择。

三、新加坡养老金制度的演进

当前，新加坡养老金制度也面临着老龄化的巨大压力，其形势甚至相较其他亚洲国家更为严峻，截至2019年底，新加坡具有公民身份或永久居留权的人口总数为402.6万人。从人口结构看，20岁以下、20—64岁和65岁以上人口数量分别为81.3万人、263.1万人和58.1万人，占人口总数的比重分别为20.2%、65.4%和14.4%，分别较上年增长-1.2%、0.3%和6%。20岁以下人口数量的持续下滑和65岁以上人口数量的持续上升，凸显新加坡在人口生育率上面临的严峻挑战。美国中情局世界概况（CIA World Factbook）在2017年12月发布的数据显示，新加坡人口的总和生育率仅为0.83，是全球生育率最低的地区，远低于我国同期的1.67。预计到2030年，新加坡65岁以上人口比重将占人口比例的近30%，到2050年65岁以上人口比重将达到约50%。

面对与日俱增的老龄化压力，新加坡政府在养老金制度的演进过程中坚持三项原则：一是确保养老金系统的公正与可持续性；二是消除参与者个人在养老金积累中的风险；三是与时俱进地推进养老金改革，积极适应养老形势的变化。在这些原则的指导下，新加坡养老金制度改革可以分为四个阶段，各阶段的目标都与当时经济社会的发展形势紧密相连，并根据快速老龄化相机调整。

（一）引入"以房养老"模式，助力完善养老计划

新加坡在发展过程中面临着与香港和迪拜等自由贸易港类似的问题，即土地供给难以满足居民的居住需求，导致房价高涨，居民购房困难。作为养老政策的制定者，新加坡政府较早认识到在养老金制度中引入住房公积金的必要性，以致在制度改革设计上，配套推出反向按揭和屋契回购等政策举措。这一制度设计，可以在帮助居民减轻购房负担的同时，通过"以房养老"补充养老收入，提高养老金的保障水平。

对此，1968 年新加坡在中央公积金原有的养老职责上新增购房项目，允许低收入参与者提取公积金存款用于购买低成本公寓，1975 年更将购房范围扩大至政府开发的组屋项目，将中等收入人群纳入保障范围。但由于 1968 年到 1977 年，中央公积金计划中 60% 以上的余额被居民提前支取用于购买住房，导致其养老保障功能被严重削弱。为应对这一形势，新加坡中央公积金局不得不将原有的单一账户划分为特殊账户和普通账户，并对普通账户的住房保障职能进行剥离，规定购房仅能从特殊账户中支取余额，缓解了购房需求对中央公积金计划的压力。1981 年在全球面临通胀压力的背景下，新加坡政府为缓解居民对公积金贬值的忧虑，将公积金购房限制完全放开，参与者可提取公积金用于购买私人住宅项目，并允许参与者用公积金购买住宅保险费（HPIS），确保住房人遭遇意外情况去世或丧失劳动能力的情况下，参与者与其家庭能够继续拥有住房，提高了"以房养老"的保障能力。在这一系列政策的推动下，新加坡公民和永久居民的住房拥有率超过 90%，成为全球住房拥有率最高的发达国家。

（二）引入医疗保障与家人共享计划，提高养老金共享保障能力

1984 年新加坡政府在中央公积金计划中增设医疗账户，为参与人在职期间以及退休后的医疗需求提供资助，进一步提高了养老金制度的保障水平。

1987 年，最低储蓄补充计划又将参与人的公积金受益人群从原有的仅有其本人扩展至包含其家庭成员。通过此次改革，参与者可通过每月缴纳的费用甚至直接使用公积金余额补充配偶、父母、祖父母或兄弟姐妹的公积金账户，制度化地体现了家庭以及亲朋在养老金体制中的重要作用。

随着时间的推移，共享计划先后又经历多次调整：从 2008 年 1 月 1 日起，55 岁以下的参与者可通过补充特殊账户资金以增加退休积累；2009 年 1 月 1 日起，参与者可在其公积金净额超过当期最低积累额之时，补充其家庭成员的中央公积金账户。而在以前的规定中，参与者需在净额为最低积累额的 1.5 倍时，才能为其家庭成员补充储蓄；从 2009 年 8 月 1 日起，参与者父母和祖父母不再需要达到 55 岁就可以接收参与者的补充储蓄。上述制度规定的变迁既简化了最低储蓄补充计划，也提高了制度吸引力。

医疗保障计划的引入提高了新加坡养老金制度的保障水平，最终形成现有包含特殊账户、普通账户和医疗账户三个不同用途的养老金账户体系。而家人共享计划的引入，解决了家庭不同成员之间公积金账户余额相互补充的问题，一定程度上发挥了公积金账户余额在家庭及亲友内部横向调剂补充的功能。

（三）公私部门双轨制实现并轨，提高养老金制度公平性

在原有殖民统治体系下，为确保殖民统治的可持续性，英国殖民政府施行的养老金制度存在着“双轨制”的情况，公务员无须缴纳公积金且能够享受更高的养老保障水平。由于养老金双轨制既对政府造成了巨大的财政负担又不利于社会的公平和稳定，新加坡政府早在 1973 年便开始试图解决公私部门缴费规则和待遇不公平问题，鼓励公务员自愿选择转入中央公积金计划，但效果并不显著。为此，新加坡政府在 1986 年取消了绝大部分公务员的退休金计划，仅有高级公务员、司法部门工作人员、议员和军队人员继续享受原有的退休金制度。直到 2012 年，新加坡议会通过了《议会退休金法案》，取消了前述人员的独立退休金计划，强制要求转入中央公积金计划，并改为单独给军队人员提供涵盖在中央公积金之内的保护基金计划，最终在养老金双轨制上成功实现了并轨。

（四）五项措施并举应对人口老龄化趋势

尽管新加坡在面对严峻的人口老龄化形势时，其施行的以个人强制性储蓄

为基础的自助性养老金体制在经济上具有可持续性，也不会像采取福利国家保障模式的养老金体制那样面临代际公平问题，但该养老金体制也存在难以克服的弊病。

首先，个人强制性储蓄统筹计划时间较早，在设定缴纳标准时未能预计到近20年来人均寿命的快速攀升，固定金额的公积金很难为寿命不断攀升的参与者提供足够的养老收入，保障其生活水平。其次，新加坡作为自由贸易港税负较低，财政实力有限且在养老金制度上始终秉持政府支出最小化原则，难以为养老金制度提供兜底。再次，新加坡个人公积金账户之间无法调配，无法实现收入二次分配，在面对经济不确定性尤其是通胀压力时，难以保障低收入人群的基本养老收入完全覆盖养老需求。对此，新加坡养老金体制也相应做出改革，以应对人口老龄化这一难题。

一是提高最低存款金额，限制提款规模，以确保养老金的余额足以应对人均寿命的延长。为保障参与者的养老金余额足以应对人口的迅速老龄化，新加坡政府在提高公积金最低存款余额的同时，对参与者退休前可提款规模做出了限制。新加坡政府根据通胀率、国民预期寿命变化以及退休后未来生活水平等因素，阶段性地调高退休时公积金的最低存款余额标准。2003年中央公积金计划要求参与者退休时，账户中最低存款余额不得低于8万新元。经过逐年提升，2012年已提高至13.9万新元，增幅超过50%；至2020年1月，最低存款余额已经高达18.1万新元。与此同时，对那些公积金账户余额低于最低存款余额的参与者，逐步调整他们在55岁前的提款规模：2003年规定只能提取公积金账户存款总额的50%，从2008年开始降为40%，以后提款比例逐年递减10%，直至2012年为止。到2013年，公积金存款总额低于最低存款余额的参与者均不允许提款。

二是推出公积金终身年金项目充实公积金余额，全面覆盖寿命延长后参与者的基本养老收入需求。为应对参与人员人均预期寿命不断攀升的问题，中央公积金管理局在2009年推出了公积金终身年金项目，对1958年后出生的新加坡人和永久居民来说该项目是强制的。作为中央公积金计划的附加项目，终身年金项目是新加坡政府为加强养老收入保障，确保国民直至去世时仍继续保有基本养老收入而推出的用参与人退休账户存款购买的延期年金计划（年金金额根据性别和年龄而不同）。参与者可以在限定的年龄区间内（65—70岁）选择任意时候开始领取每月年金，在达到可提取最低存款的年龄或年满80岁或

90 岁时可提取。因此，它可被视为原有公积金计划的延续，在小幅影响每月年金的情况下，让参与者享有终身的养老收入。该计划建立之时提供四项计划：增值计划、平衡计划、基本计划、纯入息计划。2013 年1 月，中央公积金管理局对公积金终身年金计划进行调整，将原来的四项计划合并为两项，将增值计划和平衡计划合并为“标准计划”，取消了纯年金计划但保留原有的“基本计划”。调整后的“标准计划”与“基本计划”的根本区别在于参与者去世后留给受益人的遗赠额有所不同。“标准计划”下参与者每月领取的年金会比较多，留给家人的“遗产”较少，而“基本计划”则相反。没有加入公积金终身年金计划的人，将继续在公积金最低存款计划下领取退休年金，但只允许领取 20 年的年金。需要指出的是，公积金终身年金计划并不会改变参与者能从账户中领取的存款，也不改变其他公积金账户存款的用途，只是让政府更好地控制公积金参与者的账户储蓄，为参与者提供了更持续的养老收入保障。

三是增加补充养老金制度（SRS），扩大养老金筹资渠道。2001 年 4 月，新加坡增加了补充养老金制度以弥补中央公积金筹资渠道的单支柱风险。这是一种自愿性个人养老储蓄计划，起初只针对属于新加坡公民和永久居民的领薪雇员及自雇劳动者。从 2009 年 9 月开始，雇主及未参加中央公积金的外国外派雇员也可自愿加入。补充养老金制度享受税收优惠但仅部分免税，养老储蓄利息收入的 50% 仍须缴纳个人所得税。补充养老储蓄额对不同社会群体有所不同，对新加坡公民和永久居民身份的领薪雇员，补充养老金储蓄额不超过其月薪的 15%，且年储蓄总额不超过 12750 新元；外派雇员储蓄限额为不超过其月薪的 35%，且年储蓄额不超过 29750 新元。如果在规定取款年龄前（65 岁）提取养老储蓄须补缴个人所得税，并缴纳 5% 的税务罚金。尽管新加坡公民与永久居民均是该补充养老金制度的参与者，但需要注意的是该补充养老金制度的实际受益群体主要是高收入者，这些人群无论是在已有的中央公积金计划或者公积金终身年金计划中都已经有足够的余额覆盖自己的养老需求。事实上，新加坡的低收入者往往面临着上述计划的存款余额不足的问题，其面临的养老形势往往更加严峻。但由于该计划并无收入二次分配的调控机制，因此补充养老金制度并未对低收入人群起到任何实际的帮助。

四是针对低薪劳动者制订就业入息补助计划（WIS）。针对低收入人群在年满法定退休年龄的 55 岁时，可能因工作期间工资收入过低而导致特殊账户与普通账户存款不足的问题，新加坡政府早在 2007 年就将原来的工作福利奖金计划（WBS）调整为就业入息补助计划，通过补贴低收入人群收入的方式协助其增加公积金储蓄，以使这些人群的公积金收入能够覆盖其基本养老需求。该计划最初的政策目标群体为年满35岁、月均收入在1500新元以下，且房产年价值在10000新元以下的低收入人群。就业入息补助金额按年龄和收入水平确定，45岁以上的低收入者最高年补助金额为1200新元；35—45岁低薪劳动者最高年补助金额则为900新元，补助金额中40%以现金形式发放，剩余60%则被存入其公积金账户。目前，就业入息补助的月薪标准上限调高至2000新元，同时调高补助金额上限，发放周期则由原来按季度改为按月发放，确保能随着国民收入水平提高，让更多低薪劳动者受益。在引入就业入息补助计划后，超过46万名新加坡公民得到了实惠，与新加坡的劳动人口相比，这意味着原劳动人口中收入最低的30%人群将享受到这一政策的帮助，这也体现了该政策覆盖面较广。

五是向雇主提供特别就业补贴（SEC），促进低收入老年人就业。为鼓励企业在雇用年长雇员和提升低薪劳动者收入方面扮演更积极的角色，政府除了在2001年开始对雇用50岁以上雇员的雇主降低本该由雇主承担的部分公积金缴费比率的优惠政策外，在2011年还推出了特别就业补贴计划，以鼓励企业继续雇用低龄老年人。该计划规定雇用50岁以上月薪不超过4000新元的新加坡公民，企业可以获得该雇员月薪8.5%的特别就业补贴。2015年又推出额外特别就业补贴，以鼓励企业继续雇用月薪不超过4000新元的65岁以上老年人，雇主可获得额外特别就业补贴，金额为雇员月薪的3%，加上特别就业补贴，雇主得到的补贴可高达11.5%。

四、优势与不足

（一）制度优势

一是自由支配程度较高，满足多重需求。新加坡中央公积金计划以养老为核心，覆盖住房和基本医疗等功能，同时还可用于配偶和子女教育投资，有利于促进整个社会人力资源的形成，并可利用余额进行投资或购买保险，自由支配程度较高，使得单一养老金体制能够满足参与人各人生节点的不同需求。

二是政府主导力强，有力地促进了经济发展。中央公积金管理局管理的公积金余额占新加坡国民储蓄总额的90%以上，长期以来为国家建设提供了大量低成本资金。这些资金阶段性地与国家经济发展政策相结合，在加快完善本国基础设施建设、促进经济快速发展的同时，也令公积金参与者能够分享经济发展带来的成果，反过来增强了新加坡养老金系统的养老保障能力。

三是政府财政负担小，在制定政策或推行改革时无须考虑代际公平问题。代际公平是一般福利国家在制定养老金政策或推行改革时需要考虑的最重要的问题，新政策的出台或改革的推行往往会影响养老金的收支平衡，不可避免地使得某一代人或几代人的养老待遇受到冲击。但新加坡的中央公积金计划采取自主保障模式，完全依靠参与者的强制性储蓄计划解决资金来源，在减轻政府财政负担的同时，无须在制定政策或推行改革时考虑财富在几代人之间重新分配的问题。

四是人口年龄结构变化敏感性较低，政策平衡性较好，确保了良好的财务可持续性。一方面，人口年龄结构是决定养老保险制度改革和演进的主要参考因素，中央公积金计划采取的以个人强制性储蓄为基础的自主性养老模式对人口年龄结构变化的敏感性较低，使得养老金制度在面对当地快速老龄化的社会时取得了较好的财务可持续性。另一方面，养老金制度的改革和演进是一个动态过程，新加坡政府在这一过程中较好地平衡了人口、经济社会和基金收支情况变化，进行一揽子的系统设计，及时对收支两端进行调整，控制了制度的平稳运转，确保了良好的财务可持续性。

五是透明化程度高，参保激励充分有效。现行新加坡养老金制度将参保者的缴费水平、缴费年限以及整个职业生涯期间的工资收入等因素联系在一起，建立并明确退休后养老金待遇的指数化调整机制，整个养老金制度透明程度较高，使参与者能够一目了然其中的精算关联，既有利于明确参与者对未来待遇水平的预期，也有利于增强参与者的制度信心，对于鼓励参与者积极参与中央公积金计划提供了充分的激励。

六是有效降低社会收入差距，辅助计划有利于化解后顾之忧，促进养老人群实现更高的消费水平。一方面，新加坡在养老金制度上实现了差异平等，以养老金实现了收入再分配，降低了社会收入差距，有利于促进养老人群实现更高的社会总体消费水平。另一方面，新加坡针对养老金制度建立了一系列相适应的辅助计划，如乐龄公寓、契屋回购计划、老年保障及公共援助金计划等，化解了退休人群的后顾之忧，使养老人群敢于消费，有利于鼓励其实现更高的消费水平。

（二）存在的问题

一是中央公积金保障程度低，限制了退休人员的生活质量。根据经济学人信息中心（The Economist Intelligence Unit）发布的全球生活成本调查报告，新加坡自2014年起已经连续六年蝉联全球生活成本最高的城市。但中央公积金计划提供的三个档次退休金分别只有790新元、1450新元和2110新元。另据新加坡人力部的调查显示，即使达到55岁退休年龄仍有超过66%的老人不得不继续工作，而65—69岁的人群中仍在工作的比例也超过40%，甚至在70岁以上人群中仍有超过4万人在坚持工作。更重要的是这些人员多从事保洁、餐厅服务员等低端体力劳动，平均月收入仅为1000—2000新元。这足以显示新加坡现有以中央公积金计划为核心的养老金制度，整体保障水平较低，甚至难以满足退休人员的基本生活需求。

二是“以房养老”政策面临困境，难以发挥应有作用。尽管新加坡政府在境内推行了空房出租、“以大换小”和倒按揭等形式，帮助退休人员换取养老收入，但在实际操作过程中面临困境。如2017年新加坡政府推行的“乐龄安居花红计划”鼓励老年人卖掉所持有的大型组屋，搬到三房式或更小（相当于两居室或更小）的组屋或小型公寓，以领取乐龄安居花红，这一花红最多可达2万新元。但截至目前，该计划成效并不显著，难以继续推行，原因有二：一方面，该计划相关条例和手续过于复杂，所得收益也必须首先用于填补公积金退休账户，因此实际能获得的养老收入不多。另一方面，受传统文化影响，通常老年人并不愿意远离亲朋好友，搬离熟悉的居住环境，这在一定程度上限制了“以房养老”政策的实施。又如2006年推出的以市场为主导的“反向抵押贷款计划”和2009年推出的“屋契回购计划”也面临着同样的困境，凸显“以房养老”功能难以发挥应有作用。

三是覆盖范围有限，无法为所有社会成员提供养老收入保障。尽管当前中央公积金局规定新加坡公民和永久居民的全职、兼职及临时工的他雇劳动者和自雇劳动者都必须参加中央公积金计划，但目前看参与程度仍较低，很多领薪劳动者和自雇劳动者都无力或无意参与中央公积金计划。据中央公积金局的数据显示，2018年实际缴费活跃会员（指在过去3个月连续缴纳费用）人数仅占所有会员人数的约一半，这表明新加坡养老金制度覆盖程度有限，无法为所有社会成员提供养老收入保障。

智利养老金制度改革40年回顾与总结

郑秉文　王卓群

一、1980年改革

今年是智利发布养老金改革第3500法令40周年，该法令决定将其传统的待遇确定型（以下简称DB型）现收现付制转向缴费确定型（以下简称DC型）完全积累制。改革从1981年开始实施，从此，DB型现收现付制养老金制度独霸世界百年的历史发生变化，在世界养老金大家庭中多了一个新成员，即DC型完全积累制；随即，十几个拉美国家纷纷效法，二十几个欧亚国家以各种形式引入个人账户（例如，以中国香港特别行政区为代表的强积金制），各种形式的“准”积累制（例如，以瑞典等国为代表的名义账户制）、“半”积累制（例如，以中国为代表的统账结合制）和“类”积累制（例如，以德国为代表的积分制）开始出现，就连美国小布什总统政府2001—2005年也试图引入个人账户，建立统账结合制（后来放弃）。智利养老金改革影响了一个时代，影响了经济学关于养老金的传统研究范式，影响了养老金制度演变进程及其生态。

智利养老金模式自诞生以来就存在争议，经济学界和实务界见仁见智，尤

---

* 本文为博鳌亚洲论坛研究院、中国金融学会、重庆金融学会和《比较》编辑室“养老金改革：国际经验与中国方案”联合课题组的研究成果，执笔人为社科院世界社保研究中心主任郑秉文、中国社科院大学博士生王卓群。

其是2008年国际金融危机期间股市狂泄，阿根廷对其DC型完全积累制实施“国有化再改革”，一夜之间取消个人账户，退回到1994年DB型现收现付制的“原点”，不仅引起国内两派激烈争议，也引发国际业界的惊诧①；近些年来，智利频发社会运动和骚乱，呼吁对DC型完全积累制进行改革，再次引起世人的关注。

本文回顾和评述智利1980年养老金改革和2008年改革，深入分析现状及其存在的问题，对智利以养老金管理公司为轴心的DC型完全积累制的基本运行特征和投资策略进行评介，以期对中国养老金改革提供某种启发。

（一）改革背景

早在19世纪初，智利就为公务员及铁路工人建立过职业养老金计划。1924年，智利引入当时欧洲流行的现收现付制社会保险模式并制定社会保障法，涵盖范围包括养老金、伤残、抚恤金、疾病补助、健康津贴等保障项目。智利早期养老金制度并不是单纯的现收现付制，针对养老金缴费结余建立了“集合资本化基金”（Collective Capitalization Funds）并实施投资，后来，由于基金管理效益不理想和支出水平不断提高等原因，制度运转陷入财政困难，1952年开始实行现收现付制。

总体看，智利传统的养老金制度在反对贫困、提高人民生活水平、增强社会安全感、促进经济发展等方面都取得了一定的成效。从20世纪下半叶开始，养老金制度的问题越来越多：一是养老金支出压力日渐提升。② 一方面由于社会保险税的偷漏现象日益严重，另一方面由于人口老龄化趋势不断加剧，老年人口实际赡养率（缴费人口与领取退休金人口比例）从1955年的12.2∶1下降到1979年的2.5∶1，参保人口的缴费负担上升了4倍。在改革前期，养老金财政上入不敷出，其中，1975—1980年退休金年均支出的40%来自政府补贴，大约占这期间GDP的3%左右，财政不堪重负。二是养老金收入分配不平等。养老金计划在不同的部门和行业间条块分割，碎片化现象严重，退休金标准差异较大，议员工作满15年就可以退休，银行雇员为24年，公共部门雇员

① 郑秉文、房连泉，《阿根廷私有化社保制度“国有化再改革”的过程、内容与动因》，载《拉丁美洲研究》，2009年第2期。

② 郑秉文、房连泉，《社保改革“智利模式”25年的发展历程回眸》，载《拉丁美洲研究》，2006年第28卷第5期。

为30年，私营部门雇员为35年，而体力劳动者必须达到65岁才能退休。三是管理体制低效。例如，各社保机构管理的养老金储备主要投资于公共和私人的金融工具，形成了大量难以收回的债券；缴费与权益之间没有精算联系，缴费积极性不高；社保行政管理机构庞大，管理成本高昂。四是过高的缴费率加重参保人经济负担。① 随着时间的推移，社保项目缴费率不断上升，1974年3月，智利三个主要社保机构的各项社会保障项目的缴费率平均高达工资的61.9%，其中仅养老金缴费就占工资的22.8%，成为民众生活的极大负担。

（二）改革内容

新制度于1981年5月正式实施，其基本特征为：一是为每个雇员建立养老金个人账户，雇员缴费为工资的10%，全部存入个人账户，再额外缴纳一定工资比例的管理费，其中一部分用于伤残和生存两项保险费用，一部分用于弥补养老金管理公司的管理成本，2018年平均缴费率为12.59%，其中10%是养老保险的缴费，2.59%是残疾、生存保险费和管理费。② 二是建立养老金管理公司（Pension Fund Administrators，简称AFPs），专门负责征收缴费和投资管理，起初养老金管理公司只能经营单个投资基金，后来投资范围逐渐扩大，到2002年每家管理公司可以经营A、B、C、D、E五类基金，每类基金有不同的风险偏好。三是雇员自由选择养老金管理公司，退休时养老金给付由账户积累资产转化为年金或按计划领取。四是成立劳动与社会保障部，下辖养老金管理公司监管局（Superintendence of Pension Fund Administrators，简称SAFP），负责对养老金管理公司的监管，并负责发放最低养老金。五是对养老金投资资本市场实施严格的数量监管模式，以控制养老金投资风险。六是政府通过两种方式为养老金积累不够的人提供帮助：一是建立社会救助养老金制度（Social Assistance Pensions，简称PASIS），主要提供给贫困老年人，不与缴费记录挂钩；二是对缴费至少20年（或是缴费满240次）但仍未积累足够的养老金以达到最低养老金标准的参保人，提供最低保障养老金（Minimum Pension Guarantee，简称MPG）。③

---

① Acuña R. Rodrigo and Iglesias P. Augusto，"Chile's Pension Reform after 20 Years"，World Bank Social Protection Discussion Papers，No.0129，December 2001.

② FIAP网站，https：//www.fiapinternacional.org/en/，2020年4月7日查询。

③ 郑秉文、房连泉，《拉美四分之一世纪以来的社保私有化改革》，载《中国社会保障》，2006年。

与改革前相比，改革后的智利养老金制度还具有如下特点：一是把养老金的资金管理转变为公司化运作，允许投资资本市场，为养老金保值升值；二是所有新参加工作的雇员必须选择一家养老金管理公司参保；三是雇员承担了全部的养老金缴纳金额，雇主无须承担缴纳义务；四是政府仅仅担任监管者的角色。①

（三）存在的问题

1980 年改革后，政府责任和财政负担都明显减轻了，企业和个人缴费负担也大大降低了，但随着时间的推移，也逐渐暴露出一些问题。

覆盖率较低。智利养老金覆盖率在改革前的 1973 年为 73%，1980 年改革的时候为 64%，到 1982 年下降到 29%，后来逐渐升高，2007 年恢复至 61.2%，但是仍低于 1973 年的覆盖率水平（详见表 1）。② 造成这种情况的原因是多方面的：一是智利出现大量自雇人员、灵活就业人员，据 FIAP 数据显示，2010 年自雇人员占比达劳动人口的 20%③，制度上对其参保并不具有强制性，可自愿参保，此类人员的实际参保率低，如 2005 年仅为 3.9%④；二是失业人员可以不向养老金计划缴费；三是女性由于需要抚养子女、照顾家庭等原因导致更多从事兼职、临时型就业，参保率低。

公平性出现偏差。原因也是多方面的，主要包括：（1）在 2008 年以前，养老金管理公司收取的管理费分为固定管理费和浮动管理费，后者与收益挂钩，固定管理费对低收入人群的相对支出压力高于高收入人群，固定管理费于 2008 年取消；（2）养老金投资回报率各年份均不相同，导致不同时间参保人的个人账户余额会出现较大差异；（3）妇女、自雇人员和非工作就业人员的缴费密度低于社会平均水平，从而形成了较大的养老金收入水平差距。

---

① Silvia Borzutzky, You Win Some and You Lose Some: Pension Reform in Bachelet's First and Second Administrations, July 30, 2019, https://journals.sagepub.com/doi/full/10.1177/1866802X19861491.

② Carmelo Mesa-Lago and Fabio Bertranou, Pension Reforms in Chile and Social Security Principles, 1981 - 2015, *International Social Security Review*, March 2016.

③ FIAP, Pension Notes: Young People in the Labor Market and Pension Perspectives: The Cases of Chile, Colombia, Mexico and Peru, November 2019, No. 39.

④ Superintendence of Pensions, The Chilean Pension System 2010, 第 159 页。

表 1　1973—2013 年劳动人口和 65 岁及以上人口覆盖情况

年份	劳动人口覆盖率（%）	65 岁及以上人口覆盖率（%）
1973	73.0	—
1980	64.0	—
1982	29.0	—
1990	46.8	73.6
1992	51.8	66.5
1994	51.8	68.2
1996	55.7	65.9
1998	53.4	62.2
2000	52.9	63.7
2003	55.8	63.9
2006	61.1	79.0
2007	61.2	—
2008	62.8	—
2009	60.3	84.0
2010	60.3	—
2011	63.6	84.0
2012	63.8	—
2013	64.8	83.5

资料来源：Carmelo Mesa-Lago and Fabio Bertranou，Pension Reforms in Chile and Social Security Principles，1981 -2015，*International Social Security Review*，2016 年 3 月，表 1。

养老金管理公司集中度过高潜藏风险。养老金管理公司的集中度逐年提高，例如，2005 年市场上仅有 6 家养老金管理公司，其中最大的 3 家占据了 70% 以上市场份额，逐渐造成如下风险：一是市场信息不对称导致道德风险和逆向选择；二是管理费用逐渐提高；三是养老金管理公司之间在投资行为、投资资产组合以及投资绩效等方面同质性竞争十分明显，投资收益易受市场波动的冲击，直接影响参保人的账户余额。

财政负担依旧存在。改革后的财务支出负担在于以下几个方面：一是向旧制度下退休人员发放养老金和向新制度下退休人员发放认购债券；20 世纪 80 年代这两项支出占 GDP 的比例高达 6%，到 90 年代下降到 3%，预计过渡期将持续到2037年。二是最低保障养老金和社会养老救助金带来的财政支出；预计随着该制度的成熟，有超过30%的参保人将获得最低保障养老金，由此带来的财政负担约占GDP的1%，社会救助养老金的估计费用预计约占总费用的0.5%。① 三是1980年改革不涉及军队人员，他们还维持原现收现付制模式，养老金负担较重。虽然改革前军队养老金就由财政支付，但改革后养老金负担逐年增加（见表2）。

表2 1981—2004年智利养老金制度赤字占GDP的百分比 （单位：%）

年份	居民养老金赤字				军人养老金赤字	养老金总赤字
	旧制度运营赤字	认购债券	社会救助养老金	最低保障养老金		
1981	3.6	0.0	0.2	0.0	—	3.8
1982	6.0	0.1	0.3	0.0	—	6.4
1983	6.5	0.2	0.4	0.0	—	7.1
1984	6.9	0.2	0.5	0.0	—	7.6
1985	6.0	0.2	0.5	0.0	—	6.7
1986	5.9	0.3	0.5	0.0	—	6.7
1987	5.2	0.4	0.5	0.0	—	6.1
1988	4.6	0.4	0.4	0.0	—	5.4
1989	4.7	0.4	0.3	0.0	—	5.4
1990	3.3	0.5	0.3	0.0	1.2	5.3
1991	3.3	0.5	0.3	0.0	1.2	5.3
1992	3.2	0.5	0.3	0.0	1.1	5.1
1993	3.2	0.6	0.3	0.0	1.2	5.3
1994	3.1	0.7	0.3	0.0	1.1	5.2
1995	2.8	0.7	0.3	0.0	1.1	4.9
1996	3.1	0.7	0.3	0.0	1.1	5.2

① Mukul G. Asher, Lessons for Asian Countries from Pension Reforms in Chile, January 2008. https://www.researchgate.net/publication/46473941.

（续表）

年份	居民养老金赤字				军人养老金赤字	养老金总赤字
	旧制度运营赤字	认购债券	社会救助养老金制度	最低保障养老金制度		
1997	3.0	0.8	0.3	0.0	1.1	5.2
1998	3.2	0.9	0.3	0.0	1.1	5.5
1999	3.2	1.1	0.4	0.0	1.2	5.9
2000	3.1	1.1	0.4	0.0	1.3	5.9
2001	3.1	1.1	0.4	0.1	1.3	6.0
2002	3.0	1.1	0.4	0.1	1.3	5.9
2003	2.9	1.2	0.4	0.1	1.3	5.9
2004	2.5	1.3	0.3	0.1	1.3	5.5

注：在1981—1989年，旧制度运营赤字中包括军人养老金赤字。

资料来源：Arenas De Mesa and Mesa Lago，The Structural Pension Reform in Chile：Effects，Comparisons with Other Latin American Reforms，Lessons，*Oxford Review of Economic Policy*，Volume 22，Issue 1，Spring ，Pages 149－167，表2。

二、2008年改革

2006年，新当选的智利总统巴切莱特（Michelle Bachelet）任命了一个由15名养老金专家组成的研究委员会，研究智利养老金制度的缺陷并提出修改建议，2008年国会通过20255号法案，该委员会90%的建议被采纳。① 此次法案的通过被视为智利养老金制度自1980年改革以来最重要的一次制度调整，也被称为智利养老金制度的再改革。

（一）改革的主要内容

建立团结养老金。团结养老金包含了非缴费型的基本团结养老金（PBS）和补充团结养老金（APS），融资来源均为政府财政。如前文所述，在改革之前，政府主要通过最低保障养老金和社会救助养老金两种方式为没有能力进行

① Carmelo Mesa-Lago and Fabio Bertranou，Pension Reforms in Chile and Social Security Principles，1981－2015，*International Social Security Review*，March 2016.

退休储蓄的人提供帮助。① 改革后，基本团结养老金取代社会救助养老金，为年满65岁、在智利至少居住20年且没有任何缴费记录的贫困者提供养老金补助。补充团结养老金为有缴费记录但养老金累计未达到最低标准的人提供养老金。

自雇者强制性加入。针对智利劳动者市场中自雇者比例逐渐增大的情况，2008年改革将原本可自愿选择的自雇者及非正规部门的就业者纳入强制参保范围，同时为其提供家庭津贴、工伤保险、职业保险等福利作为补偿。②

鼓励雇员参加自愿型养老计划。一是在雇员缴纳和领取自愿型养老金时给予税收减免，鼓励雇员加入；二是新建一个类似美国401(k)计划的自愿型养老金计划（简称APVC），雇主可与养老金管理公司、银行、基金公司、保险公司等提供个人自愿型养老计划的机构订立合约，以雇主的名义为雇员缴费，当雇员达到一定的工作时间后，上述缴费计入雇员账户，雇主对雇员须一视同仁，不能把这种福利限制在特定的雇员群体，为鼓励雇主建立此计划，政府给予一定的税收优惠。

提高女性参保者待遇。为女性参保者提供生育补助，从2009年7月1日开始，女性每养育一个子女将获得18个月最低工资总额×10%的补助，从孩子出生时就计入母亲的个人账户，并按照养老金管理公司管理的C类基金的年均投资收益率计息，65岁后方可领取。

提升养老金管理公司的运营效率。一是引入竞标机制，提供最低运营成本的养老金管理公司可以获得将未来12个月内的新进入者纳入会员的权利，这些会员在18个月后才可以将账户转移到其他养老金管理公司，倒逼养老金管理公司降低管理费；二是放宽海外投资的限制，投资渠道更加多样；三是简化部分投资限制的规章制度，促进养老金管理公司运行更加灵活；四是组建由独立专家组成的投资技术委员会，为制定投资政策和养老金规范提供决策建议。③

---

① 2008年3月，最低保障养老金的标准相当于每月222美元（70岁以上242美元，75岁以上257美元）；社会救助养老金提供的老年、残障津贴标准为70岁以下110美元，70岁以上117美元，75岁以上128美元。引自赵青，《智利养老金制度再改革：制度内容与效果评价》，《拉丁美洲研究》，2014年第3期。

② Superintendence of Pensions，*The Chilean Pension System2010*，第13页、第24页、第28页、第163—164页。

③ 赵青，《智利养老金制度再改革：制度内容与效果评价》，载《拉丁美洲研究》，2014年第3期。

（二）当前的制度架构

智利的养老金制度是一个较为独特的三支柱模式：它自称其非缴费型公共养老金制度（团结养老金）为第一支柱，国家举办的强制储蓄型养老保险制度（养老金管理公司）为第二支柱①，可选择的自愿型养老计划为第三支柱。其中，养老金管理公司负责收缴和管理养老金，受养老金管理公司监管局监管，后者是隶属劳动和社会保障部的专门技术机构，同时负责解释法律和发布补充法规。

表3　智利三支柱养老金模式

三支柱体系	养老金计划名称	资金来源	运作模式
第一支柱	基本团结养老金	政府财政	非个人缴纳
	补充团结养老金	政府财政+雇员缴纳	非个人缴纳
第二支柱	强制缴费制度	个人强制缴费	完全积累制（DC型）
第三支柱	自愿养老计划	个人自愿缴费	完全积累制（DC型）

资料来源：作者根据FIAP网站的资料整理制作而成：https://www.fiapinternacional.org/en/estadisticas/。

在参保规定方面，2008年改革前的规定是②，1983年1月1日以后首次进入劳动力市场的独立工作者都必须参保；2012年1月至2018年1月，所有发放收费凭证或接受第三方服务凭证的个体工商户，都必须纳入保障体系。但从2018年起，缴费是强制性的，并规定在2019年所得税申报过程中实现。参加现收现付制的工人可以选择转入新的制度。自2009年起，新成员必须加入某个通过竞标程序后获得许可的养老金管理公司，一旦加入，须停留24个月，然后就可自由转换到其他养老金管理公司。

在养老金缴费方面，个人缴费为收入的某个百分比，上限为78.3UF③（2018年12月为3103美元）。2018年12月的缴费率为12.59%，其中10%划

① 世界银行和大多数国家对三支柱的划分方法是将来自财政转移支付的养老金制度称为“零支柱”，国家举办的强制缴费型公共养老金称为第一支柱，企业主举办的企业补充养老保险称为第二支柱。本文使用的划分方法使用的是智利的划分方法，特此说明。

② FIAP，https://www.fiapinternacional.org/en/estadisticas/.

③ UF是智利的一种指数化货币单位，即每日通过消费者价格指数（CPI）调节的真实货币价值指数。它只是一种商品或交易合同的货币计量单位，并没有具体的实物形态，UF与智利比索（包括美元）的比价随通胀指数变化进行调整。

入个人账户；另外的 2.59% 用于支付养老金管理公司的管理费和参保人的残疾和生存保险费。雇主必须为残疾和生存保险支付一部分佣金，雇员向养老金管理公司支付一部分管理费。2018 年养老金管理公司收取的管理费在收入的 0.77% 至 1.45% 之间，平均值为 1.26%。

在养老金领取方面，有四种方式可供选择：一是“计划领取”，参保人员退休时可将个人账户储蓄余额继续存放在某家养老金管理公司，并由该公司为其制订养老金领取计划，按月领取养老金。二是终身年金，由养老金管理公司负责将账户储蓄余额转入一家人寿保险公司，由保险公司为参保人员提供终身年金，按月支付养老金，一直到退休者去世。三是“临时收入与递延年金”相结合，参保人员和保险公司签订合同，由保险公司在其未来退休后的某个时点开始提供一笔固定收入的年金，从退休到开始领取年金的这段时间，参保人员要将一部分个人账户存款仍然留在养老金管理公司管理的基金中，每月获取一份相应份额的退休金。四是“终身年金与按计划领取”相结合，在账户储蓄余额可以满足的年金给付额大于或等于当前社会最低养老金的情况下，参保人员可以同时选择领取年金与按计划支取两种养老金给付方式。以上四种参保人可自由选择，但终身年金必须等于或大于基本团结养老金；递延寿险年金不得少于第一笔临时收入的 50% 或 100%；自由支配的盈余超过为养老金提供资金所需的余额时，即可在不同的养老金模式下提取。

（三）成效及存在的问题

2008 年改革成效明显，受到民众的普遍好评。与 1980 年改革相比，2008 年改革还包括：将自雇者纳入参保范围，鼓励雇员加入自愿性养老金计划，以提高覆盖面；设立团结养老金，象征着政府职能的回归，体现了对低收入人群的重点关注；对女性参保群体采取有针对性的保障措施，一定程度上体现了公平；适度放宽对养老金管理公司的监管和投资限制，经营策略更灵活。但是，2008 年改革未能解决替代率太低的问题，新设的团结养老金、母亲特殊津贴增加了财政支出压力。

三、养老金运营情况

（一）养老基金资产增长情况

在 1980 年改革之前，智利采取 DB 型现收现付制养老金模式，该制度无法产生大量累计余额，国内资本市场规模很小，整个金融行业以银行业为支撑，且金融监管薄弱，缺乏必要的金融投资工具。1980 年改革以后，智利开始实行 DC 型积累制养老金模式，其资金规模逐年升高，截至 2018 年末，强制缴费型养老金资产规模为 1931.1 亿美元，自愿缴费型养老金资产规模为 53.6 亿美元，共计 1984.7 亿美元，相当于 2018 年 GDP 的 67%。图 1 显示，除部分年份外，无论是资产规模还是占 GDP 比例，都呈现增长态势。

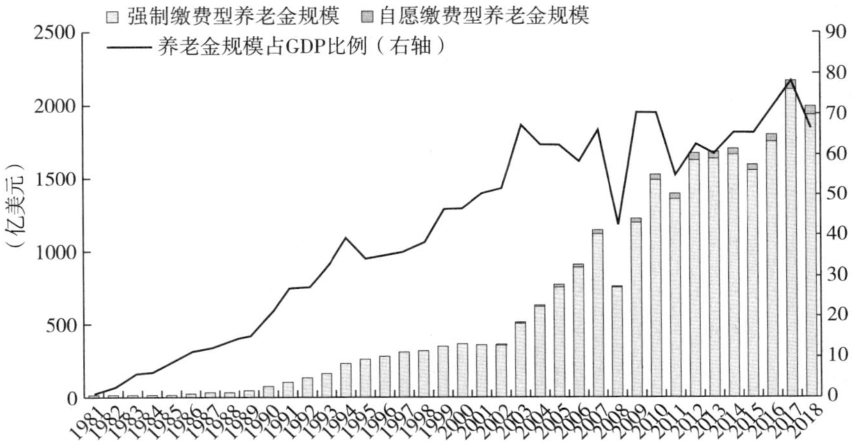

图 1　智利养老金规模增长及 GDP 占比情况

资料来源：作者根据下述两份资料制作：1. 养老金规模，FIAP，网址：https：//www. fiapinternacional. org/en/estadisticas/，2020 年 4 月 8 日查询；2. 智利各年的 GDP 数据，世界银行官网：https：//data. worldbank. org. cn/country/chile？view = chart，2020 年 4 月 8 日查询。

（二）1981—2002 年单一投资组合阶段

在 1980 年改革初始阶段，养老金管理公司只为参保成员设立一个组合，参保人加入某家公司就相当于选择了这家公司的投资组合。在长达 20 年的时间里，总体看，投资组合发生了一些变化：政府债券占比变化不大，平均大约占 1/3，但金融机构债券占比越来越小，从平均 20% 下降到 2% 左右。抵押债券在初始阶段占比很高，后来十几年里大致稳定在 15% 左右。公司股票和公司债券占比呈抛物线状，初始阶段和后期占比较小。从 1993 年开始放开了投资国外股票市场，此后占比逐年提高。

表4　1981—2002年智利养老金投资组合的演变

年份	政府债券	金融机构债券	抵押债券	公司股票	公司债券	外国股票
1981	28.1	61.9	9.4	0	0.6	0
1982	26.0	26.6	46.8	0	0.6	0
1983	44.5	2.7	50.7	0	2.2	0
1984	42.1	12.2	42.9	0	1.8	0
1985	42.4	20.4	35.2	0	1.1	0
1986	46.6	22.9	25.5	3.8	0.8	0
1987	41.4	27.4	21.3	6.2	2.6	0
1988	35.4	28.5	20.6	8.1	6.4	0
1989	41.6	20.8	17.7	10.1	9.1	0
1990	44.1	16.3	16.1	11.3	11.1	0
1991	38.3	11.7	13.4	23.8	11.1	0
1992	40.9	9.4	14.2	24.0	9.6	0
1993	39.3	6.1	13.1	31.8	7.3	0.6
1994	39.7	4.8	13.7	32.1	6.3	0.9
1995	39.4	5.3	15.8	29.4	5.3	0.2
1996	42.1	4.2	17.9	25.1	4.7	0.5
1997	39.6	10.7	17.0	22.6	3.3	1.2
1998	42.4	1.6	16.4	14.0	3.0	5.3
1999	36.2	1.6	15.5	12.1	3.5	13.5
2000	36.4	2.0	14.5	12.3	4.0	11.3
2001	36.5	1.9	13.1	10.2	5.4	12.9
2002	33.1	1.9	12.4	8.8	6.5	15.2

资料来源：美国社保总署官网 https://www.ssa.gov/policy/docs/ssb/v64n4/v64n4p66.html。

（三）2002年至今的多元基金阶段

为满足不同年龄和风险偏好参保人的需求，最大限度提高收益率，2002年开始实行投资多元基金制度，每家养老金管理公司须为参保者提供A、B、C、

D、E 五类投资基金，其风险等级为基金 A ＞基金 B ＞基金 C ＞基金 D ＞基金 E，其主要区别在于股票投资所占份额，其中，基金 A 股票投资份额的区间为 40%—80%，基金 B 为 25%—60%，基金 C 为 15%—40%，基金 D 为 5%—20%，基金 E 则不能投资股票。就国外证券投资而言，政策只限定每家养老金管理公司的五类基金国外证券投资的总份额，而不具体规定每只基金境外投资的限额。

表 5　多元基金股票投资限制及其相对应的默认投资年龄

基金类型	投资股票的限制（%）		投资该基金的默认年龄	
	最低限额	最高限额	男	女
A 基金	40	80	—	—
B 基金	25	60	到 35 岁	到 35 岁
C 基金	15	40	36—55 岁	36—50 岁
D 基金	5	20	56 岁及以上	51 岁及以上
E 基金	0	0	—	—

资料来源：美国社保总署官网 https：//www. ssa. gov/policy/docs/ssb/v64n4/v64n4p66. html。

在风险和收益方面，多元基金体系的创建允许成员实现更符合其偏好和需求的投资组合分配。不同的成员可能对其养老基金组合的构成有不同的偏好，这反映在不同程度的风险规避上，多重基金的建立使成员可以根据自己的风险偏好选择高风险高收益基金。如较年轻的成员可能会选择风险和预期回报较高的基金，以增加其退休金的预期价值，而较年长的成员或退休人员可能会选择风险最低的基金，以尽量减少其退休金价值的波动。根据规定，对于强制性缴费的参保人，除已开始领取养老金的人、55 岁以上的男性成员和 50 岁以上的女性成员外，其余的参保者都可以自由选择养老基金。已开始领取养老金的人可选择其中一个风险较低的 C、D、E 类基金计算其养老金账户上的余额，非领取退休金的年长人士可选择基金 B、C、D、E 中的任何一项。这些限制的目的是防止养老金领取者或接近退休年龄的成员在用其强制缴费型养老金进行投资时冒很大的风险，因为这可能对其养老金数额造成不可逆转的损害，并影响国家保证的最低养老金或团结养老金。对未进行选择的成员，将按其年龄分配一种基金。为了将成员分配到其中一类基金，成员被分为三个年龄范围：35 岁以下的成员被分配到拥有更多股票的 B 类基金，35—55 岁男性及 35—50 岁女性被分配到风险相对中等的C类基金，而较年长的成员被分配到固定收益较多的D类基金。此外，当这些自动分配的人进入新的年龄范围，将逐步调整到相应的养老基金，变化方式为：在变化的当年将其余额的20%转移，并在接下来的四年期间每年转移20%，直到所有资源转移为止。①

（四）多元基金阶段的资产配置

智利养老金为各类资本市场提供了大量长期稳定的资金来源，成长为资本市场上最重要的机构投资者。2019年A、B、C、D、E五类基金占比分别为13.3%、15.9%、35.8%、17.6%、17.4%。同时，我们可以看到，投资智利国内外资产比例情况大致是各占一半，国内比例稍高一点。在国内资产配置中，权益类资产占8.4%，固定收益类资产高达47.9%；国外市场上权益类资产占比较高，占29.8%，固定收益类只占13.8%。

表6 2019年12月智利养老基金投资组合 （单位：亿美元，%）

项目	A基金		B基金		C基金		D基金		E基金		总计	
	金额	占比	金额	占比	金额	占比	金额	占比	金额	占比	金额	占比
国内投资总额	**52.3**	**18.4**	**121.9**	**35.7**	**411.8**	**53.6**	**271.5**	**71.8**	**349.3**	**93.5**	**1206.8**	**56.2**
1. 可变收益投资	42.9	15.1	42.9	12.5	69.6	9.1	15.4	4.1	8.5	2.2	179.3	8.4
（1）股票	35.6	12.5	37.0	10.8	58.3	7.6	12.5	3.3	8.3	2.2	151.7	7.1
（2）投资基金	6.7	2.4	5.1	1.5	9.7	1.3	2.5	0.7	0.1	0.0	24.1	1.1
（3）另类资产	0.6	0.2	0.7	0.2	1.7	0.2	0.4	0.1	0.0	0.0	3.4	0.2
2. 固收债券	9.9	3.5	79.6	23.3	343.3	44.6	256.7	67.8	340.7	91.3	1030.2	47.9
（1）央行债券	0.6	0.2	1.2	0.3	1.7	0.2	0.4	0.1	7.3	2.0	11.3	0.5
（2）财务工具	0.3	0.1	16.9	4.9	149.1	19.4	113.	30.0	125.9	33.7	405.8	18.9
（3）认购债券	0.0	0.0	0.0	0.0	0.2	0.0	0.3	0.1	0.3	0.1	0.8	0.0
（4）公司债券	0.9	0.3	12.1	3.6	43.8	5.7	40.0	10.6	41.3	11.1	138.1	6.4

① Superintendence of Pensions, *The Chilean Pension System 2010*, 第34页。

（续表）

项目	A 基金		B 基金		C 基金		D 基金		E 基金		总计	
	金额	占比	金额	占比	金额	占比	金额	占比	金额	占比	金额	占比
（5）基金债券	0.0	0.0	0.0	0.0	0.1	0.0	0.1	0.0	0.0	0.0	0.2	0.0
（6）银行债券	1.5	0.5	32.1	9.4	112.4	14.6	91.7	24.2	102.9	27.5	340.6	15.9
（7）住房贷款	0.1	0.0	0.4	0.1	2.0	0.3	0.7	0.2	0.6	0.2	3.8	0.2
（8）定期存款	2.5	0.9	11.3	3.3	24.9	3.2	6.9	1.8	51.2	13.7	96.7	4.5
（9）共同基金	1.3	0.5	2.9	0.9	4.9	0.6	1.2	0.3	7.0	1.9	17.3	0.8
（10）另类资产	1.1	0.4	1.3	0.4	4.0	0.5	1.5	0.4	1.4	0.4	9.1	0.4
（11）可用债券	1.7	0.6	1.3	0.4	0.4	0.1	0.4	0.1	2.7	0.7	6.5	0.3
3. 其他衍生品	-0.6	-0.2	-0.8	-0.2	-1.9	-0.2	-1.3	-0.3	-0.2	-0.1	-4.7	-0.2
4. 其他	0.1	0.0	0.2	0.1	0.7	0.1	0.7	0.2	0.3	0.1	2.0	0.1
外国投资总额	**233.0**	**81.6**	**219.7**	**64.3**	**358.1**	**46.4**	**106.8**	**28.2**	**24.6**	**6.5**	**942.2**	**43.8**
1. 可变收益	185.4	65.0	159.4	46.7	230.0	29.8	57.1	15.1	8.2	2.2	640.0	29.8
（1）互助基金	135.1	47.3	121.3	35.5	184.8	24.0	40.9	10.8	0.8	0.2	482.9	22.5
（2）另类资产	6.8	2.4	6.4	1.9	13.3	1.7	4.0	1.1	0.1	0.0	30.7	1.4
（3）其他	43.6	15.3	31.7	9.3	31.8	4.1	12.1	3.2	7.3	2.0	126.5	5.9
2. 固收债券	46.7	16.3	59.6	17.4	126.1	16.4	48.8	12.9	16.1	4.3	297.3	13.8
3. 其他衍生品	-0.2	-0.1	-0.1	-0.0	0.3	0.0	0.1	0.0	-0.2	-0.1	-0.1	-0.0
4. 其他投资	1.1	0.4	0.9	0.2	1.7	0.2	0.8	0.2	0.5	0.1	4.9	0.2
总资产	**285.3**	**100**	**341.6**	**100**	**769.8**	**100**	**378.3**	**100**	**373.9**	**100**	**2149.0**	**100**

注：原数据单位是智利比索，根据2019年12月31日1比索≈0.00134美元的汇率进行了换算。

资料来源：作者根据如下资料制作而成：Inversiones y rentabilidad de los Fondos de Pensiones，diciembre 2019，https：//www.spensiones.cl/portal/institucional/594/w3-propertyvalue-10089.html#recuadrosxAno_group_ pvid_10257。

（五）多元基金投资回报业绩

实施多元基金投资体制之后，各年均存在较大幅度的波动。例如，投资风险最高的A基金的实际收益率从2017年的15.44%下降到2018年的-5.59%，而2019年迅速升至17.26%。各基金的表现也具有较大差异，如2016年、2018年最保守的E基金收益率反而在五类中最高。从整体看，2002年以来，五类基金均实现正的投资收益，且呈现风险越大的基金收益越高的规律，体现出投资对养老金的保值增值是有利的。

表7　2013—2019年五类基金投资收益情况（单位：%）

年份	基金A	基金B	基金C	基金D	基金E
2013	6.79	4.33	4.68	5.42	5.09
2014	8.86	8.27	9.00	7.68	6.78
2015	3.79	2.49	2.16	2.02	0.71
2016	-0.87	1.07	1.74	2.60	3.89
2017	15.44	11.79	7.51	3.09	1.01
2018	-5.59	-3.70	-0.89	1.21	3.07
2019	17.26	14.89	14.96	13.15	9.03
过去36个月平均收益率（2017年6月到2019年末）	8.52	7.34	7.00	5.69	4.33
2002—2019年年均收益率	6.55	5.6	5.25	4.74	4.00

资料来源：作者根据Superintendencia de Pensiones官网逐年查找的数据整理而成。官网网址为https://www.spensiones.cl/apps/rentabilidad/getRentabilidad.php?tiprent=FP&template=0。

（六）1980年以来的总体投资回报率

1980年改革以来，智利养老金年均投资回报率约7.57%，是预期的两倍。较高的投资回报也是养老金规模迅速增长的原因之一。此外，投资体系在财务诚信方面被公认具有无可挑剔的良好记录。改革以来，智利养老基金管理的近2000亿美元资产中没有发生过一起滥用资源的案例。① 当然，投资收益率在不同年份曾出现较大波动，这导致参保者账户储蓄余额出现较大差异。

① Augusto Iglesias, Chile's Pension System Reform Bill, Pension Reforms: Addressing Needs in a Changing World, May 2019.

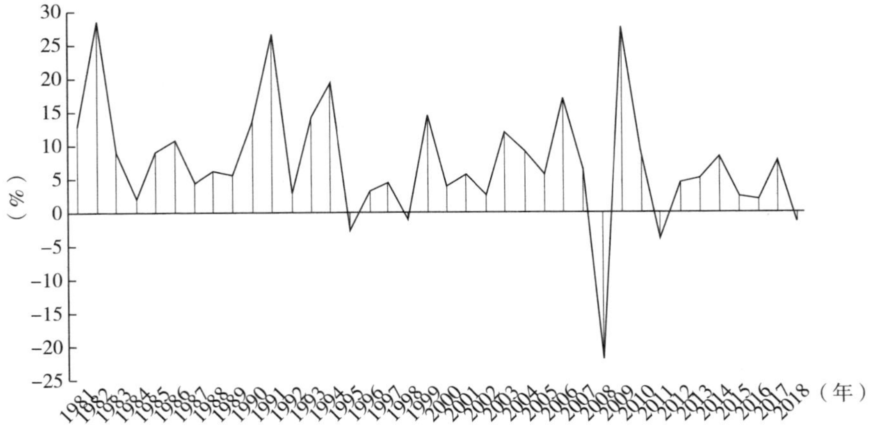

图2　1981—2018 年各年实际收益率

资料来源：作者根据 FIAP 的数据制作而成，https：//www. fiapinternacional. org/en/estadisticas/。

（七）养老金管理公司的运作情况

养老金管理公司是智利养老金制度的中枢，由政府发放特殊牌照，公司数量始终处于变动之中，因为公司是竞争性的：1980 年改革时是 12 家，1990—1999 年竞争惨烈，最少时 8 家，最多时 21 家，进入 21 世纪以来基本是 6 家，只有 2008 年是 5 家，2019 年 12 月又增加一家，目前是 7 家。①

为保证养老基金运行平稳，智利对养老金管理公司设置了准备金制度和最低回报率要求，要求养老金管理公司将相当于养老基金价值 1% 的资产作为强制准备金，当回报率低于最低回报率要求时，储备的准备金可以弥补最低回报。最低回报率要求每家养老金管理公司每个月都要保证其管理的养老基金在过去 36 个月的年化实际收益率与同类基金平均值相比：A、B 类基金不低于 4 个百分点，C、D、E 类基金不低于 2 个百分点；同时前 36 个月所有同类型基金的平均实际年化收益率不低于同类基金平均值的 50%。例如，如果在一个月里，所有 C 类基金前 36 个月的平均实际年化收益率是 3%，若一家养老金管理公司这类基金过去 36 个月的实际收益率低于 1%，最低收益保障法律机制将开始实施；或过去 36 个月 C 类基金行业平均实际年化收益率为 10%，若

① 引自 https：//www. fiapinternacional. org/en/estadisticas/。

该养老金管理公司当期实际年化收益率低于5%，法律规定的最低收益保障机制将开始运行。

养老金管理公司的主要利润来源是对其管理的养老金计划成员收取的管理费，各养老金管理公司可以自行设定管理费标准，但是同一家养老金管理公司内的参保人员及各个基金的征收标准是统一的。征收管理费的种类包括基金管理、退休账户存款、转账、存取款、自愿性储蓄账户提款、自愿性遗散账户提款、退休抚恤金支付等。① 由于市场监管和竞争机制，养老金管理公司平均管理费率呈逐年下降态势，至2018年为1.26%。

表8 2005—2018年养老金管理公司收取的管理费情况

年份	固定管理费（美元）	管理费比率（占工资的百分比）
2005	0.80	1.31%
2006	0.43	1.33%
2007	0.32	1.44%
2008	—	1.44%
2009	—	1.50%
2010	—	1.49%
2011	—	1.48%
2012	—	1.41%
2013	—	1.39%
2014	—	1.32%
2015	—	1.28%
2016	—	1.23%
2017	—	1.18%
2018	—	1.26%

注：2008年后取消固定管理费，仅收取工资一定比例的管理费。

资料来源：FIAP，https：//www.fiapinternacional.org/en/estadisticas/，2020年4月8日查询。

① Armando Barrientos，How Efficient are Pension Fund Managers in Chile?，Revista de Economia Contempornea，Rio de Janeiro，9（2005），289－311.

四、经验与教训

2016年8月和2019年3月，智利曾两次爆发反对现有养老金制度的全国大规模集体示威游行，甚至发起了“No + AFP”运动，呼吁将现有的养老金制度进行国有化改革，回归现收现付制养老金制度，由类似智利中央银行的独立公共机构管理，智利养老金制度再一次被推向了风口浪尖。①

（一）“2015年布拉沃养老金总统咨询委员会”的重要建议

巴切莱特总统于2015年成立了以智利著名经济学家大卫·布拉沃（David Bravo）为主席的养老金总统咨询委员会（以下简称“2015年布拉沃养老金总统咨询委员会”），以诊断问题并提出解决方案。该委员会由24名智利国内和国际知名养老金专家组成，例如著名的英国伦敦政治经济学院教授尼古拉斯·巴尔（Nicholas Barr）、美国沃顿商学院著名养老金专家米切尔·奥利沃（Mitchell Olive）等。通过研究，“2015年布拉沃养老金总统咨询委员会”得出评估如下：一是养老金替代率较低，在1980年改革的时候，人们预期替代率为70%②，然而在调研期间却发现男性的平均净替代率为48%，女性的为37%，与OECD成员国相比，智利男性普遍低18个百分点，女性低28个百分点；二是覆盖面有进一步提升的空间，许多人未能连续缴费或不全额缴费，同时依旧有大量自雇人员未参保；三是持续的高管理费，这其中有一部分原因是参保者信息掌握不完全所致，尽管2008年改革后养老金管理公司引入竞争机制，管理费有所降低，但许多参保者由于缺乏足够的金融知识，不懂得如何选择收费较低的养老金管理公司；四是性别不平等，女性退休年龄早于男性，平均缴费年限低于男性，导致女性养老金水平普遍低于男性；五是参保人对养老金管理公司存在仇视情绪，调查结果显示，多达72%的受访者认为只有完全改变养老金制度才能提高养老金水平，66%的受访者认为，养老金水平太低，养老金管理公司要负主要责任。

“2015年布拉沃养老金总统咨询委员会”提出了三个全面改革方案：方案

---

① Silvia Borzutzky, You Win Some and You Lose Some, Pension Reform in Bachelet's First and Second Administration, July 30, 2019, https://journals.sagepub.com/doi/full/10.1177/1866802X19861491.

② Nicholas Barr and Peter Diamond, Reforming Pensions in Chile, *Polityka Społeczna*, No. 1, 2016, 第4—9页。

一建议保留现有的制度结构，在2008年养老金结构的基础上进行制度优化，这一方案获得支持的票数最多（12票）。方案二提议将现在的制度部分转型为现收现付制，这一方案获得了11票支持。方案三建议将现在的制度转为纯粹的现收现付制，将个人账户中的养老金转入一个新的待遇确定型制度，将完全积累制转为纯粹的现收现付制，这个方案仅获得1票支持。最后，专家委员会基于三个方案讨论的结果，从11个方面共提出了58项具体建议并形成了最终报告。

“2015年布拉沃养老金总统咨询委员会”呈送给总统的报告提出了如下主要建议：一是扩大社会团结养老金覆盖范围，将覆盖的贫困老人群体比例从60%提升到80%；二是缴费率由原来的10%提高到14%，增加的4个百分点由雇主缴纳，其中一部分进入团结养老金；三是为加强养老金管理公司之间的竞争，由政府亲自设立一家养老金管理公司；四是女性退休年龄提高到与男性一样的65岁，将强制缴费期延长至实际退休年龄，向延迟领取养老金的人支付更高的团结养老金以作鼓励；五是要求使用男女通用的生命表，允许法官在离婚时平均分配养老金，建立共享养老基金①；六是改变待遇发放规则，包括强制年金化，优化网上咨询平台，便于招投标等。但是，巴切莱特在其任期内未能将上述建议付诸法案，后来随着任期结束，该提案被搁置。

（二）智利养老金改革的三条主要经验

第一，政府财政负担极大减轻。智利养老金自1980年转型以来，政府财政的责任从原来支付养老金主要转向负责改革前旧制度退休人员养老金的支付和改革后通过发放认购券支付的转型成本，1984年养老金的年度财政支出占GDP的5%，达到峰值。随着时间的推移，这两个群体的人员数量将越来越少，预计2025年其支出将降至GDP的2.7%，大约到2050年将最终被消化掉，这意味着，智利一共需要70年的时间消化新旧制度过渡的成本②，届时，财政将不再直接介入养老保险制度。由于军队没有参加1980年改革，军队养老金依然由政府负责支付，这是养老金制度改革设计中所做的承诺。2008年在国际金融危机期间政府引入非缴费型养老金制度，建立团结养老金制度，用

① 具体做法是丈夫每年缴费的50%进入妻子的养老金账户，妻子缴费的50%进入丈夫账户，

② 大卫·布拉沃，《智利多层次养老金的改革进程与最新动向》，载《社会保障评论》，2018年7月，第2卷第3期。

于提高养老金替代率，相当于建立了“零支柱”养老金制度，这是在 1980 年改革之初没有料到的，但总体看，财政负担不大。

第二，投资收益率非常可观。智利养老金模式的一个重要特征是个人账户资产的投资决策者是账户持有人本人，这种分散型投资决策的制度设计关键是投资收益率：如果投资收益率太低，分散投资决策的养老金模式就跑不赢通胀，如果追求较高的收益率，就会存在较高的市场风险。2002 年投资体制实施了改革，由单一基金转向多元基金体制，每家养老金管理公司须提供五类不同风险偏好类型的基金。总体看，2002 年改革前后，投资收益率稍有变化，即改革后收益率波动性比改革前要小一些，稳定性要好一些：1981—2001 年年均名义收益率为 25. 49%，扣除通胀后实际收益率为 7. 99%；2002—2018 年名义收益率为 8. 66%，实际收益率为 5. 49%。总体看，1981—2018 年的 38 年里，智利的 CPI 年均增长率是 9. 39%，养老基金的年均名义收益率是 17. 96%，扣除通胀因素后，年均实际收益率是 8. 57%①，跑赢了通胀率，投资回报情况令人满意。换言之，在有统计数据的 38 年里，名义增值了 5. 8 倍，即 1 美元的本金在 38 年后成为 6. 8 美元，扣除通胀之后是 2. 9 美元。从投资收益率的角度看，智利的投资效率还是比较高的。

第三，有利于促进经济发展。一方面，智利养老金制度运行方式提高了国内储蓄水平，为本国的资本市场提供了长期资金，并通过机构投资者提高了资金配置效率，对经济发展起到一定的积极作用；世界银行数据显示，2018 年智利 GDP 总额为 2982. 3 亿美元②，养老金规模 1984. 7 亿美元，约为 GDP 的 67%。据 CEIC 数据库显示，截至 2018 年 12 月 31 日，智利圣地亚哥交易所总市值 2607. 7 亿美元③，养老基金的投资规模在智利股市市值中约占 6%，是智利证券市场的重要机构投资者。另一方面，从投资收益看，五类基金 2002—2019 年收益率均为正值（4%—6. 6%），显示出投资对养老金的保值增值是有利的。在养老基金长期的投资运营中，政府对金融市场的监督不断完善，有利于金融市场稳定和控制不规范行为，同时也促进了政府管理能力的提高。

---

① 引自 FIAP（https：//www. fiapinternacional. org/en/estadisticas/）。

② data. worldbank，https：//data. worldbank. org. cn/country/chile？view = chart，2020 年 4 月 8 日查询。

③ https：//www. ceicdata. com/en/chile/santiago-stock-exchange-statistics/santiago-stock-exchange-market-capitalization-usd，2020 年 5 月 3 日查询。

（三）智利养老金改革的两个主要问题

1. 登记参保人数覆盖面很高，但实际缴费人数占比太低

目前智利养老保险制度实现了人口的较高覆盖。2005 年养老金制度参保人员 739 万人，到 2018 年增加到 1070 万人。2018 年智利总人口 1800 万人左右，经济活动人口约为 838 万，据此测算，参保水平是非常高的，甚至超过了经济活动人口。登记参保数量只意味着名义上的参保人数，由于种种原因，真正缴费的人数一直很低，例如，2018 年 9 月实际缴费人数只有 537 万人，占 1070 万人的 50% 。导致实际缴费人数过低的主要原因之一是智利的非正规就业人口比重过高，据统计，自 2010 年以来，智利非正规就业人口大幅下降，从 2010 年占经济活动人口的 40% 下降到 2018 年的 29%①，这说明，绝大部分非正规就业人口虽然名义上登记参保了，但实际上并未缴费。在未缴费的群体中，自雇劳动者占 55%，其他形式的工资收入者占 45%，例如家政服务人员。② 实际缴费人数过低说明智利人缴费密度低，退休时养老金水平低。

表 9 2005—2018 年智利养老金人数增长情况 （单位：万人）

年份	强制缴费型养老金		自愿缴费型养老金	
	参保人数	同比增长	参保人数	同比增长
2005	739. 5	4. 4%	34. 5	3. 0%
2006	768. 3	3. 9%	38. 9	26. 5%
2007	804. 4	4. 7%	43. 1	2. 7%
2008	837. 2	4. 1%	46. 9	12. 8%
2009	855. 9	2. 2%	51. 8	10. 7%
2010	875. 1	2. 2%	58. 3	9. 0%
2011	895. 7	2. 4%	69. 3	10. 3%
2012	926. 9	3. 5%	79. 8	12. 6%
2013	952. 5	2. 8%	89. 8	18. 8%

① 以上人口数据引自 ILO，参见 Formalization：The Case of Chile，ILO，2019，第 2 页。

② 大卫·布拉沃，《智利多层次养老金的改革进程与最新动向》，载《社会保障评论》，2018 年 7 月，第 2 卷第 3 期。

（续表）

年份	强制缴费型养老金		自愿缴费型养老金	
	参保人数	同比增长	参保人数	同比增长
2014	974.6	2.3%	98.8	15.1%
2015	996.2	2.2%	108.4	12.5%
2016	1017.8	2.2%	117.4	10.0%
2017	1043.3	2.5%	129.6	9.8%
2018	1070.5	2.6%	138.3	8.2%

资料来源：作者制作，参保人数来自 FIAP：https：//www. fiapinternacional. org/en/estadisticas/。

2. 退休收入结构单一，导致退休收入替代率过低

在缴费确定型完全积累制下，养老金水平是由个人缴费和投资收益率等因素决定的，缴费时间越长，缴费越多，投资收益率越高，替代率就越高，反之就低。“2015 年布拉沃养老金总统咨询委员会”的评估显示，智利男女性退休人员养老金替代率分别为 48% 和 37%，这说明，在 1980 年改革以来缴费率始终为 10% 的条件下，仅就养老保险制度提供的替代率水平来讲并不是很低。但问题在于，正如布拉沃教授给出的数据，在目前的养老金替代率中，有相当一部分是来自原现收现付制转型时参保人购买认购券（recognition bond）的还款，新旧制度完全过渡将发生在 2025 年之后，届时个人账户的养老金替代率预计为 15.3%，再加团结养老金，总替代率预计为 37.2%。① 这就是说，智利养老金的替代率目前还不是最低的时候，未来的挑战将更严峻。

其实，美国的基本养老保险制度是待遇确定型现收现付制，其缴费率是 12.4%，平均替代率只有 38%。智利缴费率在低于美国 2.4 个百分点的情况下获得的养老金替代率比美国还高几个百分点（男女平均）。虽然美国第一支柱替代率水平也不是很高，但第二、第三支柱非常发达，覆盖面非常高：在全美 1.28 亿个家庭中，或者有第二支柱、或者有第三支柱覆盖的比例合计高达 62%，既有第二支柱又有第三支柱交叉覆盖的家庭占 27%，既没有第二支柱、

① 大卫・布拉沃，《智利多层次养老金的改革进程与最新动向》，载《社会保障评论》，2018 年 7 月，第 2 卷第 3 期。

也没有第三支柱的家庭只占 38%。① 相比之下，智利的第二、第三支柱建立时间很短，参与率很低，参加人数只有 138 万。这说明，构建多层次养老金制度对提高养老金替代率非常重要，尤其在未来 10 年里，当新旧制度过渡完成后，亟须第二、第三支柱养老金将替代率的真空补上去。

（四）皮涅拉总统改革法令与巴切莱特改革方向基本吻合

2018 年 3 月，瓦斯蒂安·皮涅拉总统履职其第二任总统任之后，公布了新一届政府拟对养老金改革的三要内容：一是雇主开始正式缴费 4%（此前雇主不缴费）；二是提高社会团结养老金支出规模，从 GDP 的 0.8% 提高到 1.12%；三是政府对中产阶级缴费提供额外资助；四是政府对女性提供更多的额外资助；五是对延迟退休提供奖励。②

上述皮涅拉总统的改革重点显然与前任总统巴切莱特的“2015 年布拉沃养老金总统咨询委员会”指出的问题和改革方向是比较吻合的，如果能够尽快兑现承诺，完善养老金制度，就能很好地回应近四五年来智利爆发的大规模游行示威中提出的诉求。

---

① ICI, Investment Company Fact Book—A Review of Trends and Activities in the Investment Company Industry, Investment Company Institute，第 161 页。

② President of Chile Presents Main Points of Pension Reform Bill, OCT. 28, 2018, https://www.gob.cl/en/news/president-chile-presents-main-points-pension-reform-bill/.

美国养老保障体系简介及其启示

唐滔

一、美国养老保障体系概况

美国养老保障体系由政府负责的社会保险、雇主发起的养老金计划和个人储蓄养老保险构成，政府、企业与个人共同分担养老责任，是“三支柱”养老保障体系最典型、最成熟的案例。美国养老第一支柱发挥托底功能，第二支柱、第三支柱是养老资金重要来源，有效帮助养老第一支柱分担养老问题。三支柱均衡发展，形成较完备的养老保障体系，保证了养老金发放的稳定性和可持续性。

（一）第一支柱概况

1935 年，在罗斯福新政推动下，美国建立了养老保障第一支柱——政府强制性社会保险（老年、遗属和伤残保险，OASDI），向全社会退休人员提供基本生活保障，具有广覆盖、低水平特点，主要发挥托底功能。2019 年，美国养老保障第一支柱约覆盖全美 94% 的就业人口，高、中、低收入人群的平均替代率（退休后养老金收入与退休前收入之比）分别为 27%、41% 和 55%。

* 本文为博鳌亚洲论坛研究院、中国金融学会、重庆金融学会和《比较》编辑室“养老金改革：国际经验与中国方案”联合课题组的研究成果，执笔人唐滔。

表 1　美国三支柱养老保障体系

<table>
<tr><th></th><th>运作模式</th><th colspan="2">养老金计划</th><th>资金来源</th><th>筹资模式</th></tr>
<tr><td>第一支柱：社会保险</td><td>待遇确定型（DB）</td><td colspan="2">老年、遗属和伤残保险（OASDI）</td><td>工资税</td><td>现收现付制</td></tr>
<tr><td rowspan="6">第二支柱：雇主养老金计划</td><td rowspan="4">缴费确定型（DC）</td><td rowspan="3">公共部门</td><td>TSP：面向联邦政府雇员</td><td rowspan="4">雇主、雇员缴费</td><td rowspan="4">完全积累制</td></tr>
<tr><td>457：面向州、地方政府和免税的非教育机构</td></tr>
<tr><td>403（b）：面向教育机构、教堂和其他免税组织的雇员</td></tr>
<tr><td colspan="2">私人部门：以401（k）为主</td></tr>
<tr><td rowspan="2">待遇确定型（DB）</td><td colspan="2">公共部门DB型养老金</td><td>雇主、雇员缴费</td><td rowspan="2">现收现付制</td></tr>
<tr><td colspan="2">私人部门DB型养老金</td><td>一般雇主缴费</td></tr>
<tr><td rowspan="4">第三支柱：个人储蓄养老保险</td><td rowspan="4"></td><td colspan="2">传统型个人退休账户</td><td rowspan="4">个人自愿（雇主发起型IRA要求雇主缴费）</td><td rowspan="4">积累制</td></tr>
<tr><td colspan="2">雇主发起型个人退休账户</td></tr>
<tr><td colspan="2">罗斯型个人退休账户</td></tr>
<tr><td colspan="2">年金产品等</td></tr>
</table>

表 2　美国私人养老金构成及规模　　（单位：10 亿美元）

	第二支柱				第三支柱		合计
	DC 型计划	私人部门 DB 型计划	州、地方政府 DB 型计划	联邦养老金	IRAs	年金	
1974	64	130	88	38	1	47	368
1980	189	373	197	77	25	130	991
1990	892	929	742	333	636	391	3923
2000	2962	2020	2340	705	2629	951	11607
2010	4820	2481	3065	1161	5029	1649	18205
2015	6452	2861	3679	1519	7477	2003	23991
2016	6909	2935	3820	1603	8015	2091	25373
2017	7900	3238	4306	1695	9439	2249	28827
2018	7671	3072	4168	1796	9250	2091	28048
2019	9049	3514	4779	1910	11025	2322	32599

资料来源：美国投资公司协会（ICI）。

第一支柱资金主要来自雇员及其雇主缴纳的“工资税”。2020 年税率（缴费率）为 12.4%，雇主和雇员各贡献 6.2%（自由职业者单独缴纳应税收入的 12.4%），工资基数上限是 13.77 万美元。在美国三支柱养老保障体系中，第一支柱资产规模最小，2019 年底为 2.9 万亿美元，在养老金总资产中的占比不到 10%。

在老龄化背景下，DB 型现收现付制养老金往往难以避免基金不可持续性问题。根据 2019 年美国养老第一支柱（OASDI）年度精算报告，在 75 年的长期预测中，基金将在 2035 年耗尽。

（二）第二支柱概况

第二支柱为雇主发起的养老金计划，包括公共部门雇主养老金计划和私人部门雇主养老金计划。公共部门雇主养老金计划指联邦、州和地方政府为雇员提供的养老金计划，DB 型与 DC 型计划共存，其中面向联邦雇员的节俭储蓄养老金计划（TSP）是典型的 DC 型计划，加州公务员退休基金（CalPERS）和加州教师退休基金（CalSTRS）是较知名的 DB 型计划；私人部门雇主养老金计划包括企业及非营利组织和机构为雇员提供的养老金计划，20 世纪 70 年代前以 DB 型为主，但近几十年有向 DC 型计划转变的大趋势，DC 型的典型代表为 401(k) 计划。截至 2019 年末，美国第二支柱资产规模约 19 万亿美元，其中 DC 型计划规模约 9 万亿美元，占第二支柱的 48%。

（三）第三支柱概况

第三支柱为个人储蓄养老保险，以个人退休账户（Individual Retirement Accounts，IRAs）为主要代表。个人退休账户是个人自愿参与的补充养老方式，在第一支柱、第二支柱基础上进一步提高退休收入，目前已成为美国养老保障体系的重要组成部分。截至 2019 年底，美国 36.1% 的家庭拥有个人退休账户，资产总额达 11 万亿美元，约占养老金总资产的 31%。

个人退休账户主要分为三类：传统型个人退休账户、雇主发起型个人退休账户与罗斯型个人退休账户。（1）传统型个人退休账户成立最早且最常见，根据 1974 年《雇员退休收入法》推出，存入个人退休账户的收入一般可享受税收递延，即缴费、投资阶段免税，领取时缴税（EET 型税收优惠）；实行普适性原则，原面向 70.5 岁以下且有收入的所有人群，2020 年起取消年龄限制

(2019 年《退休金提高法案》，SECURE)；资金来源除了缴费，还包括大量来自第二支柱雇主养老金计划的转账；资产比重相比其他两类个人退休账户占绝对优势，2019 年占个人退休账户总资产的 85%。(2) 雇主发起型个人退休账户与其他退休账户不同，要求雇主缴费，主要针对小企业不愿提供雇主养老金计划的情况，包括简易雇主计划（SEP IRA)、工资扣除型简易雇主计划（SAR-SEP IRA）和雇员储蓄激励匹配计划（SIMPLE IRA）三种类型。通过简化建立、运营手续与成本，给予一定税收抵扣，激励小企业为雇员设立个人退休账户。(3) 罗斯型个人退休账户设立最晚，1997 年由《税赋缓解法案》创立，面向收入低于一定限额的纳税人。虽在缴费阶段征税，但在积累和领取阶段免税（TEE 型税收优惠)。

二、美国养老第一支柱发展经验

美国养老第一支柱是世界上规模最大、最典型、最传统的 DB 型现收现付制基本养老保险，其运作成熟规范，有效承担托底功能，可为其他国家提供良好经验。

(一) 建立缴费型主权养老基金

1987 年，美国决定将第一支柱缴费率从 11.40% 快速提高到 1990 年的 12.40%，建立资金池，形成规模庞大的“缴费型”主权养老基金（2019 年底为 2.9 万亿美元)。虽然为了保证安全性，基金仅持有两种由美国政府发行的固定收益证券（短期债务证明和特别发行的长期债券)，但利息收益仍相当可观，为维持第一支柱财务可持续发挥了重要作用。

(二) 稳定的低缴费率

自 1990 年起，第一支柱缴费率稳定在 12.4% 的较低水平，具有三方面优势：一是稳定社会预期，减轻参保人缴费负担；二是减轻企业负担，保持企业较高竞争力；三是仅发挥托底功能，为第二支柱、第三支柱私人养老金计划留出发展空间。

(三) 坚持精算平衡

美国第一支柱被视为坚持精算平衡的典范。自 1940 年基金运行以来，每年发布精算报告。随着参保人数逐年增加，根据人口老龄化和“赡养率”（退休金领取人数占总人口比例）变化，在保持“替代率”水平稳定的同时，不断调整缴费率、赡养率等制度参数，始终保持养老金收支大致平衡，维系制度健康运行。

三、美国养老第二支柱发展经验

（一）公共部门 DC 型：以 TSP 为例

联邦雇员退休制度（FERS）下的“节俭储蓄计划”（Thrift Savings Plan，TSP）是一项典型的政府 DC 型计划，适用于联邦政府雇员，与我国面向机关事业单位工作人员的职业年金相似。节俭储蓄计划由美国 1986 年颁布的《联邦雇员退休制度法案》设立，自愿参与，由个人和单位共同缴费，实行完全积累制。节俭储蓄计划具有制度设计优势，尤其在投资方面，节俭储蓄计划的养老基金投资表现较好，是当前世界上第二支柱养老金制度运行的成功案例之一。

1. 税收优惠

节俭储蓄计划由个人和单位共同缴费，个人缴费分为个人常规缴费和个人追加缴费，单位缴费分为单位自动缴费和单位配比缴费。个人常规缴费因税收办法不同分为两种模式：“传统缴费”享受税收递延，在缴费和投资阶段免税，领取时缴税；“罗斯缴费”在缴费阶段缴税，投资与领取阶段免税。

2. 独立治理结构

节俭储蓄计划较高的投资回报率，得益于其独立的治理结构。“联邦退休节俭投资理事会”负责节俭储蓄计划的投资战略、投资行为及日常管理，在法律上独立于政府，直接对总统和法律负责，机构成员由总统任命。理事会所有的行政管理费用均源自制度没收资产（计划参与者因提前离职而未获得的单位自动缴费部分）及参加人缴费，无国会拨款。理事会的唯一投资原则是保障计划参加人和受益人的根本利益，以法律的形式固定下来，避免了政治干预与操纵。

3. 投资优势

一是保护非专业投资人士的收益。节俭储蓄计划参与者不能随意选择个股，只能在给定范围内的投资基金中进行选择，包括 5 个单项基金（G 基金、

F 基金、C 基金、S 基金和 I 基金）与 5 个生命周期基金（根据 5 个单项基金按不同比例进行配置）。各个基金均经过严格设计和选择，充分考虑不同参与者的风险承受能力，并尽可能最大限度地保障参与者的投资收益。二是赋予一定灵活性与选择权，投资者可根据自身风险偏好选择 5 个单项基金和 5 个生命周期基金，自由配置个人账户。三是坚持市场化投资，分散投资风险。5 个单项基金中，G 基金投资美国国债，投资收益有所保障，其余 4 个均跟踪指数，有效分散投资风险。

4. **制度设计灵活**

一是节俭储蓄计划的领取方式较为灵活，退休时可以选择暂不支取、部分领取或全部领取；全部领取可现金领取，或可转换成年金形式领取，也可根据自身需求，以组合方式领取。二是账户处置方式较为灵活，节俭储蓄计划账户与个人退休账户中的资产可互相转移，增强相互联动性。

（二）公共部门 DB 型：以加州教师退休基金为例

加州教师退休基金于 1913 年成立，主要面向加州州立大学系统的雇员，主要提供 DB 型养老金计划，资金来源于雇主、雇员缴费及加州政府出资。加州教师退休基金是全球最大的教师退休基金，也是美国第二大公共养老基金，覆盖约 96.5 万人。截至 2020 年 6 月底，管理资产约为 2460 亿美元。

投资收益是加州教师退休基金的主要收入来源，约占总收入的 61%。其投资目标收益为平均 7%，根据 2019 年报告，其 3 年期、10 年期与 25 年期平均投资回报分别为 9.7%、10.1% 和 8.0%，均高于 7%。加州教师退休基金良好的投资表现得益于其先进的理念与良好的公司治理结构。

1. **先进的投资理念**

加州教师退休基金秉承长期、可持续投资理念。一方面，坚持市场化投资和分散化资产配置，实现基金保值增值，以满足当前和未来退休人员的养老给付。加州教师退休基金投资领域较为广泛（见表 3），重视全球化投资，并适当配置私募、房地产等另类资产，既分散化资产，又取得较高收益。另一方面，实行 ESG（环境、社会与治理）投资，重视与 ESG 相关的机会与风险。通过识别、管理和披露短期与长期的重大风险和机会，如气候变化、环境保护、资源效率，进行绿色投资，创造长期价值，实现可持续发展。

表 3　加州教师退休基金资产配置

资产类别	市值（百万美元）	实际占比	目标占比	波动范围
全球股票	117353	47.70%	51.00%	±6%
固定收益类	30772	12.51%	13.00%	±3%
房地产	34991	14.22%	13.00%	±3%
私募股权	23538	9.56%	9.00%	±3%
风险规避策略	20637	8.39%	9.00%	±3%
抗通胀策略	8118	3.30%	3.00%	±3%
现金/流动性资产	9146	3.72%	2.00%	±3%
创新策略	716	0.29%	0.00%	±2.5%
覆盖策略	757	0.31%	0.00%	

资料来源：CalSTRS 官网。

2. 良好的公司治理

一是组建多元、独立的董事会，兼顾技术、经验、专业化和长远性，有效进行监督管理、战略制定、风险管理等。包括董事会主席，至少 2/3 成员应为独立董事，并将定期接受内部评估与独立外部评估。二是建立完善的薪酬机制，对创造价值的高管和雇员予以激励，并将员工利益与股东利益挂钩，防止代理问题，追求可持续的长期投资回报。三是确保财务报告的公允性、准确性、及时性和透明性，接受独立外部审计。

（三）私人部门：以 401(k) 计划为例

1978 年，美国《国内税收法》新增第 401 条 K 项条款，通过税收优惠政策鼓励雇主设立养老金计划，401(k) 计划由此诞生。401(k) 计划为缴费确定型计划（DC），雇主养老金计划基于自愿原则，雇主自主决定是否建立，雇员自愿缴纳工资一定比例到“个人账户”，雇主一般根据雇员缴费匹配缴费，雇员未来养老金待遇取决于账户资产规模、投资收益等。

制度优势、不断寻求变革创新的政策设计与成熟的资本市场，共同推动了 401(k) 计划的快速发展。401(k) 计划已成为美国养老保障体系的重要资金来源，也是雇主吸引优秀人才的重要工具。

1. **制度优势**

一是实行个人账户制，可携带性与透明度较高，有利于增强个人获得感，提高缴费积极性；二是享受税收递延优惠，税收递延优惠是401(k) 计划发展的重要刺激手段；三是DC型相比DB型计划更具灵活性，赋予个人更多投资选择权，雇主压力相应减少。

2. **政策变革与创新**

最初，大部分企业雇主仅将401(k) 计划视为美国传统DB型养老金计划的重要补充，很少有雇主将其作为独立的养老金计划。立法和监管环境也不利于401(k) 计划发展，对计划有诸多限制。直到20世纪90年代后期，立法和监管环境才开始转变。1996年《小企业工作保护法案》的部分措施中提出鼓励雇主为雇员提供包括401(k) 在内的养老金计划。2001年《经济增长和税收减免协调法案》(EGTRRA) 主动刺激包括401(k) 在内的DC型计划发展，增加居民长期养老储蓄。《经济增长和税收减免协调法案》大幅提高了DC型计划的年度总缴费限额与雇员税前缴费的限额，对年龄超过50岁的雇员建立"追缴机制"，并准许各类DC型账户之间相互划转资金，提高养老账户的可携带性，政策有效期至2010年。2006年《养老金保护法案》(PPA) 的颁布，使401(k) 计划发展实现重大突破。《养老金保护法案》一方面将《经济增长和税收减免协调法案》的政策规定永久化，另一方面进一步修改DC型养老金计划政策，有效提高"参与率"与"养老储蓄率(养老储蓄/GDP)"，解决中小企业雇主占比低的问题，鼓励雇主和服务提供方积极创新和改进服务，促进401(k) 计划效率提升与快速发展。2019年出台的《退休金提高法案》是2006年以来美国退休计划的一次重要变化，进一步优化401(k) 计划，扩大其覆盖面。

持续提高税收优惠上限。2006年《养老金保护法案》在2001年《经济增长和税收减免协调法案》的基础上，明确规定了雇员缴费上限(见表4)：一是每年根据生活成本指数持续提高401(k) 计划缴费上限总额，2020年雇主和雇员总缴费额不超过57000美元；二是对50岁及以上雇员实行追加缴费制度，雇员追加缴费额每年根据生活成本指数进行调整。缴费上限的持续提高与税收优惠相结合，有利于提高人们缴费的积极性。

鼓励实行自动加入机制。虽然20世纪90年代后期已出台了有关401(k) 计划"自动注册"的法规，但因诸多限制很少被采纳。2006年《养老金保护法案》明确提出，鼓励雇主对新雇员和已加入雇主养老金计划的合格雇员

表 4　401(k) 计划中雇员缴费上限和追加缴费额　（单位：美元）

法案	年份	雇员缴费上限（50 岁以下）	追加缴费额（50 岁及以上）
2001 年《经济增长和税收减免协调法案》颁布前	2000	10500	0
	2001	10500	0
《经济增长和税收减免协调法案》颁布后	2002	11000	1000
	2003	12000	2000
	2004	13000	3000
	2005	14000	4000
	2006	15000	5000
2006 年《养老金保护法案》颁布后	2007	15500	5500
	2008	15500	5500
	2009	16500	5500
	2010	16500	5500
	2011	16500	5500
	2012	17000	5500
	2013	17500	5500
	2014	17500	5500
	2015	18000	6000
	2016	18000	6000
	2017	18000	6000
	2018	18500	6000
	2019	19000	6000
	2020	19500	6500

资料来源：IRS；刘桂莲，《美国 401(k) 计划的持续创新与发展前沿》。

（年满 21 周岁且在本企业工作满 1 年）实行“自动加入机制”，只要雇员不明确提出退出计划，将默认自动加入 401(k) 计划。同时，《养老金保护法案》为雇主提供法律保护，雇主无须雇员书面同意，即可从雇员工资中自动扣减缴费，减少了雇主实行“自动加入机制”的法律阻力。“自动加入机制”的实施大大提高了参与率。

自动提高默认缴费率。《养老金保护法案》设计了“合格自动缴费安排”，

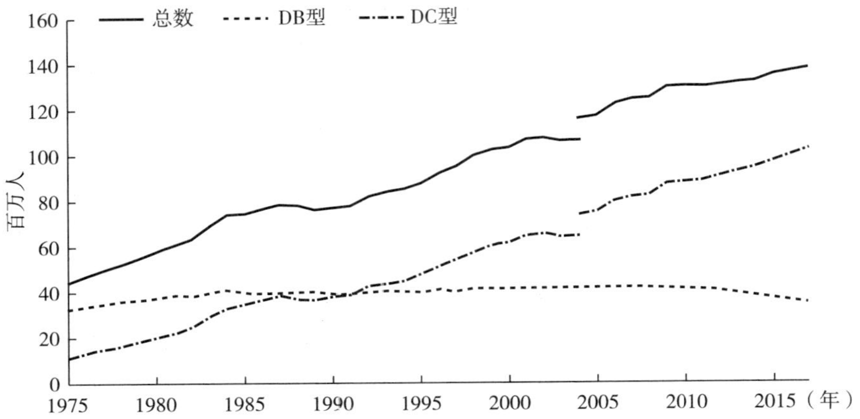

图1　1975—2017 年 401(k) 计划参与人数

注：图中断点是由于2005 年改变了统计人数的口径。

资料来源：美国劳工部。

根据规定，如雇员未明确选择退出雇主养老金计划或选择其他缴费率，则默认自动加入计划，按默认缴费率进行缴费，并要求雇主适当匹配缴费。从 2008 年起，前三年默认缴费率分别为 3%、4% 和 5%，第四年及以后至少为 6%（最高不超过雇员工资的 10%，后取消）。默认缴费安排有效增加了退休储蓄。

创新“合格默认投资选项”。DC 型计划虽赋予个人更多投资选择权，但也带来了一些问题，如雇员个人缺乏投资知识而将养老金闲置，或选择不适当的投资产品、投资效果不佳等。“合格默认投资工具”（QDIA）是 401(k) 计划在投资管理方面的新突破，降低了个人投资难度。2006 年《养老金保护法案》规定，如雇员未明确做出投资决策，其资产将自动投资于“合格默认投资组合”。2007 年 10 月，美国劳工部公布“合格默认投资工具”清单，包括生命周期基金、平衡基金、管理型账户等。

提高中小企业参与率。2006 年《养老金保护法案》规定，5 个以上雇员参与即可成立一个 401(k) 计划，降低了中小企业参与的门槛，鼓励中小企业参与。但由于成本问题，仍有较多小企业不愿意发起养老金计划，2019 年《退休金提高法案》进一步推动提高小企业参与率。一是提高税收抵免额度，建立计划的小企业雇主前三年每年可获最高 5000 美元的税收抵免（原先最高 500 美元）；二是鼓励“自动加入机制”，新实行“自动加入”的小企业雇主前三年每年可额外享受 500 美元税收抵免；三是允许不同行业的小企业雇主联合建立401(k)计划，以降低成本。

3. 与资本市场协同发展、良性互动

美国成熟的资本市场为401(k)计划的迅速发展提供了动力，401(k)计划与资本市场良性互动、协同发展。一方面，成熟的资本市场为401(k)计划提供了各种丰富的可选投资工具，并不断创新，给不同风险偏好投资者提供多样性选择：401(k)计划提供的投资组合产品平均数量从早期的3—5只增至现在的20只以上；共同基金创新推出生命周期基金和生命风格基金等新型基金，广受投资者欢迎。另一方面，401(k)计划的发展在为资本市场提供稳定金融投资资本的同时，推动金融创新和提高资本市场效率。

四、美国养老第三支柱发展经验：以个人退休账户为代表

个人退休账户作为美国养老体系第三支柱的主体，是近年来美国养老资产持续增长的主要动力。第三支柱的快速发展，得益于三个重要因素。

一是税收优惠有效激励个人退休账户发展。传统型个人退休账户享受税收递延（EET型税收优惠），罗斯型个人退休账户享受TEE型税收优惠，雇主发起型个人退休账户的雇主缴费可抵扣税款。此外，新《退休金提高法案》中适用于小雇主401(k)计划的税收优惠，也适用于雇主发起型个人退休账户。

二是与第二支柱的互联互通，促进了个人退休账户的广泛应用。一方面，个人退休账户具有结转功能，可在换工作或退休时将第二支柱个人账户的储蓄结转至个人退休账户，且保留税收优惠权利。另一方面，雇主发起型个人退休账户相当于第二支柱雇主养老金计划的简易版，为小企业提供了运行成本更低的选择。

三是通过市场化运作来实现资产保值增值。个人退休账户提供多种投资工具，包括共同基金、银行存款、商业保险等，满足不同投资者需求。2019年，美国个人退休账户的资金近43.6%投资于共同基金，约47%投资于股票、债券及其他通过经纪账户持有证券。

五、对完善我国养老保障体系的启示

美国成熟的三支柱养老保障体系，对我国完善均衡发展的三支柱养老体系提供了重要启示。

（一）第一支柱发挥托底功能

美国通过一次性提高缴费率，增加“预筹”因素，建立缴费型主权基金，

获取长期投资收益，有效增强第一支柱可持续性。同时，缴费率、替代率长期稳定在较低水平，有效降低个人、企业缴费压力，提高企业竞争力，为第二支柱、第三支柱的发展创造空间。我国目前三支柱发展不均衡，第一支柱资金压力较大。可考虑逐步做实个人账户，扩大投资规模，获取投资收益，同时逐步降低第一支柱的缴费率、替代率，缓解基本养老金资金压力，使第一支柱回归托底功能。

（二）稳步扩大第二支柱，强化企业、个人责任

美国通过一系列的政策创新和良好的政策环境，有效推动了第二支柱的发展。我国第二支柱未能形成对第一支柱的有效补充，职业年金虽具有强制性，覆盖面相对较高，但投资运营、税收优惠、激励机制等方面仍有待完善；企业年金则参与度不高，覆盖面有限，截至 2019 年底，我国企业年金覆盖面约为 2548 万人，仅占基本养老保险参保人群的 2.6%。可借鉴美国发展经验，稳步扩大、优化第二支柱养老金，强化企业、个人责任，缓解养老压力。

1. 优化政策环境

美国第二支柱的发展并非一蹴而就、一路坦途，以 401(k) 计划为例，也经历了政策环境从不友好到友好的转变。从 401(k) 计划建立，到 2001 年《经济增长和税收减免协调法案》、2006 年《养老金保护法案》，再到 2019 年最新出台的《退休金提高法案》，美国政府不断优化政策环境，鼓励 401(k) 计划发展。我国也应致力于发现、分析养老体系发展中存在的问题，逐步调整完善政策，为第二支柱发展提供有利的环境。

2. 完善政策设计

一是应用自动制度。吸收行为经济学研究成果，通过半强制的方式，如自动加入、自动缴费、自动提高缴费率等，形成“助推”，解决人们行为上存在的现时偏好、拖延和惯性等障碍，有效帮助金融素养及认知上的提高转化成实际的养老金储蓄行为，提高“参与率”和“养老储蓄率（养老储蓄/GDP）”。二是建立个人账户制，缴费与给付挂钩，提高可携带性、透明度与个人获得感，提高个人缴费积极性。三是提供税收激励，如节俭储蓄计划、401(k) 计划均享有税收优惠，有效提高缴费与参与率。四是提高中小企业参与率，简化手续、降低成本、提供税收抵免等优惠政策，吸引中小企业参与。五是推动市场化投资，为具有投资能力的个人提供丰富投资工具，提高对投资者的吸引

力，为投资能力较弱的个人提供默认投资选项，降低投资难度。养老金入市，能与资本市场形成良好互动、协同发展。

（三）加快第三支柱发展

我国虽然早在1991年就提出了个人储蓄养老保险的概念，但多年来一直没有实质性措施出台，个人储蓄养老保险几乎没有发展，第三支柱体量很小。2018年，税延商业养老保险试点政策出台，第三支柱个人养老金政策进行初步探索，仍有较大发展潜力。

一是强调税收激励。税收优惠在美国是非常有效的激励手段，减税效果明显，可有效激励个人进行储蓄。鉴于国情有别，如美国缴税人口比例更高、税制更为严格，我国可探索适合我国国情的税收激励模式，发挥最大政策效用。

二是不断创新，提高覆盖面。为缓解养老压力，政府应尽可能创新产品、政策以鼓励个人储蓄，广泛覆盖各收入群体，尤其要惠及中低收入群体。如美国新出台的《退休金提高法案》，通过税收抵免政策激励小企业雇主发起个人账户，罗斯型个人账户主要面向低收入群体等。

三是推动第二支柱、第三支柱融合发展。美国个人退休账户资金，大多源于第二支柱资金的结转，结转功能有效连接第二支柱、第三支柱，推动第三支柱发展。

参考文献

黎银霞，贾士彬，《美国：资产规模大、参保率高、市场发达》，载郑秉文主编《中国养老金发展报告2015——“第三支柱”商业养老保险顶层设计》，经济管理出版社，2016年3月。

刘桂莲，《美国401(k)计划的持续创新与发展前沿》，载郑秉文主编《中国养老金发展报告2016——“第二支柱”年金制度全面深化改革》，经济管理出版社，2016年12月。

赵秀斋，《美国联邦公务员“节俭储蓄计划”（TSP）的示范与典范》，载郑秉文主编《中国养老金发展报告2016——“第二支柱”年金制度全面深化改革》，经济管理出版社，2016年12月。

郑秉文，《美国“联邦老、遗、残保险信托基金”》，载郑秉文主编《中国养老金发展报告2018——主权养老基金的功能与发展》，经济管理出版社，2018年12月。

人社部，《2019年度全国企业年金基金业务数据摘要》，2020年3月。

《2019年联邦老、遗、残保险信托基金理事会年度报告》，https：//www. ssa. gov/oact/TR/2019/tr2019. pdf。

图书在版编目（CIP）数据

比较 . 第 110 辑 / 吴敬琏主编 . -- 北京 : 中信出版社 , 2020.10

ISBN 978-7-5217-2317-5

I. ①比… II. ①吴… III. ①比较经济学 IV. ① F064.2

中国版本图书馆 CIP 数据核字 (2020) 第 191112 号

比较 · 第 110 辑

主　　编：吴敬琏
策 划 者：《比较》编辑室
出 版 者：中信出版集团股份有限公司
经 销 者：中信出版集团股份有限公司 + 财新传媒有限公司
承 印 者：北京华联印刷有限公司
开　　本：787mm × 1092mm 1/16　　**印　　张**：15　　**字　　数**：240 千字
版　　次：2020 年 10 月第 1 版　　**印　　次**：2020 年 10 月第 1 次印刷
书　　号：ISBN 978-7-5217-2317-5
定　　价：48.00 元